MARTIN NITSCHE

ERKLÄRVIDEOS

Erklärvideos
Aus der Praxis. Für die Praxis
1. Auflage 2020 I Version 08.06.2020
© 2020 Martin Nitsche
https://buch.nitsche.info

Verlag & Druck: tredition GmbH, Halenreie 40-44, 22359 Hamburg

e-Book   https://buch.nitsche.info
Paperback schwarz-weiß   ISBN 978-3-347-05618-3
Hardcover schwarz-weiß   ISBN 978-3-347-05619-0
Hardcover farbig   https://buch.nitsche.info

Bibliografische Information der Deutschen Nationalbibliothek
Die Deutsche Nationalbibliothek verzeichnet diese Publikation in der Deutschen Nationalbibliografie; detaillierte bibliografische Daten sind im Internet über http://dnb.d-nb.de abrufbar.

MARTIN NITSCHE

ERKLÄRVIDEOS

AUS DER PRAXIS. FÜR DIE PRAXIS.

INHALTSVERZEICHNIS

WAS SIND ERKLÄRVIDEOS?

II WOFÜR KÖNNEN SIE ERKLÄRVIDEOS NUTZEN?

WELCHE STILE GIBT ES FÜR ERKLÄRVIDEOS?

III WELCHE STILE GIBT ES FÜR ERKLÄRVIDEOS?

WIE WIRD EIN ERKLÄRVIDEO ERSTELLT?

IV WIE WIRD EIN ERKLÄRVIDEO ERSTELLT?

WIE VERMARKTEN SIE IHR ERKLÄRVIDEO?

285
47 I Verbreiten Sie Ihr Erklärvideo
auf allen Kanälen

289
48 I Erhöhen Sie die Attraktivität
Ihrer Webseite

295
49 I Gewinnen Sie mehr
Interessenten auf der Landingpage

299
50 I Optimieren Sie Ihr
E-Mail-Marketing

303
51 I Steigern Sie die Reichweite
mit Videoplattformen

307
52 I Zeigen Sie Präsenz in den
Sozialen Netzwerken

311
53 I Unterstützen Sie Messen
und Vertriebsgespräche

315
54 I Nutzen Sie auch interne
Kanäle für Erklärvideos

319
55 I Zählen, Wiegen und Messen
für noch mehr Erfolg

324
Auf einen Blick: Wie vermarkten
Sie Ihr Erklärvideo?

AM ANFANG STAND DAS WORT - DANN KAM DAS ERKLÄRVIDEO

Bitte stellen Sie sich, nur ganz kurz, eine Welt ohne Video vor. Kein „Star Wars" und keine „Lindenstraße". Keine „Tagesschau" und kein „Dschungelcamp". Kein „Tatort" und auch YouTube gäbe es nicht. Kein Video von Tante Hildegards 93. Geburtstag und Fußball gäbe es nur im Stadion oder im Radio. Rundfunkbeiträge müssten Sie allerdings trotzdem zahlen.

Genug der Horrorvorstellung! Zugegeben, auf die eine oder andere Sendung könnten wir vielleicht verzichten. Aber eine Welt ohne Video können wir uns nicht vorstellen, und doch ist sie noch ganz neu. Das erste Kino eröffnete 1907 in Berlin, ein Jahr nach der Geburt meiner Großmutter. Der Regelbetrieb des Fernsehens begann in Deutschland 1952, als meine Mutter schon fast erwachsen war. Vor gerade einmal 15 Jahren ging YouTube an den Start. Im Jahr 2007 schließlich, als mein jüngster Sohn das Licht der Welt erblickte, wurde dort das erste Erklärvideo hochgeladen.

Und heute? Heute werden alleine auf YouTube jeden Tag eine Milliarde Erklärvideos angeschaut. Das bewegte Bild hat die Welt revolutioniert und Erklärvideos verändern die Art und Weise, wie wir Dinge erläutern und lernen. Ob Sie die Relativitätstheorie verstehen oder sich Stricken beibringen wollen: Ich garantiere Ihnen, dass es ein Video geben wird, das Ihnen genau das erklärt. Doch nicht nur als Konsument sind wir davon betroffen, auch als Marketingleiter oder Personalverantwortlicher. Jeder, der kommuniziert und erklärt, muss sich die Frage stellen, ob nicht ein Erklärvideo das Mittel der Wahl sein könnte.

Je einfacher Sie jedoch etwas erklären wollen, desto schwerer wird es: Was ist wichtig und was lassen Sie weg? In welcher Reihenfolge erklären Sie Ihr Thema? Und wie stellen Sie sicher, dass der Empfänger der Botschaft auch die ganze Zeit gebannt zuschaut? Die Erstellung eines herausragenden Erklärvideos ist nicht nur eine Kunst, es ist auch ganz viel Handwerk. Und es war an der Zeit, dieses Handwerk zu erklären. Nicht in einem Video, sondern in einem Buch. Aber mit ganz vielen Beispielen in Form von Videos! Und auch wenn ich an dem Buch nur vier Wochen geschrieben habe, habe ich fast zehn Jahre daran gearbeitet. Denn seit 2011 konzentriere ich mich auch beruflich darauf, Wesentliches einfach zu erklären. Mit Erklärvideos.

Doch natürlich entsteht ein solches Buch nicht alleine. Mein Dank gilt daher allen, die mir bei der Erstellung geholfen haben. Dazu gehört in erster Linie meine Frau, die mir nicht nur mit Rat und Tag zur Seite stand, sondern wahrscheinlich auch mehr Kommas gesetzt hat als ich. Svenja Lehmkuhl und Dr. Claudio Felten danke ich für die vielen kritischen Hinweise und Verbesserungsvorschläge, sie waren nicht nur die ersten Leser, sondern wahrscheinlich auch die letzten, die wirklich jede Zeile gelesen haben. Jara Zambrano verdanke ich die tollen Illustrationen, ohne die das Buch nur halb so unterhaltsam wäre.

Apropos lesenswert, für wen ist das Buch eigentlich? Gehören Sie zur Zielgruppe? Ja, denn dieses Buch ist für jeden, der über den Einsatz von Erklärvideos nachdenkt oder vielleicht sogar schon die ersten Erfahrungen gesammelt hat. Im weiteren Verlauf des Buches werden Sie

I. die **Grundlagen** entdecken,

II. herausfinden, wofür man Erklärvideos **einsetzen** kann,

III. feststellen, wie unterschiedlich Erklärvideos **aussehen** können,

IV. sich intensiv mit der **Produktion** von Erklärvideos beschäftigen und

V. erfahren, wie Sie Ihr Erklärvideo optimal **verbreiten**.

Zum Abschluss wage ich eine Prognose, wie es mit Erklärvideos weitergehen wird und gebe Ihnen noch ein paar Tipps und Tricks mit auf den Weg Jeder der fünf Abschnitte beginnt mit einem einleitenden Kapitel, das Ihnen den Einstieg erleichtern soll. Am Ende jedes Abschnitts finden Sie ein Fazit, das Ihnen den Überblick über die wichtigsten Punkte verschafft. Falls Sie das Buch in zehn Minuten lesen wollen, schauen Sie sich einfach nur diese Zusammenfassungen an.

Die Kapitel werden jeweils von Illustrationen eingeleitet. Diese dienen natürlich der Auflockerung, einige geben aber auch einen inhaltlichen Überblick über die Struktur des Kapitels oder verdeutlichen einen besonders wichtigen Aspekt. Um Ihnen das Lesen zu vereinfachen, nutze ich ausschließlich die männliche Form. Alle Zahlen und Fakten sind mit den entsprechenden Quellen untermauert, diese sind jeweils in eckigen Klammern angegeben. Die genaue Herkunft finden Sie im Quellenverzeichnis ganz am Ende des Buches. Und wie sich das für ein Praxisbuch gehört, gibt es auch ganz viele Beispiele, die Sie über die Links bzw. QR-Codes erreichen können.

Dieses Buch ist sogar für Sie geeignet, wenn Sie bisher der Ansicht waren, kein Erklärvideo zu brauchen. Denn bereits auf den nächsten Seiten erfahren Sie, warum auch Sie unbedingt ein Erklärvideo benötigen!

Viel Spaß beim Lesen wünscht

Martin Nitsche

PS: Falls Sie Fragen oder Ideen haben, ich freue mich auf den Dialog mit Ihnen!

Martin Nitsche
E-Mail: buch@nitsche.info
Xing: xing.to/martinnitsche
LinkedIn: linkedin.com/in/martinnitsche

10 GRÜNDE warum Sie unbedingt ein Erklärvideo benötigen!

1 Weil Sie Ihr Start-up erklären müssen, damit Anleger in Sie investieren und Kunden Ihr Produkt erwerben!

2 Weil Sie sich auch als etabliertes Unternehmen immer über mehr Aufmerksamkeit und Vertrauen für Ihre Marke freuen, auch bei Mitarbeitern und in der Öffentlichkeit.

3 Weil Sie auch komplizierte Produkte und Dienstleistungen mit Erklärvideos in spannenden Geschichten voller Emotionen erfolgreich darstellen können.

4 Weil Sie potenzielle Kunden auf Landingpages mit Erklärvideos besser überzeugen können und Ihre E-Mails höhere Öffnungs- und Klickraten erhalten.

5 Weil Sie es Ihren Zielgruppen einfach machen wollen, sich an Ihre Inhalte zu erinnern und die Erklärvideos in den Sozialen Netzwerken zu teilen.

6 Weil auch Suchmaschinen es honorieren, wenn Besucher Ihre spannenden Erklärvideos lieben und deswegen länger auf Ihrer Webseite bleiben.

7 ▶ Weil Sie Ihren Vertrieb so optimal informieren, beflügeln und mit Interessenten versorgen können, denn Erklärvideos verkaufen ohne zu verkaufen.

8 ▶ Weil Sie im Service mit Erklärvideos Kunden jeden Alters begeistern und gleichzeitig viel Geld sparen können.

9 ▶ Weil Ihnen Erklärvideos helfen, auch Mitarbeiter und Partner mit auf die Reise zu nehmen: Von der internen Kommunikation bis zur Personalentwicklung.

10 ▶ Weil Sie komplexe Themen einfach erklären und damit nicht nur aus der Masse herausstechen, sondern auch Wert für sich und Ihr Unternehmen erzeugen können!

Ein Bild sagt mehr als 1000 Worte und ein Video sagt mehr als 1000 Bilder. Das sind nicht zehn, sondern eine Million Gründe, warum Sie unbedingt ein Erklärvideo benötigen!

Und falls Ihnen dies zu viele Worte sind: Kein Problem. Schauen Sie sich doch einfach das Erklärvideo an!

Halten Sie die Kamera Ihres Smartphones auf den QR-Code und das Video wird Ihnen angezeigt. Eventuell benötigen Sie eine spezielle App zur Erkennung der QR-Codes.

https://buch.nitsche.info/go/10-gruende

„Also, wat is en
Dampfmaschin?
Da stelle mer uns janz dumm."

Aus: „Die Feuerzangenbowle"

WAS SIND ERKLÄRVIDEOS?

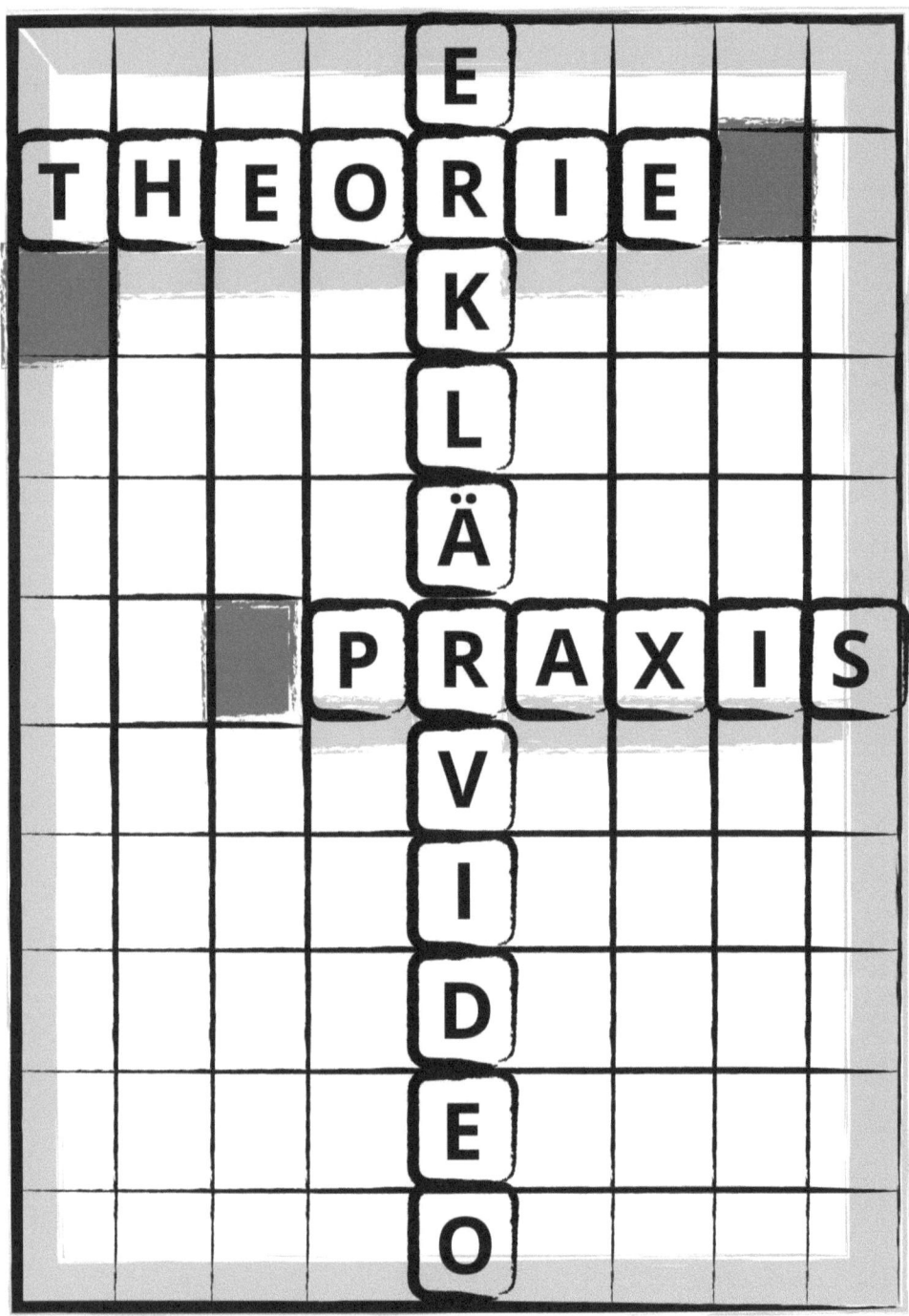

1 | ENTDECKEN SIE DIE GRUNDLAGEN

Wie beginnt man ein Buch über Erklärvideos? Dieses Buch startet in der Steinzeit, bei den ersten Höhlenzeichnungen. Aber keine Angst, von da aus geht es über die ersten Trickfilme ganz schnell zum rasanten Aufstieg von YouTube und der immer weiter steigenden Bedeutung von Videos in der Kommunikation. Anschließend folgt die Antwort auf die Frage, was ein Video zum Erklärvideo macht - oder eben auch nicht. Danach erfahren Sie mehr darüber, wie Erklärvideos die Funktionsweise unseres Gehirns ausnutzen, sehr spannend!

Zum Abschluss des Einstiegs finden Sie in diesem Abschnitt eine Aufstellung der Vor- und Nachteile von Erklärvideos. Warum schon hier im ersten Abschnitt und nicht erst am Ende des Buches? Viele der Nachteile können durch die richtigen Kniffe in der Produktion der Erklärvideos ausgeglichen werden - doch dafür muss man sie kennen. So sind Sie bereits gewappnet, wenn Sie anschließend mehr über die Einsatzmöglichkeiten und die Erstellung und Vermarktung von Erklärvideos erfahren.

2 | VON HÖHLEN-ZEICHNUNGEN ZUM ERKLÄR-VIDEO

Bilder, insbesondere bewegte Bilder, haben Menschen schon immer fasziniert. Anders ist es nicht zu erklären, dass die spannende Geschichte der Erklärvideos nicht erst wenige Jahrzehnte, sondern viele Jahrtausende lang ist.

Entdecken Sie die wichtigsten Meilensteine in der folgenden Zeitleiste:

Jagdanleitung in Bildern   ◄ 42000 v. Chr.

Schon vor über 40000 Jahren, lange vor den ersten Schriftzeichen, verwenden Menschen Bilder, um Informationen zu übermitteln. Die Höhlenmalereien scheinen eine Anleitung zur Jagd zu sein: „This hunting scene is - to our knowledge - currently the oldest pictorial record of storytelling and the earliest figurative artwork in the world." [Aubert 2019].

16000 v. Chr. ▶ **Bewegte Bilder mit prähistorischen Thaumatropen**

Auf Knochen aufgebrachte Zeichnungen fungieren als prähistorische Thaumatrope [Azema 2012]. Erst gegen 1825 wird die Idee „erneut erfunden": Ein Thaumatrop besteht aus einer Scheibe mit zwei Fäden, die an sich gegenüberliegenden Punkten am Rand der Scheibe befestigt sind. Durch das Auseinanderziehen des vorher aufgedrehten Fadens rotiert die Scheibe und die Bilder auf den beiden Seiten verschmelzen zu einem fließenden Bild.

2500 v. Chr. ▶ **Der Vorläufer des Daumenkinos aus der Bronzezeit**

Auf eine Schüssel in Schahr-e Suchte im heutigen Iran werden mehrere Bilder einer Ziege gemalt. Sobald die Schüssel gedreht wird, wirkt es so, als ob das Tier springt und nach Blättern schnappt [Wikipedia Schahr-e Suchte].

1600 ▶ **Die ersten Daumenkinos**

Daumenkinos sind Abblätterbücher, die sich – wie das Kino – die stroboskopische Bewegung zunutze machen und dem Betrachter so ermöglichen, eine Sequenz von Einzelbildern als fortlaufende Bildfolge zu betrachten. Das Daumenkino kann so als Vorläufer des Kinos angesehen werden [Wikipedia Daumenkino].

1893 ▶ **Das Kino wird erfunden**

William Dickson, der Chef-Ingenieur bei Edison, entwickelt den Kinetographen, eine erste Filmkamera, und das Kinetoskop, das erste Gerät zur Betrachtung der Filme. Dieses wird 1893 auf der Weltausstellung in Chicago präsentiert.

Gertie the Dinosaur

◄ 1914

Gertie the Dinosaur ist ein US-amerikanischer Kurzfilm aus handgezeichneten Sequenzen. Die Dinosaurierdame Gertie, die Kunststücke vorführt, wird als die erste echte Zeichentrickfigur gesehen.

Micky Maus bekommt eine Stimme

◄ 1928

Steamboat Willie kommt in die Kinos, der erste vertonte Zeichentrickfilm mit der Cartoonfigur Micky Maus.

https://buch.nitsche.info/go/steamboat-willie

Regelbetrieb des Fernsehens in Deutschland

◄ 1952

Die Arbeitsgemeinschaft der öffentlich-rechtlichen Rundfunkanstalten der Bundesrepublik Deutschland (ARD) startet mit ihrem regelmäßigen Programm.

Der Start des Internets

◄ 1969

Das Arpanet, der Vorläufer des Internets, nimmt mit den ersten vier Knotenrechnern den Betrieb auf.

Die Sendung mit der Maus

◄ 1971

Seit 1971 wird die vom WDR produzierte Sendung mit der Maus ausgestrahlt, zu der neben kurzen Zeichentrickfilmen auch jeweils ein Wissensfilm zählt. Obwohl das Zielpublikum Kinder sind, liegt das Durchschnittsalter der Zuschauer laut einer Studie des WDR bei knapp 40 Jahren [Gillner 2013].

1983 ▶ **Die erste Videokamera mit Aufnahmefunktion**

Sony bringt mit der BMC-100P die erste Videokamera mit einer integrierten Aufnahmefunktion auf den Markt. Sie wiegt 2,6 kg, ohne Akku.

1987 ▶ **PowerPoint erblickt das Licht der Welt**

Die erste Version von PowerPoint erscheint für den Apple Macintosh. Kurze Zeit später kauft Microsoft die Rechte und seit 1990 gibt es PowerPoint auch für Windows.

2003 ▶ **Das erste Mobiltelefon mit Videokamera**

Die Besonderheit des Nokia 3650 ist die Videofunktion, die allerdings auf Videos ohne Ton mit 10 Bildern pro Sekunde und maximal 100 KB Dateigröße beschränkt ist.

2005 ▶ **YouTube geht live**

Am 23. April 2005 wird das erste nur 18 Sekunden lange Video mit dem Titel „Me at the zoo" auf YouTube hochgeladen. Bis heute hat es über 90 Millionen Aufrufe.

https://buch.nitsche.info/go/me-at-the-zoo

2007 ▶ **Veröffentlichung von „RSS in plain English"**

Im April 2007 veröffentlichen Lee und Sachi LeFever ihr erstes Erklärvideo „RSS in plain English", das schnell viele Zuschauer begeistert. Das Ehepaar gründet Common Craft und erstellt unter anderem für Twitter, Google und Dropbox Erklärvideos. [Common Craft 2020].

https://buch.nitsche.info/go/rss-in-plain-english

UPS erklärt im Whiteboard-Stil ◄ 2007

Nur wenige Tage später wird von UPS ein erstes Video im Whiteboard-Stil veröffentlicht. Hier sind nicht nur die Hände, sondern eine komplette Person zu sehen.

https://buch.nitsche.info/go/ups

Jason Kincaid schreibt über Erklärvideos ◄ 2009

Angeregt vom Erklärvideo von Dropbox schreibt Jason Kincaid auf TechCrunch einen Blogartikel über die Vorteile von Explainer Videos bei der Präsentation von Start-ups. Den Begriff „Explainer Video" erwähnt er allerdings noch nicht [Kincaid 2009].

Erfolgsserie RSA Animate startet ◄ 2010

Im Jahr 2010 beginnt die Royal Society for the Encouragement of Arts, Manufactures and Commerce mit der Veröffentlichung von Erklärvideos im Whiteboard-Stil. Die Serie ist sehr erfolgreich und führt dazu, dass die RSA zeitweise der größte gemeinnützige Anbieter auf YouTube ist.

Groupon im Motion-Graphics-Stil ◄ 2010

Mit Groupon setzt ein weiteres Start-up auf die Kraft eines Erklärvideos, allerdings im Motion-Graphics-Stil, komplett am Computer animiert und mit Soundeffekten unterlegt.

https://buch.nitsche.info/go/groupon

2020: Eine Milliarde Erklärvideos pro Tag ◄ 2020

Alleine auf YouTube werden weltweit jeden Tag eine Milliarde Erklärvideos angeschaut [Baier/Etzold/Hurek 2020].

3 | DIE BEDEUTUNG VON VIDEO STEIGT

Von den ersten Höhlenzeichnungen über die Erfindung der Schrift bis zum bewegten Bild im Video: Die Nutzung der Medien hat sich im Laufe der Geschichte entwickelt und die Menschen haben die neuesten technischen Errungenschaften immer auch zur Kommunikation genutzt. Doch gerade in den letzten Jahrzehnten ist die Mediennutzung geradezu explodiert: 1964 lag die tägliche Nutzungsdauer in Deutschland noch bei 3:14 Stunden. Innerhalb von 50 Jahren hat sie sich im Jahr 2015 mit 9:26 Stunden fast verdreifacht [ARD 2015:506]. Mehr als ein Drittel unserer täglichen Zeit und weit mehr als die Hälfte der wachen Zeit verbringen wir mit dem Konsum von Medien.

Bevor Sie weiter in diesem Kapitel lesen, ist eine kleine Warnung angebracht: Es enthält wahrscheinlich mehr Zahlen und Statistiken als der Rest des Buches zusammengenommen. Sie müssen sich nicht alle Zahlen merken, sehen Sie dieses Kapitel eher als eine Sammlung, welche die Bedeutung von Videos aufzeigt und Sie bei der Argumentation für den Einsatz unterstützen kann.

Der Aufstieg des Internets geht zu Lasten anderer Medien

Dabei ist der Anteil des Fernsehen seit 1980 mit rund 37 % gleich geblieben. Die Nutzung von Tageszeitungen ist allerdings in den letzten 40 Jahren stark gesunken, von einem Anteil von 11 % in 1980 auf 4 % im Jahr 2015. Nur ein einziges Medium hat seit 1980 einen kometenhaften Aufstieg hinter sich: Der Anteil des Internets stieg von 0 % auf 19 % im Jahr 2015, das entspricht 107 Minuten Internetnutzung pro Tag [ARD 2015:507]. Seither hat sich der Anstieg sogar noch beschleunigt und lag im Jahr 2019 bei 182 Minuten, bei der jüngeren Generation von 14 bis 29 Jahren gar bei 366 Minuten [ARD 2019]. Nur nochmals zur Verdeutlichung: Neben Schlafen, Essen , Schule, Studium und Berufseinstieg ist in dieser Altersgruppe jeder täglich für 6 Stunden und 6 Minuten online.

Bücher hingegen verlieren stark an Bedeutung, alleine zwischen 2013 und 2017 gingen dem deutschen Buchhandel 18 % der Käufer verloren. Das sind 6,4 Millionen Konsumenten weniger in 5 Jahren, und E-Books und Hörbücher wurden sogar eingerechnet. Der stärkste Rückgang war hier mit 37 % in nur 5 Jahren in der Altersgruppe 40-49 Jahre zu verzeichnen, auch in dieser Altersgruppe ändert sich der Medienkonsum massiv [Börsenverein 2018:4].

Die asynchrone Videonutzung verdrängt lineares Fernsehen

Doch nicht nur die Zusammensetzung der Medien ändert sich, auch die Art der Nutzung unterliegt einem Wandel: Die junge Bevölkerung zwischen 14 und 29 Jahren schaut inzwischen täglich 81 Minuten lang Videos und Filme online, im Fernsehen nur noch 68 Minuten [Frees/Kupferschmitt/Mueller 2019]. YouTube ist dabei der Favorit, die Plattform wird von 90 % der Jugendlichen regelmäßig genutzt [MPFS 2019:38] und rangiert mit einer Beliebtheit von 63 % sogar vor WhatsApp (36 %) und Instagram (35 %). Facebook rangiert übrigens nur noch bei 4 % der 12-19-Jährigen unter den Top-3 Internetangeboten [MPFS 2019:27].

Das Internet wird zum Videonetz

Immer mehr Daten werden im Internet übertragen, bis 2022 wird der weltweite Datenverkehr knapp 4,8 Zettabyte pro Jahr erreichen. Um das anschaulich zu machen: Alle 53 Sekunden werden so viele Daten übertragen, wie alle jemals gedrehten Filme zusammengenommen [CISCO 2018:8]. Der Treiber für dieses Wachstum sind Videos, der Anteil steigt zwischen 2017 und 2022 von 75 % auf 82 %. In absoluten Zahlen: In nur 5 Jahren vervierfacht sich die Menge der Videos nahezu. Um mit diesen Datenmengen Schritt zu halten, müssen die Breitbandnetze im gleichen Zeitraum von durchschnittlich 39 auf 75,4 Megabit pro Sekunde ausgebaut werden [CISCO 2018:2].

Die mobile Nutzung auf dem ersten Platz

Auch die mobilen Netze müssen ausgebaut werden. Kein Wunder, wenn inzwischen schon 93 % der 12-19-Jährigen ein Smartphone besitzen, das bei der täglichen Mediennutzung mit 92 % ebenfalls ganz vorne liegt [MPFS 2019:7/12]. Erwartet wird, dass die mobilen Netze bis 2022 auf 28,5 Megabit pro Sekunde

[CISCO 2018:119] kommen, das ist mehr, als viele Internetnutzer heute im Festnetz haben. Nötig sind die Investitionen aber, denn der Anteil des mobilen Datenverkehrs steigt von 23 % im Jahr 2017 auf 50 % im Jahr 2022 [CISCO 2018:40].

Der Videokonsum dient nicht nur der Unterhaltung

Und was wünschen sich bei alldem die Konsumenten: Noch mehr Videos! Auf die Frage, von welchen Inhaltstypen sie in Zukunft mehr sehen möchten, landete Video mit 53 % auf dem ersten Platz [Hubspot 2017:8]. Dabei handelt es sich aber nicht nur um Spielfilme oder Comedy. Werden deutsche Jugendliche gefragt, wo sie sich informieren, dann liegt YouTube mit 55 % der Nennungen auf dem zweiten Platz hinter Google, deutlich vor Wikipedia mit nur 33 % [MPFS 2019:40]. Natürlich insbesondere für Musikvideos und Videoclips, aber 16 % der Jugendlichen schauen auch mehrmals pro Woche Erklärvideos [MPFS 2019:40].

Die Unternehmen reagieren auf den Verbraucherwunsch

Bereits im Jahr 2014 kam in einer Befragung zum Ausdruck, dass die Konsumenten sich auch von Marken mehr Videos erhofften. Schon damals schauten sich 59 % Videos von Marken an und 67 % erklärten, dass sie sich auch Erklärvideos von Unternehmen wünschen würden [Levels Beyond 2014]. Zwei Jahre später wurden Marketingverantwortliche gefragt, welche Inhalte sie mehr produzieren würden, wenn sie keine Ressourcenbeschränkungen hätten. Die Antwort war eindeutig, 83 % nannten Videos, weit vor Blogs, Bildern und Podcasts [Buffer 2016]. Und sie liefern auch: Im Jahr 2020 sind Videos auf dem ersten Platz der Inhalte im Content Marketing von Unternehmen angekommen, vor Blogs, E-Books und Infografiken [Hubspot 2020]. Inzwischen sehen 92 % der Marketingverantwortlichen Videos als wichtigen Teil der Marketingstrategie an [Wyzowl 2020].

Auch in der Weiterbildung sind Videos stark im Kommen

Doch nicht nur in Marketing, Vertrieb und Service haben die Unternehmen die Bedeutung von Videos erkannt. Auf die Frage, welcher Lernform in den kommenden drei Jahren die höchste Bedeutung zugemessen wird, antworteten Experten Ende 2019 sehr eindeutig: Videos und Erklärvideos landeten mit 94 % der Nennungen auf dem ersten Platz [MBB 2019]. Wenn man bedenkt, dass 12 % der erwerbsfähigen Bevölkerung in Deutschland nicht richtig lesen und schreiben kann, könnte das sehr viel Sinn machen. In manchen Berufsgruppen liegt dieser Anteil sogar noch deutlich höher: Beim Reinigungspersonal sind es 30 %, bei Hilfskräften in der Nahrungsmittelzubereitung mit 47 % ist es jeder Zweite [BMBF 2018]. Erklärvideos können helfen, alle Mitarbeiter mit den relevanten Botschaften und Inhalten zu erreichen.

4 | WAS EIN VIDEO ZUM ERKLÄR-VIDEO MACHT

Bevor Sie im weiteren Verlauf des Buches mehr über die vielfältigen Möglichkeiten und die Produktion von Erklärvideos erfahren, sollten wir den Begriff definieren. Wie viele Begriffe im digitalen Bereich wurde auch dieser zunächst auf Englisch verwendet, dort spricht man von „Explainer Video". Auf Deutsch ist das dann ein „Erklärfilm" oder ein „Erklärvideo", beides kann synonym gebraucht werden. In diesem Buch nutze ich einheitlich den Begriff „Erklärvideo".

Doch was ist nun ein Erklärvideo? Den Begriff Erklärvideo zu definieren ist ein wenig so, als ob man einen Pudding an die Wand nageln möchte. Auf dem Weg zu dieser Definition habe ich viele Möglichkeiten gefunden, wie man ein Erklärvideo nicht definieren kann. Und damit beginne ich zunächst:

▶ **Die Länge ist kein Kriterium**
Die meisten Erklärvideos sind kurz, ganz viele sind nur zwei oder drei Minuten lang. Doch es gibt auch Erklärvideos mit einer Länge von nur sechs Sekunden und welche mit einer Länge von mehreren Stunden.

▶ **Der Animationsstil ist kein Kriterium**
Es gibt viele animierte Erklärvideos, doch genauso gibt es auch viele als Realfilm gedrehte Erklärvideos. Jeder Cartoon im Kinderfernsehen ist animiert, aber nicht unbedingt ein Erklärvideo.

▶ **Der Empfänger ist kein Kriterium**
Erklärvideos werden für Kinder und Erwachsene erstellt, sie werden Mitarbeitern und Kunden gezeigt, im B2C und im B2B-Bereich. Wahrscheinlich gibt es irgendwo sogar ein Erklärvideo für Katzen oder Hunde.

▶ **Der Absender ist kein Kriterium**
In manchen Definitionen werden Erklärvideos als Instrument der Unternehmenskommunikation beschrieben. In einigen Fällen mag dies stimmen, es gibt aber auch andere Möglichkeiten: Marketing, Vertrieb und Service gehören genauso dazu wie die Personalentwicklung. Außerhalb von Unternehmen gibt es jedoch auch viele staatlich oder privat erstellte Erklärvideos.

▶ **Die Professionalität ist kein Kriterium**
Viele Erklärvideos werden von Privatpersonen erstellt und manche davon sind unprofessionell. Genauso habe ich aber auch schon wirklich miserable Erklärvideos von Unternehmen gesehen. Vice versa gibt es geniale Erklärvideos, von Unternehmen genau so wie von Konsumenten.

▶ **Das Medium/der Kanal ist kein Kriterium**
Die meisten Erklärvideos werden im Internet veröffentlicht und angeschaut. Andere werden auf Messen eingesetzt, zur Präsentation auf Veranstaltungen, in Filialen von Einzelhändlern oder sogar im persönlichen Gespräch.

▶ **Die Anzahl der Abrufe ist kein Kriterium**
Manchmal werden Erklärvideos zu viralen Hits. Aber das ist die Ausnahme, nicht die Regel. Wenn ein Erklärvideo für ein Investitionsgut im B2B-Bereich einige Hundert Abrufe hat, kann es schon ein Riesenerfolg sein.

▶ **Das Thema ist kein Kriterium**
Oft präsentieren Erklärvideos ein Unternehmen oder ein Produkt. Sie werden aber auch eingesetzt, um Konzepte zu verdeutlichen, den Kundenservice zu unterstützen oder um Mitarbeitern die Umsetzung eines Gesetzes in der täglichen Arbeit zu erklären. Alles, was sich erklären lässt, lässt sich auch durch Erklärvideos erklären.

Letztlich haben sich für mich sechs Kriterien herauskristallisiert, die aufzeigen, was ein Erklärvideo von anderen Filmen und Videos unterscheidet. Hier nun, Trommelwirbel, die Definition:

> Ein Erklärvideo ist ein Film, der **ein** definiertes Thema **emotional** mit Hilfe einer Geschichte **einfach** und **effizient erklärt** und den Zuschauer zu einer Handlung **ermutigt**.

Lassen Sie mich Ihnen diese sechs Kriterien im Folgenden erklären, vielleicht wird dann auch die Abgrenzung zu anderen Gattungen noch klarer:

1. **Erklärend**
   Der Hauptzweck eines Erklärvideos liegt im Erklären. Dies unterscheidet es zum Beispiel von Spielfilmen, die im Wesentlichen der Unterhaltung dienen oder von Werbespots, die nur etwas verkaufen sollen. Das bedeutet aber nicht, dass das Erklärvideo nicht auch unterhalten oder verkaufen kann.

2. **Emotional**
   Die Erklärung wird dabei durch eine Geschichte unterstützt, die den Zuschauer, zusätzlich zu den rationalen Elementen, emotional einbinden soll. Durch die Methodik des Storytellings und die emotionale Bindung können die Erklärungen besser aufgenommen und im Gedächtnis behalten werden (vgl. Kapitel 37). Dies unterscheidet Erklärvideos von vielen reinen Produktvideos oder auch Tutorials zur Softwarebedienung.

3. **Einfach**
   Im Erklärvideo wird die Komplexität des Themas so weit wie möglich reduziert. Der Grad der Vereinfachung hängt dabei weniger von der Komplexität des Themas, sondern mehr von der Zielgruppe und der gewünschten Länge ab. Die Relativitätstheorie kann für unterschiedliche Zielgruppen unterschiedlich komplex und damit auch unterschiedlich lang erklärt werden.

4. **Ein Thema**
   Wichtig ist die Konzentration auf genau ein Thema. Ein Erklärvideo sollte niemals mehrere unterschiedliche Themen umfassen. Wenn das Thema zu umfangreich oder divers ist, um in einem Erklärvideo dargestellt zu werden, sollte es auf mehrere Videos aufgeteilt werden.

5. **Effizient**

Erklärvideos vermitteln die Inhalte nicht nur verbal, sondern auch und gleichzeitig mit bewegten Bildern. Durch die Nutzung mehrerer Sinne wird das Gehirn die Informationen mit weniger Anstrengung, also effizienter, aufnehmen. Die Länge der Lernzeit, und damit des Videos, wird davon ebenfalls positiv beeinflusst.

6. **Ermutigend**

Ein Erklärvideo möchte erreichen, dass der Zuschauer nach dem Ansehen handelt. Dazu fordert es ihn auf, dieses wird häufig „Call-To-Action" genannt. Dies kann eine direkte Kaufhandlung sein, genauso kann es aber auch sein, dass der Empfänger der Botschaft aufgefordert wird, sich mehr Informationen zu dem Thema zu besorgen oder zu versuchen, das erläuterte Konzept selbst umzusetzen.

Schauen Sie sich einmal dieses Video als Beispiel an:

APPLE - APPLE WATCH SERIE 5

Apple ist ein US-amerikanisches Technologieunternehmen und Marktführer im Bereich Smartwatches. Mit der Einführung der Apple Watch ist Apple zum größten Uhrenhersteller der Welt geworden. Dieses Video im Live-Action-Stil mit gelegentlichen Anleihen aus dem Screencast-Stil wurde 2019 veröffentlicht und hat alleine auf YouTube fast 30 Millionen Aufrufe.

https://buch.nitsche.info/go/apple

Doch ist dieses Video nun ein Erklärvideo? Das Video **erklärt** die Funktionen der Apple Watch, also **ein Thema**. Es erzählt in **emotionalen** Bildern die Geschichte der Benutzer und reißt mit. Es ist **einfach** verständlich und nutzt sehr **effizient** die Kombination aus Stimme und Bildern. Doch eines tut es nicht, zumindest nicht direkt: Das Video **ermutigt** nicht zum Kauf der Apple Watch und ist damit wohl eher ein Werbe- als ein Erklärvideo.

Ganz viele Beispiele für „echte" Erklärvideos finden Sie in den folgenden Abschnitten. Doch zum Abschluss der Theorie erfahren Sie noch mehr über die Wirkungsweise sowie die Vor- und Nachteile von Erklärvideos.

5 DIE WIRKUNGS-WEISE VON ERKLÄRVIDEOS

Dieses ist nicht das längste Kapitel, aber es ist das Kapitel, das am meisten Zeit in der Recherche gekostet hat. Nicht so sehr, weil es keine gute Forschung zur Psychologie von Erklärvideos gäbe, sondern weil es sehr viele unbewiesene Aussagen dazu gibt. Diese klingen zumeist spannend und auch plausibel, aber auf den zweiten Blick wird klar: Sie sind schlicht und einfach erfunden. Bevor Sie sich also mit der Wahrheit vertraut machen, zunächst einmal drei Mythen, die durch häufiges Wiederholen auch nicht wahrer werden:

▶ **Mythos 1**
Das Gehirn kann Bilder 60000 Mal schneller verarbeiten als Text. Diese Behauptung wird immer wieder, in Beiträgen, in Blogs [u. a. Margalit 2015] und zahllosen Informationsgrafiken wiederholt [u. a. Hubspot 2014]. Der älteste bekannte Fundort ist in einer Broschüre von 3M mit dem Titel „Polishing your Presentation" [3M 1997]. Wie 3M wiederum auf diese Idee gekommen ist, ist völlig unklar [Schwabish 2015-09]. Es stimmt, dass das Gehirn Bilder unglaublich schnell verarbeiten kann, die Zahl 60000 scheint aber völlig aus der Luft gegriffen zu sein.

▶ **Mythos 2**
Menschen erinnern nur 10 % dessen, was sie hören, nur 20 % dessen, was sie sehen, aber 65 % dessen, was sie sehen und hören. Mit leichten Abwandlungen in den Zahlen wird auch diese Aussage in unzähligen Beiträgen wiederholt [u. a. McClincy 2010]. Auch bei dieser „wissenschaftlichen Ente" gibt

es ein paar Ansätze zur Aufklärung, die bis in das Jahr 1946 zurückreichen [Thalheimer 2002, Masters 2013, Schwabish 2015-10]. Es stimmt, dass Menschen die Kombination von Bild und Ton besser erinnern, aber die genannten Prozentzahlen scheinen frei erfunden zu sein.

▶ **Mythos 3**
Eine Minute Video sagt mehr als 1,8 Millionen Worte. Auch dieser Satz wird vielfach zitiert oder in Grafiken verwendet, er stammt ursprünglich wohl aus einem Forrester Report von Dr. James McQuivey mit dem Titel „How Video Will Take Over The World" [McQuivey 2008]. Im Gegensatz zu den beiden anderen Mythen ist hier zumindest die Berechnung klar: Wenn ein Bild umgangssprachlich 1000 Worten entspricht, dann ergeben 60 Sekunden Video mit 30 Bildern pro Sekunde exakt 1,8 Millionen Worte. Es stimmt sicherlich, dass ein Video von einer Minute mehr Inhalte umfassen kann als ein kurzer Text. Allerdings: Dieses Buch umfasst rund 60000 Worte und ich halte es für unmöglich, es in zwei Sekunden Video zusammenzufassen.

Kommen wir nach den Mythen nun zu den Fakten, und die sind auch ohne Übertreibungen spannend genug. Erklärvideos vereinen zwei Welten, die Information und die Unterhaltung, zusammengefasst im Wort „Infotainment" (aus „Information" und „Entertainment"). Auf diesen beiden Welten beruht auch die Psychologie der Erklärvideos [Hutter 2015]:

▶ **Multisensorische Information**
Erklärvideos kombinieren visuelle Informationen (Bilder und Worte) mit auditiven Informationen (Sprache, Musik, Soundeffekte). Durch die Nutzung der verschiedenen Sinne nimmt das Gehirn die Informationen besser auf.

▶ **Unterhaltende Geschichten**
Erklärvideos arbeiten mit Storytelling, um mit Geschichten Emotionen zu erzeugen. Dieses führt bei den Empfängern ebenfalls zu einer besseren Verarbeitung, zum Beispiel durch gesteigerte Aufmerksamkeit und Identifikation mit dem Erzählten oder den Protagonisten in den Geschichten.

Stark vereinfacht gesagt: Erklärvideos sprechen beide Gehirnhälften sehr gezielt an und erzielen durch die Kombination verschiedener Effekte maximalen Erfolg. Im Folgenden nun die psychologisch belegbaren Effekte im Detail:

Schnellere Verarbeitung

Unser Gehirn kann ein Bild innerhalb von 150 Millisekunden verarbeiten [Thorpe/Fize/Marlot 1996] und binnen weiterer 100 Millisekunden die Bedeutung verstehen [Holcomb/Grainger 2006]. Nach einer Viertelsekunde wissen wir also, was gemeint ist. Bei einem Text kann dies, je nach Umfang und Komplexität, deutlich länger dauern. Unser Überleben im Straßenverkehr hängt von diesem Prinzip ab, denken Sie nur an die Illustration zu Beginn dieses Kapitels.

Mehr Aufmerksamkeit durch Bewegung

In einer Befragung wurden über 3000 Konsumenten gefragt, welcher Art von Inhalten sie die meiste Aufmerksamkeit widmen, und welche Sie lediglich überfliegen. Sieger im Vergleich aller Medien: Videos, mit 62 % aufmerksamer Nutzung [Hubspot 2017:8]. Einer der Gründe dafür: die Bewegung im Video weckt immer wieder unsere Aufmerksamkeit [Howard/Holcombe 2010].

Besseres Verständnis durch die Kombination aus Bild und Ton

Die gleichzeitige Vermittlung der Inhalte durch Bild und Ton wurde seit den 1970er Jahren intensiv untersucht. Besonders zu nennen sind die Theorie der dualen Kodierung („Dual Coding Theory") von Allan Paivio und die Kognitive Theorie des multimedialen Lernens („Cognitive theory of multimedia learning") von Richard E. Mayer. Diese beiden empirisch belegten Theorien besagen, stark vereinfacht, folgendes: Informationen, die gleichzeitig als Bilder und Sprache vorliegen, werden im Gehirn besser gespeichert. Dadurch können Menschen besser lernen. Mehrere Prinzipien aus diesen Theorien sind für Erklärvideos wichtig:

▶ **Modalitätsprinzip**
Die audiovisuelle Darstellung fördert das Lernen stärker als die ausschließlich textliche oder ausschließlich visuelle Darstellung.

▶ **Kontiguitätsprinzip**
Zusammengehörige Text- und Bildinformationen sollten räumlich nahe beieinander positioniert werden. Ebenso sollten zusammengehörige Bild- und Sprachelemente zeitlich nahe beieinander liegen.

▶ **Kohärenzprinzip**
Interessante, für das Lernziel aber irrelevante Inhalte reduzieren die Lernleistung und sollten deswegen weggelassen werden.

In einer spannenden Studie aus dem Jahr 2005 wurden zum Beispiel die Etiketten von Medikamenten untersucht. Solange nur Text vorhanden war, verstanden 70 % der Probanden die Information. Wurden Bilder hinzugefügt, stieg das Verständnis auf 95 % [Dowse/Ehlers 2005].

Mehr Erinnerung und höhere Überzeugungskraft

Die Informationen werden durch Bilder aber nicht nur verständlicher, sie werden auch besser behalten. Gedächtniskünstler wenden genau diese Kombinationen an, Sie merken sich abstrakte Dinge durch Bilder und Geschichten [Kiegl/Smith/Hechhausen/Bates 1987]. Bereits 1970 wurde in einer Untersuchung gezeigt, dass Probanden mit diesen Techniken von 2560 Fotos, die sie für jeweils 10 Sekunden sahen, auch nach drei Tagen noch über 2000 behalten hatten [Standing/Conezio/Haber 1970]. Sogar in den Rechtswissenschaften wurde dieses Prinzip angewandt: Ein Dozent verband verschiedene rechtliche Themen mit handgemalten Bildern, was zu einer deutlichen Merkfähigkeit bei seinen Studenten führte [Bradford 2011]. Auch mit Erklärvideos funktioniert dieses Prinzip, so wurde bei Medizinstudenten festgestellt, dass einen deutlich höheren Lernerfolg durch den Einsatz von Lernvideos hatten [Günster 2019]. Doch nicht nur die Erinnerung wird gesteigert, Präsentationen sind mit Bildern um 43 % überzeugender als ohne Bilder [Vogel/Dickson/Lehman 1986].

Eindrucksvoll wurde die Überzeugungswirkung von Geschichten im Jahr 2007 in einer Studie im Bereich der Gewinnung von Spendengeldern demonstriert. Wollen Sie es an sich selbst testen? Bitte lesen Sie dazu diese beiden Texte:

> Die Nahrungsmittelknappheit in Malawi betrifft mehr als drei Millionen Kinder. In Sambia haben schwere Niederschlagsdefizite ab 2000 zu einem Rückgang der Maisproduktion um 42 % geführt. Infolgedessen leiden schätzungsweise drei Millionen Menschen unter Hunger. Vier Millionen Angolaner - ein Drittel der Bevölkerung - mussten aus ihren Häusern fliehen. Mehr als 11 Millionen Menschen in Äthiopien benötigen sofortige Nahrungsmittelhilfe.

Zum Vergleich lesen Sie nun bitte diesen Text:

> Jeden Euro, den Sie spenden, geht an Rokia, ein 7-jähriges Mädchen aus Mali in Afrika. Rokia ist verzweifelt, arm und sie droht zu verhungern. Ihr Leben wird sich durch Ihre Spende zum Besseren verändern. Mit Ihrer Unterstützung und der Unterstützung anderer Sponsoren wird Save the Children mit Rokias Familie und anderen Mitgliedern der Gemeinschaft zusammenarbeiten, um sie zu ernähren, sie auszubilden und eine medizinische Grundversorgung und Hygieneausbildung zu ermöglichen.

In mehreren Experimenten wurde verglichen, bei welchem der beiden Texte die Spendenbereitschaft höher war. Und es wird Sie vermutlich nicht verwundern, dass die emotionale Geschichte mit Rokia durchgängig mehr Spenden erhielt als die Aufzählung der statistischen Zahlen [Small/Loewenstein/Slovic 2007]. Wir Menschen treffen Entscheidungen emotional und rationalisieren sie später. Genau dieses Prinzip nutzt das Storytelling in Erklärvideos, um mehr Aufmerksamkeit zu erreichen und überzeugender zu wirken,

Mehr Spaß und höhere Bereitschaft zum Teilen

In mehreren Studien wurden speziell auch Erklärvideos hinsichtlich ihrer Erinnerungskraft, ihres Unterhaltungswerts und bezüglich der Bereitschaft zum Teilen untersucht. Bereits 2012 verglich Professor Dr. Richard Wiseman mit 2090 Probanden zwei Videos: Das eine Video zeigte ihn selbst für eine Minute bei einer Erklärung („Talking Head"). Das andere Video hatte den identischen Audiokanal, zeigte aber parallel dazu ein Erklärvideo im Whiteboard-Stil. Das Ergebnis: Das Erklärvideo im Whiteboard-Stil führte zu 15 % besserer Erinnerung der Inhalte, wurde von 33 % der Probanden als unterhaltsamer bezeichnet und mit 66 % höherer Wahrscheinlichkeit geteilt [Cognitive 2012].

Eine ähnliche Untersuchung mit identischem Aufbau wurde zwei Jahre später durchgeführt, auch die Ergebnisse waren nahezu identisch: In vier von fünf Tests war die Erinnerungsleistung besser, insbesondere bei den jüngeren Probanden. Die Weiterempfehlungs- und Kaufwahrscheinlichkeit war beim Whiteboard-Stil jeweils doppelt so hoch im Vergleich zum „Talking Head". Auch hier gefiel das Whiteboard Video den Probanden besser [Air 2015:39ff/Sparkol 2014]. Weitere Untersuchungen bestätigen die höhere Aufmerksamkeit und den höheren Unterhaltungswert und ergeben zumindest eine gleiche Erinnerungsleistung [Türkay 2016/Mayr 2016:74ff].

Ist das Versprechen der Kürze auch ein Mythos?

Nach meiner Erfahrung aus der Praxis gibt es einen weiteren Effekt: Das Versprechen der Kürze führt zu einer höheren Bereitschaft, sich das Erklärvideo überhaupt anzuschauen und, meiner Meinung nach, auch zu einer höheren Aufmerksamkeit. Wissenschaftlich belegen kann ich das (noch) nicht, aber vielleicht ist gerade dies ein Anreiz für zukünftige Forschungsarbeiten ...

6 | VOR- UND NACHTEILE VON ERKLÄRVIDEOS

Erklärvideos haben, bedingt durch ihre Wirkungsweise, viele Vorteile für die Zuschauer und auch die Absender, zumeist Unternehmen. Doch für beide Gruppen gibt es auch eine Reihe von Nachteilen, die ich Ihnen, bei aller Begeisterung, natürlich nicht verschweigen möchte. Zumal viele der Nachteile durch eine geschickte Produktion verringert oder vermieden werden können:

Fünf Vorteile für Zuschauer

▶ **Erklärvideos sind einfach zu verstehen!**
Komplexe Themen werden auf die wesentlichen Inhalte reduziert und durch die multisensorische Aufbereitung mit Bild und Ton leicht verständlich.

▶ **Erklärvideos sind kurz!**
Dank der Konzentration auf das Wesentliche sind Erklärvideos kurz und sparen den Zuschauern so viel Zeit.

▶ **Erklärvideos unterstützen die Erinnerung!**
Durch die Kombination von Bild und Ton sowie die Verbindung des Themas mit einer Geschichte wird die Merkfähigkeit des Gehirns gesteigert.

▶ **Erklärvideos sind unabhängig von Zeit und Raum!**
Erklärvideos kann man überall und jederzeit abrufen, man ist als Empfänger nicht von Öffnungszeiten oder Schulungsterminen abhängig.

▶ **Erklärvideos machen Spaß!**
Durch das Storytelling und die grafische Aufbereitung können selbst die trockensten Themen attraktiv aufbereitet werden und Spaß machen.

Fünf mögliche Nachteile für Zuschauer

▶ **Erklärvideos können zu langsam oder zu schnell sein!**
Die Geschwindigkeit richtet sich am Durchschnitt der Empfänger aus, daher kann ein Empfänger überfordert und ein anderer gelangweilt sein.

▶ **Erklärvideos sind nicht interaktiv!**
Da es sich um Videos handelt, bieten Erklärvideos wenig Möglichkeiten zur Interaktion, verglichen zum Beispiel mit einem Quiz oder einer Simulation.

▶ **Erklärvideos können zu oberflächlich sein!**
Durch die Reduktion auf das Wesentliche können Erklärvideos für manche Empfänger zu oberflächlich sein und nicht genug Tiefgang bieten.

▶ **Erklärvideos sind nur online verfügbar**
Normalerweise werden die Videos online zur Verfügung gestellt. Manche Konsumenten sie dadurch nicht oder nur langsam abrufen.

▶ **Erklärvideos können schlecht sein**
Von den Millionen von Erklärvideos sind manche nicht gut recherchiert, wenig strukturiert oder auch technisch in Bild und Ton mangelhaft produziert.

Fünf Vorteile für die Absender

▶ **Erklärvideos führen zu mehr Engagement!**
Durch die Wirkungsweise führen Erklärvideos zu mehr Engagement der Empfänger, zum Beispiel zu mehr Käufen [Brightcove 2018].

▶ **Erklärvideos stärken das Vertrauen in die Marke**
Erklärvideos belegen die Professionalität. 58 % der Konsumenten finden Unternehmen mit Erklärvideos als vertrauenswürdiger [Animoto 2014].

▶ **Erklärvideos werden geteilt!**
Konsumenten teilen Videos deutlich häufiger als andere Medien. Im Idealfall werden Erklärvideos, mit viel Arbeit und etwas Glück, ein viraler Erfolg!

▶ **Erklärvideos sind vielseitig!**
Fast alle Themen können als Erklärvideo aufbereitet werden und die produzierten Videos können auf vielen verschiedenen Kanälen eingesetzt werden.

▶ **Erklärvideos bringen Erfolg!**
88 % der Marketingverantwortlichen geben an, dass der Einsatz von Videos zu einem positiven ROI führt [Wyzowl 2020].

Fünf mögliche Nachteile für die Absender

▶ **Erklärvideos können zu viel Zeit benötigen!**
35 % bis 72 % der Marketingmanager befürchten, dass die Produktion zu viel Zeit benötigt [Buffer 2016 und Heinz 2019:26].

▶ **Erklärvideos können teuer sein!**
Für 20 % bis 41 % der Marketing-Verantwortlichen ist dies der Grund, der gegen den Einsatz spricht [Buffer 2016 und Wyzowl 2020].

▶ **Erklärvideos sind aufwendiger zu produzieren und zu aktualisieren!**
59 % der Verantwortlichen geben an, Videos seien das aufwendigste Medium in der Produktion [Allegra 2015].

▶ **Erklärvideos können für manche Themen nicht geeignet sein!**
Für manche Themen, wie Luxusprodukte, ist die Inszenierung sehr relevant. Daher wird bisweilen befürchtet, Erklärvideos seien dafür nicht geeignet.

▶ **Erklärvideos sind zu verspielt!**
Gerade Entscheider glauben, dass Erklärvideos zu verspielt und daher nur für Kinder, aber nicht für ein professionelles Publikum geeignet seien.

Meiner Meinung nach beruhen manche der befürchteten Nachteile für Unternehmen auf Mythen, Unkenntnis oder schlechten Erfahrungen. In den Anfangsjahren war die Produktion von Erklärvideos teuer und zeitaufwendig. Inzwischen sind die Kosten deutlich gesunken. Das Video für Dropbox (vgl. Kapitel 48) hat angeblich 50000 US-Dollar gekostet. Heute wäre das für 5000 Euro in höherer Qualität machbar. Genauso hat sich die Produktionszeit von Monaten auf Wochen, reduziert. Es ist nach wie vor aufwendiger ein Erklärvideo zu produzieren als einem Text, dafür sind aber die erzielbaren Erfolge auch deutlich höher.

Manche Themen sind in Erklärvideos schwerer zu kommunizieren als andere. Die Europäische Datenschutz-Grundverordnung in wenigen Minuten zusammenzufassen und attraktiv zu designen ist sicherlich eine Herausforderung. Ich kann aber aus Erfahrung sagen, dass es möglich ist. Durch die richtige Wahl des Stils (vgl. Kapitel 28) können auch Luxusprodukte markengerecht inszeniert werden. Auch kindlich müssen Erklärvideos nicht sein, wie viele der Beispiele in den folgenden Abschnitten belegen.

AUF EINEN BLICK

1 Zu den Grundlagen der Erklärvideos gehört ihre Historie, die steigende Bedeutung des Mediums Video, die Definition sowie die Erläuterung der Wirkungsweise und der Vor- und Nachteile.

2 Visuelle Kommunikation, sogar mit bewegten Bildern, gibt es seit der Steinzeit. Die Zeit der animierten Filme beginnt Anfang des 19. Jahrhunderts, der Aufstieg des Erklärvideos 2007.

3 Wir alle verbringen immer mehr unserer Zeit mit Medien, insbesondere online und mit Videos. Letztere sind inzwischen für rund 80 % des weltweiten Datenverkehrs verantwortlich.

4 Ein Erklärvideo ist ein Film, der ein definiertes Thema emotional mit Hilfe einer Geschichte einfach und effizient erklärt und den Zuschauer zu einer Handlung ermutigt.

5 Unterhaltende Geschichten werden in Erklärvideos mit Bild und Ton kombiniert. So erreichen diese ein einfacheres Verständnis, eine höhere Merkfähigkeit und mehr Überzeugungskraft.

6 Es gibt eine ganze Reihe von Vor- und Nachteilen für die Absender und Empfänger von Erklärvideos, wobei die Vorteile überwiegen und die Nachteile ausgeglichen werden können.

„*Wer ins kalte Wasser springt, taucht in ein Meer voller Möglichkeiten.*"

Finnisches Sprichwort und Lebensmotto
von Soraya Kohlmann, Miss Germany 2017

WOFÜR KÖNNEN SIE
ERKLÄRVIDEOS NUTZEN?

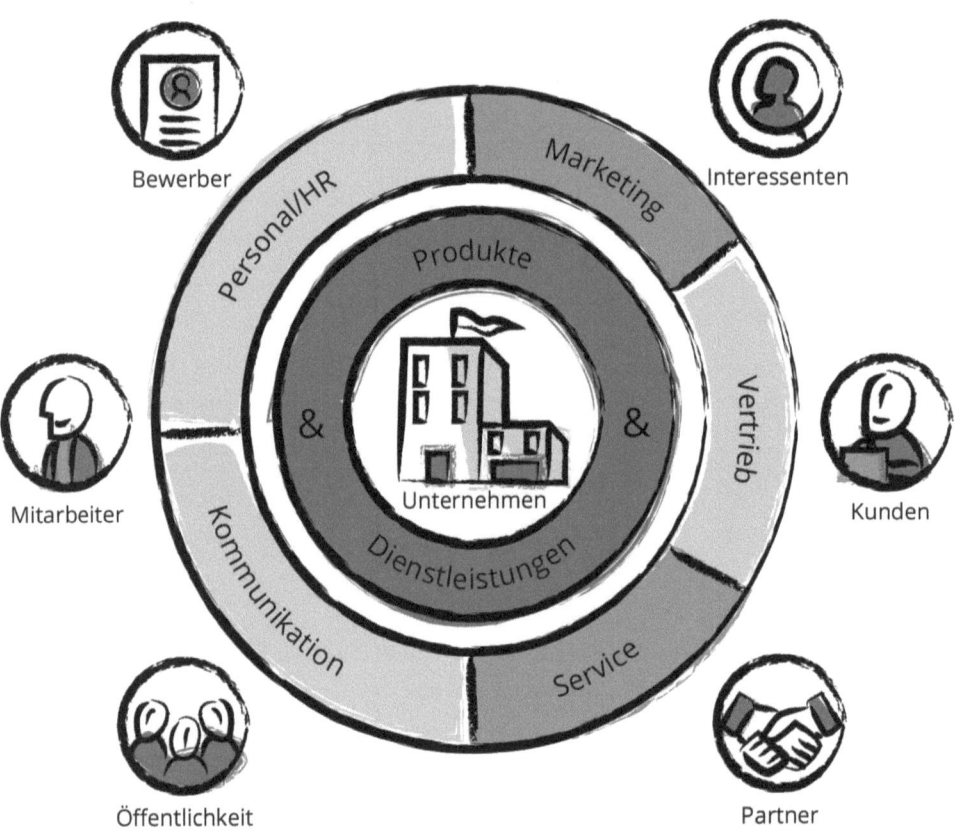

7

NUTZEN SIE DIE VIELFÄLTIGEN MÖGLICHKEITEN

Springen Sie mit mir ins kalte Wasser und finden Sie heraus, wie Erklärvideos in Unternehmen genutzt werden können: Zunächst einmal können Sie Ihr **Unternehmen** als Ganzes darstellen und aufzeigen, welche **Produkte** Sie anbieten. Darüber hinaus werden Erklärvideos entlang der Customer Journey im **Marketing**, im **Vertrieb** und im **Service** eingesetzt, um Interessenten, Kunden und auch Vertriebspartnern komplexe Sachverhalte zu vermitteln. Im Bereich **Personal/HR** werden sie genutzt, um Bewerber zu gewinnen und Mitarbeiter zu entwickeln. Und nicht zuletzt profitiert auch die interne und externe **Kommunikation** von diesem modernen Instrument, um Mitarbeiter, Anteilseigner und auch die Öffentlichkeit zu informieren.

Hört sich das für Sie so an, als seien Erklärvideos nur etwas für große Unternehmen? Eine Untersuchung aus dem Jahr 2015 deutet darauf hin, denn damals setzten rund 90 % der DAX-Unternehmen animierte Videos ein, während es im MDAX lediglich noch 68 % und im SDAX nur noch 54 % waren [Videoboost 2015:6]. Nach meiner Erfahrung haben zunächst neben den Großunternehmen auch Start-ups intensiv Erklärvideos genutzt. Diese haben die Videos mit geringem Aufwand selbst erstellt, während große Unternehmen auf Dienstleister gesetzt haben. Inzwischen holt, nach anfänglich etwas zögerlicher Nutzung, auch der Mittelstand auf:

▶ In **kleinen Unternehmen** liegt der Schwerpunkt auf der Kommunikation des Kernprodukts oder des Unternehmens, gerade bei Start-ups ist beides ja häufig noch identisch. Die Videos werden in der Gründungsphase sowohl zur Kapitalbeschaffung als auch natürlich zur Gewinnung erster Kunden eingesetzt. Auch im weiteren Verlauf liegt bei kleinen Unternehmen der Schwerpunkt der Nutzung im Marketing und im Vertrieb.

▶ Bei **mittleren Unternehmen** wird der Einsatz im Service ergänzt, um möglichst viele Kunden mit geringen Kosten betreuen zu können. Darüber hinaus wächst die Zahl der Mitarbeiter und es ergeben sich neue Möglichkeiten, Erklärvideos sinnvoll zu nutzen.

▶ **Großunternehmen** nutzen das komplette Spektrum der Einsatzmöglichkeiten. Die Kosten können auf die großen Zahlen von Kunden und Mitarbeitern verteilt werden, gleichzeitig ist die Möglichkeit zur schnellen Skalierung der Kommunikation besonders wichtig.

In den folgenden Kapiteln konzentriere ich mich bewusst auf die Einsatzmöglichkeiten für Unternehmen, obwohl Erklärvideos natürlich auch in vielen anderen Bereichen der Gesellschaft, wie zum Beispiel der öffentlichen Kommunikation oder in der Bildung, zum Einsatz kommen. In der Lehre ermöglicht die Integration von Erklärvideos neue didaktische Möglichkeiten wie die Förderung des individualisierten Lernens, unabhängig von Zeit und Ort.

Jeden Tag gibt es neue Dinge, die wir lernen müssen und damit neue Möglichkeiten, Erklärvideos einzusetzen. Während ich diese Zeilen schreibe, hält die COVID-19-Pandemie die Welt in Atem. Ein Beispiel für eine öffentliche Kommunikation ist dieses Erklärvideo aus Österreich, das sich speziell an Kinder wendet:

STADT WIEN - DAS CORONAVIRUS KINDERN EINFACH ERKLÄRT

In diesem Erklärvideo, das sich speziell an Kinder richtet, erklärt die Stadt Wien in gut zwei Minuten leicht verständlich, was das Coronavirus ist, was es tut, welche Auswirkungen es auf den Körper hat und wie man sich davor schützen kann. Entsprechend der Zielgruppe werden klare, bunte 2D-Animationen, eine einfache Sprache und eine kindliche Stimme im Voice-Over verwendet. Das Video erhielt innerhalb von nur drei Wochen über eine Million Aufrufe auf YouTube.

https://buch.nitsche.info/go/corona-wien

Doch nicht nur in Unternehmen, in der Lehre und im öffentlichen Bereich können Erklärvideos genutzt werden. Sogar im privaten Umfeld kann der Einsatz Sinn machen, wie dieses Erklärvideo als Bewerbung eindrucksvoll zeigt:

LAUREN GOODMAN - DIE BEWERBUNG

Lauren Goodman studierte Marketing & Design an der University of Florida. Und sie suchte einen Job. Als Bewerbung erstellte Sie ein gut eine Minute langes Erklärvideo im Motion-Graphics-Stil mit Anleihen aus dem Kinetic-Typography-Stil. Das Video wurde alleine auf Vimeo über 56000 mal angeschaut, ich bin mir recht sicher, dass da auch ein potenzieller Arbeitgeber dabei war!

https://buch.nitsche.info/go/lauren-goodman

Doch jetzt: Lassen Sie uns starten und entdecken Sie im Folgenden die Möglichkeiten für den Einsatz von Erklärvideos in Ihrem Unternehmen. Selbst mich hat die Vielfalt der Optionen beim Schreiben noch überrascht.

8 | STELLEN SIE IHR UNTERNEHMEN VOR

Fast jeder kennt die Allianz Versicherung, eine Marke wie Nivea von Beiersdorf oder ein Start-up wie Zalando. Doch die meisten kleinen oder mittleren Unternehmen, egal ob gerade gegründet oder das in der siebten Generation geführte Familienunternehmen, benötigen zur Ausweitung Ihres Geschäfts mehr Bekanntheit. Ein Erklärvideo bietet Ihnen die Möglichkeit, Ihr Unternehmen von der besten Seite zu präsentieren, aufzuzeigen, wofür Sie stehen und welche Produkte oder Dienstleistungen Sie anbieten. Das Erklärvideo wird so zur perfekten Visitenkarte.

Neben der Erhöhung der Bekanntheit sollte natürlich auch die Markenidentität durch das Erklärvideo transportiert werden. Das Alleinstellungsmerkmal Ihres Unternehmens wird dabei klar herausgearbeitet und kommuniziert, so wie in diesem Beispiel von Chipotle:

CHIPOTLE - DIE SUCHE NACH BESSEREM SCHWEINEFLEISCH

Chipotle ist eine US-amerikanische Restaurantkette, die sich auf mexikanisches Essen wie Burritos oder Tacos spezialisiert hat. Im Gegensatz zu vielen Fast-Food-Restaurants setzt Chipotle auf hochwertige Zutaten. Im Rahmen des Konzeptes „Food with Integrity" wird ausschließlich Fleisch von Tieren verwendet, die ohne antibiotische oder hormonelle Behandlung aufgezogen wurden. Das Video mit dem Gründer Steve Ells im Mittelpunkt vermittelt das Unternehmensleitbild ohne erhobenen Zeigefinger und erklärt, wie die Idee für Chipotle geboren wurde. Obwohl es erst im Jahr 2018, 25 Jahre nach der Gründung, veröffentlicht wurde, wirkt es handgemacht und dadurch authentisch. Durch den Cut-Out-Stil und dezente Soundeffekte, zum Beispiel das Klatschen am Schluss, wird der Retro-Eindruck verstärkt.

https://buch.nitsche.info/go/chipotle

Ganz besonders schwer ist die Steigerung des Bekanntheitsgrads für Start-ups, die neue Produkte oder Dienstleistungen entwickeln. Sowohl potenzielle Investoren als auch mögliche Kunden müssen die Vorteile verstehen, um zu investieren oder zu kaufen. Ein Erklärvideo kann hier gerade bei komplexen oder neuartigen Angeboten helfen.

DOLLAR SHAVE-CLUB - DAS EIN-MILLIARDEN-DOLLAR-ERKLÄRVIDEO

 Der Dollar Shave Club ist ein 2011 gegründetes US-amerikanisches Unternehmen, das an seine Kunden Rasierklingen im monatlichen Abonnement versendet. Am 6. März 2012 veröffentlichte das Unternehmen ein Erklärvideo mit dem Titel „Our Blades Are F***ing Great". Nach nur sechs Stunden war die Webseite des Dollar Shave Clubs komplett überlastet [Harrington 2016] und innerhalb von zwei Tagen erhielt das Unternehmen 12000 Bestellungen. Die Produktionskosten lagen bei 4500 US-Dollar [Naziri 2013]. Statt das Produkt in den Vordergrund zu stellen, erklärt Michael Dubin, einer der beiden Gründer, das Unternehmen sowie das Abonnement und animiert die Zuschauer zur Anmeldung. Das Video wurde als Live-Action realisiert und fasziniert durch die hohe Geschwindigkeit, die durch die laufende Bewegung des Protagonisten erzeugt wird. Der humorvoll, sarkastische Stil wird durch viele Kleinigkeiten verstärkt: Zum Beispiel das Mädchen, das jemandem den Kopf rasiert und der Rasierte, der das Buch „The Lean Startup" liest.

https://buch.nitsche.info/go/dollar-shave-club

Vier Jahre nach der Veröffentlichung des Erklärvideos kaufte Unilever den Dollar Shave Club für eine Milliarde US-Dollar. Natürlich sind die mehr als 25 Millionen Aufrufe dieses Erklärvideos nicht alleine für den Erfolg des Unternehmens verantwortlich, aber geholfen haben sie meiner Meinung nach sicherlich.

Darüber hinaus hat ein Erklärvideo noch einen wichtigen Nebeneffekt für Gründer, aber auch etablierte Unternehmer: Durch den Zwang, in kürzester Zeit die wesentlichen Vorteile zu kommunizieren, hilft der Erstellungsprozess, sich über das Angebot und die Wettbewerbsvorteile klar zu werden. Ich hatte schon mehr als einen Kunden, der mir erzählte, wie sehr ihm das Erklärvideo bei der Herausarbeitung des USP geholfen habe.

9 | PRÄSENTIEREN SIE PRODUKTE UND DIENST- LEISTUNGEN

Das wahrscheinlich häufigste Einsatzgebiet von Erklärvideos im Unternehmen ist die Erläuterung von Produkten und Dienstleistungen. Laut einer Befragung von Marketingverantwortlichen im Dezember 2019 haben bei 95 % die Videos dazu beigetragen, das Verständnis der Kunden für das Produkt oder die Dienstleistung zu verbessern [Wyzowl 2020:5]. Für diesen Erfolg sind mehrere Faktoren verantwortlich: Die Angebote können durch die grafische Darstellung im Video anschaulicher beschrieben werden. Die Funktionen und der Nutzen für den Kunden werden so deutlicher dargestellt. Gerade abstrakte und daher schwer greifbare Dienstleistungen oder komplexe Softwareprodukte sind textlich nur schwer zu erklären. Ein Erklärvideo kann dies deutlich besser erreichen, wie das Beispiel von Slack zeigt.

SLACK - WIE ARBEITEN, NUR BESSER

 Slack ist ein webbasierter Chat-Dienst zur Kommunikation mit Textnachrichten innerhalb von Unternehmen, der interne E-Mails weitgehend ersetzen soll. Das 2016 veröffentlichte Erklärvideo im 2D-Animation-Stil besteht aus zwei Teilen: Zu Beginn wird in bedrückendem Schwarz-Weiß gezeigt, wie die Mitarbeiter unter den ständigen E-Mails, Warnungen und Besprechungen leiden. Der zweite, farbig gestaltete Teil des Videos zeigt, wie Slack das Arbeitsleben einfacher, angenehmer und produktiver gestaltet. Im ganzen Video wird nach dem Motto „Taten sagen mehr als Worte" kein Text gesprochen, dafür sehr intensiv mit Soundeffekten gearbeitet, welche die jeweilige Stimmung betonen. Mit einer klaren Storyline zeigt das Video, wie Slack Ordnung, Organisation und Leichtigkeit in das Leben des Charakters bringen. Achten Sie beim Anschauen auf die Körpersprache des Protagonisten in den beiden unterschiedlichen Teilen!

https://buch.nitsche.info/go/slack

Die potenziellen Kunden verstehen nicht nur, wie Slack funktioniert, sondern erfahren am Beispiel des Protagonisten auch, welchen Nutzen sie haben. Mit gutem Storytelling können so auch alltägliche, eher sachliche Produkte und Dienstleistungen emotionalisiert werden. Darüber hinaus nehmen Kunden Produkte, die als Erklärvideo gezeigt werden, auch noch als wertvoller wahr. Ganz besonders gilt dies, wenn im Rahmen von Crowdfunding-Kampagnen für Produkte, die noch nicht einmal fertig entwickelt sind, Unterstützer gesucht werden. Laut einer Auswertung von Kickstarter sind Projekte mit einem Erklärvideo zu 50 % erfolgreich, während Projekte ohne Video nur zu 30 % genug Unterstützung einsammeln [Kickstarter 2012]. Ein gutes Erklärvideo überzeugt die Unterstützer hier nicht nur vom Nutzen des Produkts, sondern auch von der Glaubwürdigkeit der Entwickler.

EXPLODING KITTENS - DIE KICKSTARTER-KAMPAGNE

2015 haben Elan Lee, Shane Small und Matthew Inman eine Kickstarter-Kampagne ins Leben gerufen, mit der ein Kartenspiel namens Exploding Kittens verkauft werden sollte. In ihrem Erklärvideo zum Projekt stellen sie sich selbst und das Spiel vor. Es erweckt die Charaktere aus dem Spiel zum Leben, animiert sie und erklärt witzig und emotional, wie das Spiel funktioniert. Wenn das Video so viel Spaß gemacht hat, muss das Spiel selbst genauso viel Spaß machen, oder? Mit 219382 Unterstützern und einem Finanzierungsvolumen von fast 9 Millionen US-Dollar wurde es eines der erfolgreichsten Projekte in der Geschichte von Kickstarter [Kickstarter 2015].

https://buch.nitsche.info/go/exploding-kittens

Auch bei bereits gut am Markt eingeführten Produkten können Erklärvideos helfen und bei hochwertigen Produkten den Preis rechtfertigen oder neue Funktionen oder Produktbestandteile präsentieren, wie in diesem Beispiel von Skrill.

SKRILL - KAUFEN UND VERKAUFEN SIE KRYPTOWÄHRUNGEN

 Skrill ist ein englischer Zahlungsdienstleister, der kosten-günstige internationale Geldtransfers ermöglicht. Seit dem Sommer 2019 können auch Kryptowährungen wie Bitcoins über Skrill ge- und verkauft werden. Diese neue Funktion stellt Skrill in einem nur 27 Sekunden kurzen Erklärvideo im Informationsgrafik-Stil existierenden Kunden vor. Darüber hinaus konnte so aber auch eine neue Zielgruppe, Kryptowährungsexperten, dafür interessiert werden, Skrill als Handelsplattform zu nutzen. Das Video wurde im Corporate Design von Skrill erstellt und die leb-haften Animationen der Wechselkurse passen gut zum Geschäft mit Kryptowährungen.

https://buch.nitsche.info/go/skrill

Last but not least sollte man bei Erklärvideos zu Produkten nicht nur den End-kunden im Sinn haben. Gerade im mehrstufigen Vertrieb oder bei großen Ver-trieben wie zum Beispiel bei Versicherungen können diese auch in der internen Kommunikation unterstützen, indem neue Angebote den Vertriebsmitarbeitern erklärt und zum Verkauf empfohlen werden. Verwenden Sie Erklärvideos, um selbst erfahrenen Mitarbeitern neue Details über die Produkte oder Dienstleis-tungen Ihres Unternehmens näher zu bringen.

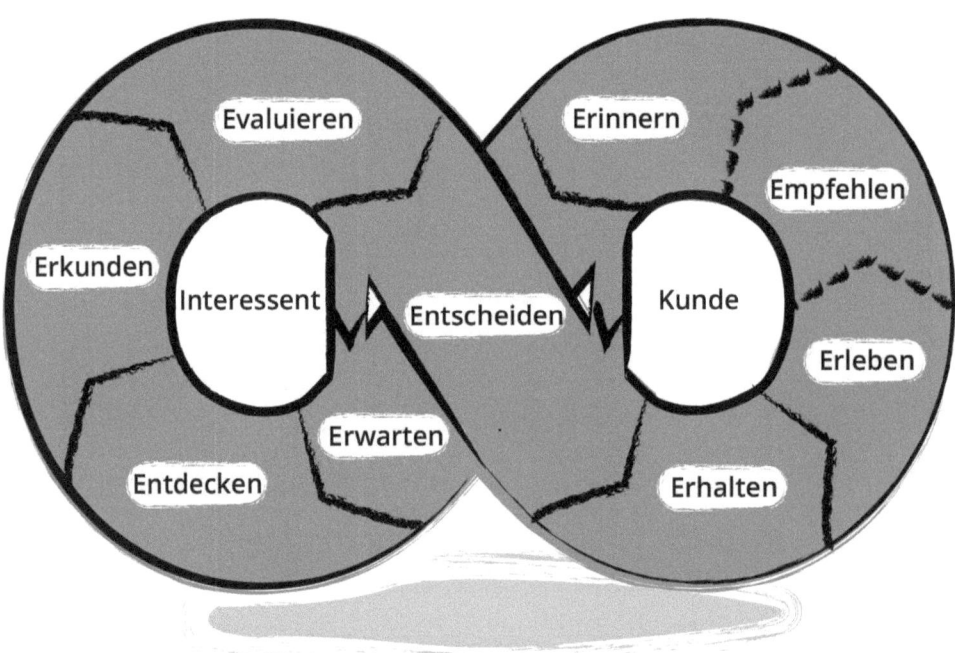

10 BEGLEITEN SIE DIE CUSTOMER JOURNEY IM MARKETING

Falls Sie noch keine Erklärvideos in Ihrem Marketing nutzen, dann wird es höchste Zeit, denn damit sind Sie Teil einer kleinen Minderheit. Bei einer Befragung von Marketing-Managern gaben satte 85 % an, Videos im Marketing einzusetzen, fünf Jahre zuvor waren es nur 61 % [Wyzowl 2020:10]. In zwei anderen Befragungen in Nordamerika [CMI 2020a:22] [CMI 2020b:24] liegen die Zahlen mit 66 % (B2C) bzw. 71 % (B2B) zwar etwas niedriger, sind aber immer noch sehr hoch. Auch wenn es sich nicht immer um Erklärvideos handeln wird, der Trend ist klar erkennbar.

Die überwiegende Mehrheit der Unternehmen stellt auf ihrer Webseite Erklärvideos bereit, um potenziellen Kunden die Funktionsweise ihrer Produkte oder Dienstleistungen zu erläutern. Dies ist jedoch nicht die einzige Möglichkeit, Erklärvideos im Marketing zu verwenden. Videomarketing ist in der gesamten Customer Journey sinnvoll. Dabei ist es wichtig, die Inhalte genau auf die jeweilige Phase anzupassen, um die Ansprache so spezifisch wie möglich zu gestalten. Bereits 1898 entwickelte der amerikanische Werbestratege Elias St. Elmo Lewis das Werbewirkungsprinzip AIDA [Wikipedia AIDA]. Das Akronym steht für die vier Stufen Attention (Aufmerksamkeit), Interest (Interesse), Desire (Verlangen) und Action (Handlung). Heutige Kaufprozesse sind aufgrund der vielen Informations- und Interaktionsmöglichkeiten komplexer geworden, und so wurde das lineare AIDA-Modell zur Customer Journey ausgebaut. Die Phasen dieser Reise sind gut geeignet, die verschiedenen Einsatzmöglichkeiten von Erklärvideos im Marketing darzustellen.

Erwarten

Bevor der potenzielle Kunde seine Customer Journey überhaupt antritt, beginnt die Arbeit für Sie bereits. Der Konsument hat noch überhaupt keine Kaufabsicht, er kennt Ihr Produkt oder Ihre Dienstleistung nicht oder aber hat kein Interesse daran. Seine Aufmerksamkeit ist gering. Ihre Aufgabe ist es nun, das Bedürfnis zu wecken oder um in der Reise-Metapher zu bleiben: Sein Fernweh anzuregen. Das Erklärvideo muss in dieser Phase sehr kurz sein und gleichzeitig auf der emotionalen Ebene Interesse erzeugen. Typischerweise sieht der Konsument es nicht auf Ihrer Webseite, sondern in anderen Umfeldern, zum Beispiel in den Sozialen Medien. Im Idealfall empfiehlt es ein existierender Kunde, im Normalfall werden Sie das Video aktiv bewerben müssen.

GIVVIT - MACHE JEMANDEN GLÜCKLICH!

Givvit ist eine App aus Großbritannien, mit der Konsumenten ihren Freunden kleine Aufmerksamkeiten wie Schokolade, Kuchen, Blumen etc. schenken können, statt nur eine SMS mit „I love you" oder „Sorry" zu senden. Niemand erwartet einen solchen Service, umso wichtiger war es, potenzielle Nutzer auf diese Möglichkeit aufmerksam zu machen. 2014 veröffentlichte Givvit dafür ein fast zwei Minuten langes, liebevoll im Motion-Graphics-Stil gestaltetes Erklärvideo.

https://buch.nitsche.info/go/givvitt-motion-graphics

Doch weniger als zwei Jahre später wurde es durch ein neues Video mit einer 2D-Animation abgelöst. Dieses ist nur 30 Sekunden lang und spricht die Konsumenten deutlich emotionaler an. Vergleichen Sie doch beide Videos miteinander und bilden Sie sich Ihre eigene Meinung.

https://buch.nitsche.info/go/givvit-2d-animation

Entdecken

Ist die Aufmerksamkeit für das Angebot geweckt, wird der Konsument zum Interessenten. Die Inspiration führt dazu, dass er mehr entdecken möchte. Vielleicht klickt er auf einen Link unter Ihrem Erklärvideo, vielleicht forscht er auch aktiv in einer Suchmaschine nach Ihrem Angebot. Auf jeden Fall möchte er erfahren, welchen Nutzen er haben könnte. Die Aufgabe des Erklärvideos ist es nun, Orientierung zu geben und zu erklären, welches Bedürfnis Ihr Angebot erfüllt. Ein typischer Anlaufpunkt ist eine Landingpage auf Ihrer Webseite. Das Video sollte immer noch kurz sein, aber zur Emotion treten nun die ersten rationalen Argumente. Gute Videos unterstützen Sie dabei auch indirekt, indem sie Ihre Positionierung in Suchmaschinen verbessern.

Erkunden

Das Interesse und damit auch die Aufmerksamkeit steigen. Der Interessent formuliert seine Anforderungen und fängt an zu recherchieren. Gefragt sind nun fachliche Informationen; Daten und Fakten zählen mehr als werbliche Inhalte. Sie müssen es in die Liste der möglichen Anbieter schaffen und je detaillierter Sie die Funktionen Ihres Produkts beschreiben, desto höher werden Ihre Chancen. Die Erklärvideos können nun länger sein und sollten über alle Bestandteile Ihres Angebots informieren. Sehr wahrscheinlich gibt es nicht nur ein Erklärvideo, sondern mehrere Videos, die unterschiedliche Aspekte erläutern. Sie sind auf Ihrer Webseite zu finden, sollten aber zum Beispiel auch in Videoportalen zur Verfügung gestellt werden. Wichtig ist es auch, mögliche Kaufbarrieren aktiv anzusprechen und auszuräumen. Ein schönes Beispiel für ein Erklärvideo in der Erkundungsphase hat Mint bereits 2010 veröffentlicht:

MINT - WIE BEHALTEN SIE DEN ÜBERBLICK ÜBER IHRE FINANZEN?

 Mint ist ein kostenloser Online-Dienst zur persönlichen Finanzverwaltung in den USA und Kanada. Das Erklärvideo wurde im Rahmen einer Neugestaltung der Webseite veröffentlicht und erläutert in rund anderthalb Minuten die Dienstleistung von Mint. Im Motion-Graphics-Stil gehalten besticht es durch seine lebendige von links nach rechts rollende Animation. Die vielen Screenshots machen das Produkt anschaulich, sind aber nahtlos in das moderne Design eingefügt worden. Ein klarer Aufruf zur Anmeldung schließt das Video ab.

https://buch.nitsche.info/go/mint

Evaluieren

Sie sind auf der Longlist des Interessenten gelandet? Herzlichen Glückwunsch! Nun gilt es, den Wettbewerb auszuschalten. Sie müssen die Vorteile Ihres Angebots herausstellen und dem Interessenten erklären, warum Ihr Produkt oder Ihre Dienstleistung besser als andere geeignet ist, seine Bedürfnisse zu erfüllen. Das Interesse geht nun nicht mehr in die Breite, sondern in die Tiefe. Die Erklärvideos dürfen nochmals etwas länger werden und sollten mit Fakten und Beispielen arbeiten. Erfolgsbeispiele von vorhandenen Kunden, aufbereitet in einem Erklärvideo, eventuell noch gespickt mit einem Testimonial, können hier wirkungsvoll sein. Hilfreich ist auch ein Erklärvideo, das die Vorteile Ihrer Lösung im direkten Vergleich zu den Wettbewerbern aufzeigt.

Entscheiden

In der Entscheidungsphase stehen häufig die Konditionen im Mittelpunkt des Interesses. Der Kauf kann immer noch scheitern, deswegen sollten mögliche Abschlusshürden beseitigt und der Interessent zum Kauf geführt werden. In manchen Fällen kann die Gelegenheit auch noch zum Upgrade in ein höherwertiges Produkt oder für Zusatzverkäufe genutzt werden. Das Erklärvideo darf nun nicht mehr ablenken, sondern muss sehr konkret zum Abschluss führen. Mögliche Inhalte sind das Preismodell, mögliche Zusatzoptionen und, um Vertrauen zu schaffen, auch der Hinweis auf die Unterstützung nach dem Kauf.

BOXT - HEIZUNG INSTALLIEREN LEICHT GEMACHT

Boxt ist ein englischer Onlinedienst, der einen bei der Auswahl für eine neue Heizung unterstützt und dann die Installation zum Festpreis häufig bereits für den Folgetag organisiert. Klingt fast zu schön, um wahr zu sein, oder? In diesem knapp zwei Minuten langen Erklärvideo im Live-Action-Stil wird detailliert erklärt, wie die Installation abläuft - Schritt für Schritt. So wird den potenziellen Kunden die Angst genommen und die größte Kaufhürde abgebaut.

https://buch.nitsche.info/go/boxt

Erhalten

Ihr Kunde hat gekauft und das versprochene Produkt steht auf dem Tisch. Doch hält das Produkt die Versprechen ein, werden die Erwartungen erfüllt? Häufig führen Probleme bei der Lieferung oder der Nutzung zu einem nachträglichen Bedauern der Kaufentscheidung. Erklärvideos können hier zu wirklicher Begeisterung führen, indem sie die Inbetriebnahme erläutern, den Kunden die Bedienung erklären oder auch Tipps zur Nutzung geben. Ein mögliches Medium sind hier E-Mails, die den Kunden in den ersten Tagen nach dem Kauf auf die entsprechenden Erklärvideos verweisen. Hier ein Beispiel für ein solches Erklärvideo:

FUUGO - ERSTE SCHRITTE MIT DEM FUUGO XL SPEAKER

Fuugo ist ein US-amerikanischer Anbieter von Bluetooth-Lautsprechern. In diesem knapp zwei Minuten langen Erklärvideo erfahren die Käufer, wie sie den Fuugo XL Speaker einrichten und bedienen. Was meinen Sie, ist für die junge Zielgruppe besser geeignet: Eine Anleitung in Papierform oder dieses Video? Und günstiger als eine gedruckte Anleitung ist das Video auch!

https://buch.nitsche.info/go/fuugo

Erleben

Wie in jeder Beziehung kehrt nach einiger Zeit der Alltag ein. Die Nutzung ist mal mehr, mal weniger intensiv und die Aufmerksamkeit des Kunden sinkt deutlich. Wenn Sie Ihre Kunden auch in dieser Phase mit kurzen Erklärvideos unterstützen, können Sie den Fokus immer wieder auf Ihr Produkt richten. Mögliche Themen reichen von Hinweisen zur richtigen Pflege über Tipps für die intensivere Nutzung bis hin zur Präsentation neuer Funktionen. Sogar die Möglichkeit zum Cross- und Up-Selling ist immer wieder gegeben. Entsprechend der geringeren Aufmerksamkeit sollten Sie die Videos nun wieder kürzer gestalten und auf eine Kombination von Emotionen und Informationen setzen.

Empfehlen

Die achte Phase, und die hohe Kunst des Marketings, ist dann die Weiterempfehlung. Sie sollten begeisterte Kunden aktivieren, die positiven Erfahrungen an andere potenzielle Käufer weiterzugeben und so Werbung für Ihr Unternehmen zu machen. Erklärvideos können hier in doppelter Hinsicht helfen. Zum einen sind Kunden sehr viel eher bereit, gut gemachte Videos in Sozialen Medien zu teilen als andere Inhalte. Zum anderen können Sie natürlich auch spezifische Erklärvideos erstellen, die als Referenz für erfolgreiche Projekte dienen, so wie in diesem Beispiel von TNS.

TNS/ZIERA - WIE AUCH IHRE MARKE UNWIDERSTEHLICH WIRD

TNS war ein global tätiges Marktforschungsunternehmen und ist heute Teil der WPP Gruppe. Eine Dienstleistung von TNS ist NeedScope, ein ganzheitliches Instrument zur Bedürfnissegmentierung und Markenpositionierung. Doch wie kann man eine solch komplexe Methodik möglichen Kunden näherbringen? TNS entwickelte ein anderthalb Minuten langes Erklärvideo im Motion-Graphics-Stil. In einer Fallstudie wird dargestellt, wie man Ziera, einer Schuhmarke aus Neuseeland, geholfen hat, die Marke zu emotionalisieren und damit die Kundenzahl und die Kundenzufriedenheit zu steigern. Ein Link zum Schluss des Videos führt auf eine Landingpage mit weiteren Fallstudien und Informationen zur Dienstleistung von TNS.

https://buch.nitsche.info/go/tns-ziera

Erinnern

Leider gehen auch die schönsten Reisen manchmal zu Ende. Sollten Sie merken, dass Ihre Kunden inaktiv werden, dann können Sie Erklärvideos einsetzen, um diese an Sie zu erinnern. Wichtig ist dabei, wie ganz zu Beginn der Reise, wieder auf kurze und eher emotionale Inhalte zu setzen, um den Kunden nicht zu verärgern. Ein schönes Beispiel ist das folgende Erklärvideo der New York Life:

NEW YORK LIFE - ES IST SCHON EINE WEILE HER ...

 Die New York Life Insurance Company ist eine der größten Lebensversicherungen der Welt. Versicherungen haben relativ wenige Kontaktpunkte zu Kunden, die dann, wie Rechnungen oder Schadensfälle, auch meist noch negativ geprägt sind. Neben Privatkunden betreut die New York Life auch kleine Geschäftskunden. Genau diese Zielgruppe spricht sie mit einem nur 49 Sekunden dauernden Erklärvideo an. Mit einer ruhigen 2D-Animation im blauen Corporate Design des Unternehmens positioniert sich die Versicherung als der immer verfügbare Partner auf Augenhöhe und aktiviert den Kunden zur Kontaktaufnahme per Telefon oder E-Mail.

https://buch.nitsche.info/go/new-york-life

Sie sehen, es gibt viele Möglichkeiten, Erklärvideos im Marketing einzusetzen und Interessenten und Kunden damit zu begeistern. Aber auch hier gilt: Vergessen Sie die internen Zielgruppen nicht. Stellen Sie zum Beispiel den Mitarbeitern größere Marketingkampagnen mit einem Erklärvideo vor. Eine andere Möglichkeit ist es, komplexe Marktforschungsergebnisse in einem kurzen Erklärvideo zusammenzufassen. Wie habe ich die mehreren hundert Seiten langen Berichte mit unendlich vielen Tabellen und Grafiken immer gehasst, da ist ein 2-3 Minuten Video doch ein viel angenehmerer Weg, das Wichtigste zu erfahren.

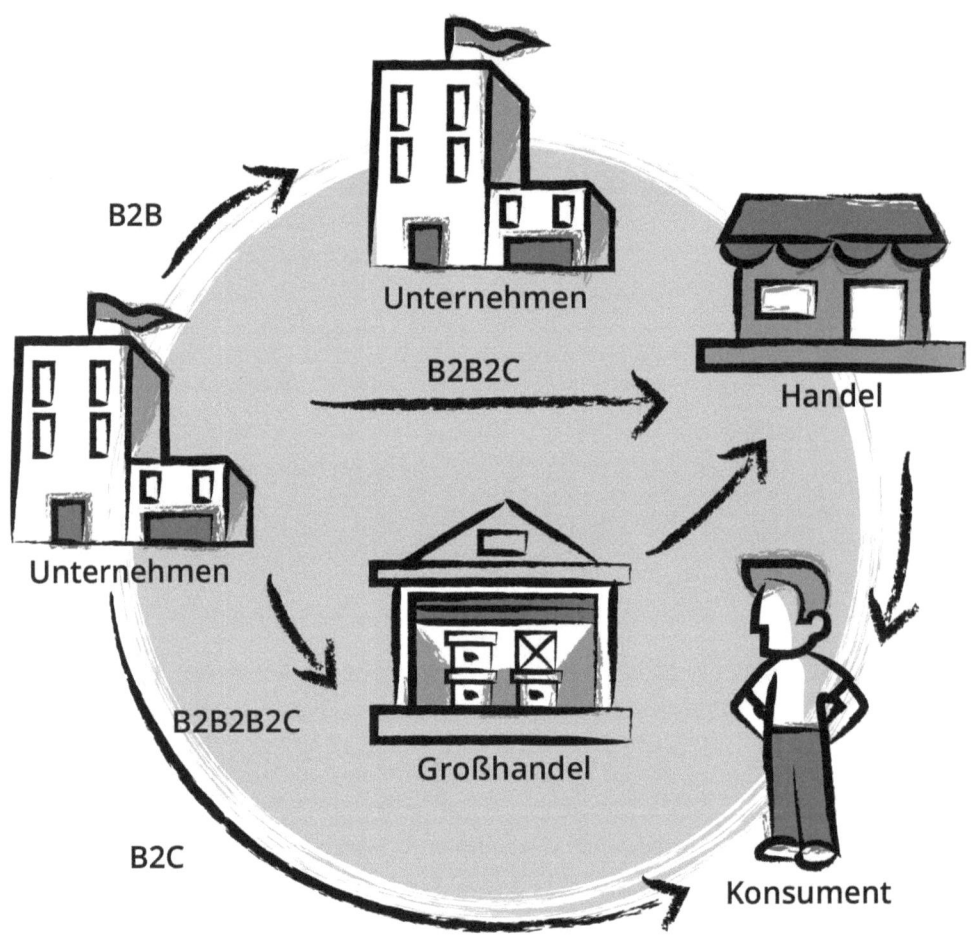

11 UNTERSTÜTZEN SIE DEN B2C- UND B2B- VERTRIEB

Würden Sie lieber einen Vertriebsanruf erhalten oder sich lieber ein Erklärvideo anschauen, um mehr über ein neues Produkt oder eine Dienstleistung zu erfahren? Fast schon eine rhetorische Frage und so verwundert es nicht, dass 66 % der Befragten sich für das Erklärvideo entscheiden, 18 % lieber einen Text lesen würden und nur 2 % den Anruf bevorzugen [Wyzowl 2020]. Doch eigentlich ist es gar kein „entweder-oder", sondern eher ein „sowohl-als-auch". Denn Erklärvideos unterstützen den gesamten Vertriebsprozess: Sie können Interessenten Erklärvideos zur Terminvorbereitung schicken, sie im persönlichen Gespräch zeigen oder sie nach einem Telefonat als Verstärker per E-Mail senden. Und das völlig unabhängig davon, ob Sie Unternehmen (B2B) oder Konsumenten (B2C) als Kunden haben oder ob Ihr Vertriebsmodell sogar über mehrere Stationen wie den Groß- und Einzelhandel oder andere Absatzmittler wie zum Beispiel Distributoren oder Versicherungsmakler hinweg verläuft.

In vielen Fällen wird der Einsatz eng mit dem Marketing verknüpft sein. Ein potenzieller Kunde sieht sich zum Beispiel ein Erklärvideo auf einer Landingpage an und meldet sich daraufhin beim Vertrieb. Dabei sollten Sie beachten, dass die mobile Nutzung, gerade im B2C-Bereich stark steigt, im B2B-Bereich jedoch noch immer 87 % der Videos auf Desktop-Geräten angeschaut werden [Vidyard 2019]. Sogar in der Kaltakquisition im B2B-Bereich können Erklärvideos helfen, den Vertriebserfolg zu steigern, wie das Beispiel von Jellyfish zeigt.

JELLYFISH FREIGHT - 800000 US-DOLLAR UMSATZ IN SIEBEN TAGEN

Jellyfish Freight Management ist ein kanadischer Software-anbieter, der andere Unternehmen beim Management ihrer Frachtlogistik unterstützt. Bereits 2013 produzierte Jellyfish ein rund eine Minute kurzes Erklärvideo im Whi-teboard-Stil. Es wurde per E-Mail an potenzielle Kunden gesendet und unterstützte so das darauffolgende Ver-triebstelefonat. Die Kaltakquisition wurde so deutlich er-leichtert - nach eigenen Angaben wurde in den 7 Tagen nach Einführung des Erklärvideos ein Umsatz von 800000 US-Dollar erzielt.

https://buch.nitsche.info/go/jellyfish

Doch nicht nur in der Vorbereitung eines Telefonats kann ein Erklärvideo den Vertrieb unterstützen. Immer häufiger werden Erklärvideos auch im persönli-chen Gespräch auf Notebooks oder Tablet-PCs gezeigt. Gerade bei erklärungs-bedürftigen Produkten steht die Kombination aus bewegtem Bild und Ton dem Vertriebsmitarbeiter zur Seite. Die Präsentation wirkt professionell und unter-stützt die Glaubwürdigkeit. Der Vertriebsmitarbeiter kann im Anschluss an das Erklärvideo mögliche Fragen beantworten und sich auf die Einwandbehandlung und den Abschluss konzentrieren.

Doch was ist, wenn Ihr Kunde gar nicht der wirkliche Kunde ist? Wenn Sie Wie-derverkäufer beliefern oder Ihr Vertrieb sogar mehrstufig über Großhandel und Handel verläuft? Nehmen wir an, Sie sind ein Hersteller von Heizungen, wer ist denn dann Ihr Kunde? Der Großhändler? Der Handwerker? Oder der Hausbesitzer? Gerade bei solch diversen Zielgruppen kann der Einsatz von Er-klärvideos den Vertriebsprozess vereinfachen. Im persönlichen Vertrieb nutzt Ihr Key Account Manager das Erklärvideo auf einem Tablet. Gleichzeitig stellt er es dem Großhändler auch als Datei zur Verfügung, so dass dieser es wiederum zur Überzeugung der Handwerker nutzen kann. Darüber hinaus können sich Endkunden das Erklärvideo auf Ihrer Webseite anschauen.

Allerdings werden wahrscheinlich mehrere Versionen des Videos benötigt, denn auch wenn die Inhalte zum Großteil identisch sind, gibt es doch kleine Abweichungen in der Perspektive und der Vorteilsargumentation. Im White-Label-Vertrieb kann es sogar sinnvoll sein, mehreren Vertriebspartnern das inhaltlich weitgehend identische Video in unterschiedlichen Designs, angepasst auf die jeweilige Marke, zur Verfügung zu stellen.

12 OPTIMIEREN SIE DEN KUNDEN-SERVICE UND SPAREN SIE DABEI

Wenn aus dem Interessenten Ihr Kunde wird, beginnt die eigentliche Arbeit erst: Stellen Sie sicher, dass die ersten Erlebnisse mit dem neuen Produkt positiv verlaufen. Beantworten Sie mögliche Fragen zur Nutzung so schnell und einfach wie möglich und seien Sie auch bei Problemen für Ihre Kunden da. Und wenn Sie Ihre Kunden dann noch über neue Funktionen unterrichten, dann kaufen Ihre Kunden sogar wieder bei Ihnen ein. Und wieder. Und wieder!

Im Jahr 2011 sagte die Gartner Group voraus, dass im Jahr 2020 rund 85 % der Kundeninteraktionen mit Unternehmen ohne menschliches Zutun erfolgen würden. Mal abgesehen davon, ob diese Prognose wirklich eingetroffen ist, Erklärvideos können Kunden auch im Service begeistern. Im Gegensatz zum Call-Center sind die Videos auf der Webseite 24 Stunden am Tag, 7 Tage in der Woche und 365 Tage im Jahr verfügbar. Und eine Wartezeit beim Anschauen gibt es auch nicht. Doch nicht nur der Kunde profitiert: Erklärvideos im Kundenservice helfen, Kosten zu sparen. Zwei von fünf Unternehmen geben in einer Umfrage an, dass Videos die Anzahl der erhaltenen Supportanrufe reduziert hätten [Wyzowl 2020]. Wenn ein Call im Schnitt 10 Euro kostet und Sie für ein Erklärvideo 5000 Euro investiert haben, dann hat sich das Video bereits amortisiert, wenn 500 Kunden das Video anschauen, anstatt Sie anzurufen.

Doch fangen wir am Anfang an. Genau wie Sie neue Mitarbeiter einarbeiten, sollten Sie auch neue Kunden willkommen heißen und Ihnen die ersten Schritte mit Ihrem Produkt oder Ihrer Dienstleistung vereinfachen. So skalieren Sie Erwartungen und reduzieren potenzielle Frustration. Ganz geschickt begrüßt zum Beispiel Canva neue Kunden mit einem Erklärvideo:

CANVA - ERSTE SCHRITTE MACHEN DEN EINSTIEG EINFACHER

Canva ist eine Online-Designplattform, die von sich selbst behauptet, das einfachste Designprogramm der Welt zu sein. Um diesem Anspruch gerecht zu werden, wird neuen Kunden mit einem rund drei Minuten langen Erklärvideo im Screencast-Stil der Einstieg erleichtert. Anhand einiger Beispiele erläutert Canva die grundlegende Bedienung der Plattform. Am Schluss wird auf weitere Erklärvideos in der Canva Design School verwiesen und, ganz wichtig: Canva bedankt sich beim Neukunden für die Benutzung der Plattform.

https://buch.nitsche.info/go/canva-first-steps

Häufig gestellte Fragen bei Ihrer Hotline sind ebenfalls ein guter Anlass, über den Einsatz eines Erklärvideos nachzudenken. Dabei können nicht nur Anrufe im Call-Center vermieden werden, das gleiche Video kann auch zur Schulung von Servicemitarbeitern eingesetzt und per Link an Kunden mit Fragen versendet werden, die sich per Chat, E-Mail oder Telefon gemeldet haben. Schauen Sie sich zum Beispiel dieses Erklärvideo von Freenet TV an:

FREENET TV - DER OPTIMALE STANDORT DER ZIMMERANTENNE

Freenet TV ist die kostenpflichtige HDTV-Plattform von Media Broadcast, die den Fernsehempfang über DVB-T2 in Deutschland ermöglicht. Eine immer wiederkehrende Herausforderung für den Service von Freenet TV ist der schlechte Empfang durch eine nicht optimal platzierte Zimmerantenne. Mit einem 150 Sekunden langen Video im 2D-Animation-Stil gibt Freenet TV den Kunden Tipps zur Positionierung und zum Vermeiden möglicher Störquellen.

https://buch.nitsche.info/go/freenet-tv

Auch für den Fall, dass mal etwas nicht funktioniert, kann ein Erklärvideo eine gute Ergänzung der Kommunikation im Service sein, wie dieses Beispiel eines Stromanbieters zeigt:

WESTERN POWER DISTRIBUTION - NOTFALLKOMMUNIKATION

Western Power Distribution ist der Stromnetzbetreiber im Westen Großbritanniens. Doch was soll ein Kunde machen, wenn mal kein Strom aus der Steckdose kommt? In einem knapp eine Minute langen Erklärvideo in einem einfach gehaltenen Motion-Graphics-Stil wird den Kunden erklärt, wo sie sich im Fall der Fälle informieren können und wie sie Hilfe erhalten. Gut, dass mit einem Smartphone das Video auch während eines Stromausfalls angeschaut werden kann.

https://buch.nitsche.info/go/western-power

Langfristig können Sie natürlich auch vom Service wieder die Brücke in das Marketing oder den Vertrieb schlagen, indem Sie neue Funktionen mit kurzen Erklärvideos vermarkten. Je intensiver die Kunden Ihre Produkte nutzen, desto höher wird die Kundenbindung. Darüber hinaus ergeben sich aber sogar Chancen zum Cross- und Up-Selling. Da diese Videos wieder einen werblichen Charakter haben, sollten Sie deutlich kürzer als reine Service-Videos sein, gut zu sehen in diesem Beispiel von Mailchimp:

MAILCHIMP - ZUSAMMENARBEIT MIT FACEBOOK

Mailchimp ist eine Plattform für Marketingautomatisierung und E-Mail-Marketing. 2017 führte Mailchimp eine neue Funktion ein, mit der es den Nutzern möglich ist, auch Facebook-Werbekampagnen in Mailchimp zu designen und zu verwalten. Mit einem sehr farbenfrohen rund eine Minute kurzen Erklärvideo im Motion-Graphics-Stil begleitete Mailchimp die Einführung und informierte vorhandene Benutzer über die neuen Möglichkeiten.

https://buch.nitsche.info/go/mailchimp

13 GEWINNEN UND ENTWICKELN SIE MITARBEITER

Neben Interessenten und Kunden sind (potenzielle) Mitarbeiter die zweite wichtige Zielgruppe für Erklärvideos. Die Einsatzmöglichkeiten im Personalbereich sind vielfältig, sie reichen von der Darstellung als attraktiver Arbeitgeber über das Recruiting und Onboarding von Mitarbeitern bis zur Kommunikation von Richtlinien. Ganz besonders häufig ist der Einsatz von Erklärvideos im Bereich Training und Personalentwicklung.

Employer Branding

Die Positionierung und Präsentation eines Unternehmens gegenüber potenziellen (und existierenden) Arbeitnehmern als glaubwürdiger und attraktiver Arbeitgeber wird im „War for talent" immer wichtiger, da Unternehmen mit starkem Employer Branding deutlich mehr Bewerbungen erhalten. Erklärvideos können auf der eigenen Webseite und insbesondere auch in sozialen Business-Netzwerken wie Xing oder LinkedIn helfen, das Image des Unternehmens zu prägen. Ein schönes Beispiel für eine „langweilige" Beratung finden Sie hier:

SIMON, KUCHER & PARTNERS - ALLES, ABER NICHT LANGWEILIG

Simon, Kucher & Partners ist eine Unternehmensberatung mit Fokus auf Strategie, Marketing, Pricing und Vertrieb. Simon-Kucher beschäftigt weltweit rund 1 400 Mitarbeiter. In einem rund anderthalb Minuten langen Video erklärt Simon, Kucher & Partners, wie sich die Firmenkultur von anderen Beratungen unterscheidet, was von Mitarbeitern erwartet und was diesen geboten wird. Das Video besticht durch eine schnelle, abwechslungsreiche Kombination aus Live-Action-, Motion-Graphics- und Animated-Photos-Stil. Durch den langweiligen Einstieg und den Bruch nach rund 10 Sekunden wird die Andersartigkeit von Simon, Kucher & Partners kreativ herausgehoben.

https://buch.nitsche.info/go/simon-kucher-partners

Recruiting

Im Recruiting, früher auch Personalbeschaffung genannt, können Erklärvideos dabei unterstützen, offene Stellen schnell, kostengünstig und vor allen Dingen mit den richtigen Mitarbeitern zu besetzen. 86 % der Recruiter bezeichnen den Markt als „Kandidaten-gesteuert" [MRI Network 2016], umso mehr müssen sich die Unternehmen um die Bewerber bemühen. Eine typische Interviewfrage lautet: „Warum möchten Sie für uns arbeiten?". Genau die gleiche Frage stellen sich auch die Bewerber. Ein Erklärvideo kann Ihr Unternehmen zum Leben erwecken und den Kandidaten bei der Entscheidung helfen, ob sie sich bewerben möchten oder nicht. Ein Live-Action-Stil kann in diesem Fall besonders gut helfen, dem Unternehmen ein Gesicht zu geben, Dropbox zeigt aber, wie man es auch anders machen kann:

DROPBOX - WARUM DIE MITARBEITER DROPBOX LIEBEN

Dropbox ist ein 2008 eingeführter Onlinedienst zur Datenspeicherung in der Cloud. In einem zweieinhalb Minuten langen Erklärvideo lässt Dropbox die Mitarbeiter sprechen. Statt diese jedoch zu zeigen, wird jeder Mitarbeiter durch eine individuell, nach seinem Abbild gestaltete Puppe gespielt. Damit wird das Video nicht nur außergewöhnlich, sondern zeigt implizit auch die spielerische Unternehmenskultur. Die witzige Kombination aus Live-Action und Puppen sowie den Stimmen der Mitarbeiter weckt bei den richtigen Kandidaten das Interesse sich zu bewerben!

https://buch.nitsche.info/go/dropbox-puppets

Über die Darstellung des Unternehmens und seiner Kultur hinaus können Erklärvideos im Recruiting auch helfen, den Bewerbern den konkreten Einstellungsprozess aufzuzeigen, umso frühzeitig zu selektieren und die richtigen Kandidaten zur Bewerbung zu animieren.

UNICREDIT - KARRIERE ALS ABSOLVENT EINER HOCHSCHULE

UniCredit ist eine italienische Bank mit Sitz in Mailand und Niederlassungen in Deutschland sowie Mittel- und Osteuropa. Farbenfroh, dynamisch und auf den Punkt gebracht bietet dieses Erklärvideo Universitätsabsolventen einen perfekten Einblick in den Bewerbungsprozess, der sich so gar nicht nach Großbank anfühlt. In einer knapp 2 Minuten dauernden 2D-Animation wird erklärt, wie der Bewerber nach einer geeigneten Position suchen kann, sich darauf bewirbt und sich dann in einer Online-Bewertung und im Einstellungsgespräch beweisen kann.

https://buch.nitsche.info/go/unicredit

Onboarding

Unter Onboarding wird die Einführung neuer Mitarbeiter in ihre Arbeits- bzw. Einsatzbereiche verstanden. In den ersten Tagen sollten Sie die neuen Mitarbeiter an die Hand nehmen, ihnen viele Prozesse erklären, sie in die Kultur des Unternehmens einführen und ihnen auch ganz praktische Tipps und Hilfestellungen geben. Nicht immer läuft das perfekt, denn angeblich verlassen 25 % aller neu eingestellten Mitarbeiter und Mitarbeiterinnen das Unternehmen im ersten Jahr schon wieder [Iventa 2017]. Wäre es nicht viel besser, den neuen Mitarbeitern schon vor Beginn der Anstellung erste Informationen über Erklärvideos zuzusenden? Das steigert nicht nur die Vorfreude, sondern sorgt auch dafür, dass die Mitarbeiter sich schneller einleben. Und es steigert die Konsistenz, denn alle neuen Mitarbeiter erhalten die gleichen Informationen. Und je jünger die neuen Mitarbeiter sind, desto eher sind Videos das Mittel der Wahl, so wie in diesem interessanten Beispiel für die Auszubildenden von Beiersdorf:

BEIERSDORF - WIE MELDE ICH MICH KRANK?

Beiersdorf ist ein deutscher Konsumgüterkonzern, der unter anderem die Marken Nivea, Tesa, 8x4 und Labello weltweit vertreibt. Jedes Jahr kommen viele neue Mitarbeiter, vor allem auch Auszubildende, zu Beiersdorf. Mit einem rund 80 Sekunden kurzen Video wird diesen erklärt, wann und wie sie sich im Falle eines Falles krankmelden müssen. Das Video ist, ganz der Zielgruppe entsprechend, im Whiteboard-Stil mit liebevoll gestalteten Figuren designt.

https://buch.nitsche.info/go/beiersdorf

Richtlinien & Compliance

Wie das Beispiel der Krankmeldungen von Beiersdorf schon zeigt: Die Mitarbeiter müssen auch regelmäßig über Unternehmensrichtlinien oder gesetzliche Vorgaben informiert werden. Ob es die Reise- oder Sicherheitsregeln sind, der Leitfaden für den Umgang mit Lebensmitteln oder die verpflichtende Schulung zur Geldwäsche, die Mitarbeiter müssen geschult werden. Doch Handbücher mag keiner und ab der Generation Z werden sie gar nicht mehr gelesen. Erklärvideos können hier nicht nur zu einer erhöhten Bereitschaft zur Teilnahme führen, häufig entstehen sogar geringere Kosten als bei gedruckten Handbüchern. Wie das folgende Beispiel einer Fluglinie zeigt, können sie sogar Spaß machen:

VIRGIN ATLANTIC - DIE ETWAS ANDERE SICHERHEITSSCHULUNG

 Virgin Atlantic Airways ist eine britische Fluggesellschaft und gehörte lange Jahre mehrheitlich zum Imperium des Entrepreneurs Sir Richard Branson. In einem fast 6 (!) Minuten langen Erklärvideo im 2D-Animation-Stil werden die Sicherheitsvorkehrungen an Board der Flugzeuge erläutert. Durch abwechslungsreiche Anspielungen auf unterschiedliche Filme und ein sehr gutes Sounddesign kommt keine Langeweile auf. Die Aufmerksamkeit der Zuschauer wird immer wieder aufs Neue gefesselt - schauen Sie sich unbedingt mehr als die ersten 30 Sekunden an!

https://buch.nitsche.info/go/virgin-atlantic

Training & Personalentwicklung

Über Richtlinien und Compliance-Schulungen hinaus gehört das Training und die Entwicklung von Mitarbeitern zu den Kernaufgaben jedes Personalbereichs und gerade hier spielen Erklärvideos ihre Stärken aus und werden deswegen besonders häufig eingesetzt.

Die Verwendung von Videos im E-Learning ist nicht neu, Unternehmen machen das schon seit vielen Jahren. Allerdings nicht immer mit großem Erfolg. Zu langatmig und zu weit weg von der Praxis sind die wesentlichen Kritikpunkte. Erklärvideos punkten durch ihre Kürze und ihre attraktive Aufmachung. Kombiniert mit interaktiven Elementen und einem Quiz wird daraus modernes Microlearning. Und statt im Konferenzraum oder im Schulungszentrum lernen die Mitarbeiter immer und überall - ohne Reisekosten und Produktionsausfälle. Durch die Aufteilung in kleine Einheiten können die Erklärvideos immer dann geschaut werden, wenn sie wirklich benötigt werden. Und mit einem geeigneten Lern-Management-System (und der Zustimmung des Betriebsrats) ist auch die Überwachung des Lernfortschritts möglich.

Kern der Schulungen sind häufig das Kennenlernen der Produkte des Unternehmens oder neue Fähigkeiten wie das Erlernen einer Programmiersprache. Doch auch Soft Skills, wie Verhandlungstechniken oder Vertriebsmethoden, können durch Erklärvideos nähergebracht werden, wie dieses Beispiel über Verkaufsgespräche zeigt:

RAPID LEARNING INSTITUTE - WARUM VERKÄUFER ZU VIEL ZU REDEN

Das Rapid Learning Institut ist ein US-amerikanischer Dienstleister für Vertriebs- und Führungstraining. In diesem nur zwei Minuten langen Trainingsvideo im Motion-Graphics-Stil erfahren Sie sehr anschaulich, welche wissenschaftlichen Erkenntnisse es darüber gibt, warum Verkäufer zu viel reden und zu wenig zuhören und warum wir alle am liebsten über uns selbst reden. Dieser Appetithappen hört leider genau da auf, wo es interessant werden würde, nämlich bei den Techniken, wie man es besser macht. Dafür müssten Sie den Kurs beim RLI belegen ...

https://buch.nitsche.info/go/rli-sales-talking

Während manche Inhalte, wie Produktschulungen oder die Firmenkultur, natürlich unternehmensspezifisch sind, gibt es gerade im Trainingsbereich auch viele Inhalte, die für die gesamte Branche oder sogar für alle Unternehmen einsetzbar sind. Deswegen kann hier zumindest teilweise auf fertige Bibliotheken mit Inhalten zurückgegriffen werden. Dies spart nicht nur Kosten, sondern senkt vor allem auch den internen Zeitaufwand und steigert die Geschwindigkeit der Einführung. Ein Beispiel dafür ist diese Serie von über 400 Erklärvideos zum Thema Digitalisierung, die Unternehmen für ihre Mitarbeiter abonnieren können:

SOLVETA - ONLINE YOUR MIND!

Solveta ist ein deutscher Anbieter von Erklärvideos, sogenannten Quintessenzen. Neben individuell produzierten
Erklärvideos bietet Solveta auch ein umfangreiches Archiv fertiger Inhalte für die Personalentwicklung an. Dazu
gehört unter anderem die Serie »Online your Mind!«, die
relevantes Online-Wissen einfach erklärt. Das Archiv der
Serie ist inzwischen auf über 400 Ausgaben angewachsen
und ist in mehreren Sprachen verfügbar.

https://buch.nitsche.info/go/online-your-mind

Unabhängig vom konkreten Lernziel bietet der Einsatz von Erklärvideos im Training und in der Personalentwicklung eine ganze Reihe von Vorteilen gegenüber
herkömmlichen Präsenztrainings und E-Learnings, die Sie in der folgenden Liste
zusammengefasst finden:

1. **Ubiquitär**: Lernvideos können immer und überall eingesetzt werden, sie
   ermöglichen so zeit- und ortsunabhängiges Lernen. Durch die Nutzung mobiler Endgeräte können so auch sonst ungenutzte Zeiten für das Lernen verwendet werden.

2. **Konsistent**: Individuelle Trainer sind wie Lehrer: Es gibt gute und weniger
   gute. Durch die Verwendung einer digitalen Schulungsplattform mit Erklärvideos wird sichergestellt, dass jeder Mitarbeiter dieselben Informationen in
   derselben Qualität erhält.

3. **Flexibel**: Durch die Aufteilung der Themen auf kleine Lerneinheiten müssen
   bei Änderungen nur die betroffenen Videos angepasst werden. Darüber hinaus ist es so leichter möglich, neue Inhalte zeitnah hinzuzufügen.

4. **Individuell**: Jeder Mitarbeiter muss nur die Erklärvideos anschauen, die für
   ihn zum jeweiligen Zeitpunkt relevant sind. So wird das Wissen, statt mit der
   großen Gießkanne verschwenderisch verteilt zu werden, zielgenau dem einzelnen Mitarbeiter zugeführt.

5. **Kontinuierlich**: Lernen ist nicht mehr auf wenige Zeitpunkte im Jahr konzentriert, sondern findet in einem dauerhaften Prozess statt. So wird nicht nur mehr gelernt, sondern auch weniger wieder vergessen.

6. **Transparent**: Da das Lern-Management-System für jedes Erklärvideo speichern kann, welcher Mitarbeiter es wann gelernt hat, besteht für das Unternehmen ein genauer Überblick über die Fähigkeiten und Potenziale der Mitarbeiter.

7. **Skalierbar**: Einmal erstellt kann das Erklärvideo von Tausenden oder gar Hunderttausenden von Mitarbeitern angeschaut werden. So können auch große Belegschaften in kurzer Zeit ohne hohe Kosten geschult werden.

8. **Speicherbar**: Im Laufe der Zeit ergibt sich ein Archiv von Erklärvideos, das jedes nur denkbare Thema im Unternehmen abdeckt. Das gesamte Wissen wird so nicht nur für alle Mitarbeiter verfügbar, sondern auch einfach erlernbar.

9. **Kostengünstig**: Nach der Produktion des Erklärvideos kann dieses dauerhaft und nahezu ohne weitere Kosten eingesetzt werden. Auch die Übertragung in andere Sprachen ist einfach möglich, darüber hinaus werden Opportunitätskosten deutlich gesenkt.

und last but not least

10. Lernen mit Erklärvideos macht mehr **Spaß**!

Mitarbeiter   Öffentlichkeit

14 STÄRKEN SIE DIE INTERNE UND EXTERNE KOM- MUNIKATION

Nicht nur die kundennahen Bereiche rund um Marketing, Vertrieb und Service sowie der mitarbeiterbezogene Personalbereich, sondern auch die Unternehmenskommunikation sind typische Einsatzgebiete für Erklärvideos. Während in der internen Kommunikation die Zielgruppe wiederum die Mitarbeiter sind, sollen in der externen Kommunikation auch die Aktionäre, die Presse und die breite Öffentlichkeit erreicht werden. Letztlich reden wir immer über Menschen, und die lieben nun einmal Videos ...

Interne Kommunikation

In einer weltweiten Studie wurde bereits vor über 10 Jahren festgestellt, dass Unternehmen mit einer effektiven internen Kommunikation eine 47 % höhere Gesamtrendite als Unternehmen mit einer schwachen Kommunikation aufweisen [Towers Watson 2010:5]. Es gibt also einen guten Grund für eine exzellente interne Kommunikation; trotzdem wurde in einer anderen Studie im Jahr 2017 festgestellt, dass nur 10 % der Mitarbeiter in Westeuropa sehr engagiert und begeistert von ihrer Arbeit und ihrem Arbeitsplatz sind [Gallup 2017:23].

Natürlich könnten Sie sich auf ein gewisses Interesse von Menschen verlassen, die tun müssen, was Sie sagen, weil es ihre Aufgabe ist. Doch die Praxis zeigt, dass die meisten Mitarbeiter von den vielen internen Veröffentlichungen genervt sind und statt viel Zeit in das Lesen langweiliger Memoranden zu investieren, diese lieber gleich löschen. Erklärvideos sind sicherlich keine Universallösung, aber sie können helfen, die interne Kommunikation zu verbessern und dadurch das Engagement der Mitarbeiter zu erhöhen.

Die gute Nachricht ist: Viele der Erklärvideos, die für andere Einsatzzwecke erstellt wurden, sind hervorragend auch für die interne Kommunikation geeignet. Wenn Ihre eigenen Mitarbeiter keine Ahnung von Ihren Produkten haben, wie können Sie dann erwarten, dass sie diese Ihren Kunden erklären? Nutzen Sie also die Erklärvideos über Ihr Unternehmen und Ihre Produkte und ergänzen Sie diese mit den Videos aus Marketing, Vertrieb und Service sowie aus dem Personalbereich. Diese bilden den Grundstock, können natürlich aber um weitere Themen ergänzt werden, zum Beispiel:

▶ **Projektkommunikation**
Größere Projekte des Unternehmens oder einzelner Abteilungen können den Mitarbeitern hervorragend mit Erklärvideos nähergebracht werden. Die Implementierung einer neuen Software ist ein schönes Beispiel dafür.

▶ **Bereichskommunikation**
Was genau macht eigentlich das Marketing? Diese Frage hat sich wahrscheinlich nicht nur jeder Vertriebsmitarbeiter schon gestellt, die Antwort ist für alle Mitarbeiter interessant. Die Frage kann aber auch für alle Bereiche gestellt werden und die Antworten in kurzen Erklärvideos finden sicherlich viel Interesse unter den Mitarbeitern.

▶ **Strategiekommunikation**
Sie planen eine neue IT-Systemlandschaft? Oder die Einführung einer Kundenkarte? Strategische Initiativen einzelner Bereiche oder gar des ganzen Unternehmens können mit Videos verständlich erklärt werden, wie dieses Beispiel zeigt:

AMERICAN TOWER CORPORATION - 5-JAHRESPLAN

Die American Tower Corporation ist ein US-amerikanischer Betreiber von Internet- und Rundfunkinfrastruktur. In diesem gut zwei Minuten langen Erklärvideo im 2D-Animation-Stil wird der 5-Jahresplan zur Einführung von 5G-Netzwerken erläutert. Die Figuren wurden den Führungskräften von ATC nachempfunden, dadurch entsteht eine emotionale Verbindung zum Unternehmen. Zur Kernzielgruppe zählen wahrscheinlich hauptsächlich die Mitarbeiter von ATC, das Erklärvideo ließe sich aber durchaus auch in der externen Kommunikation einsetzen.

https://buch.nitsche.info/go/atc-5-years

Wichtig ist dabei neben der Erstellung der Inhalte auch das interne Marketing. Ein tolles Video zu haben genügt nicht, die Mitarbeiter müssen es sich auch anschauen. Nutzen Sie alle internen Kanäle, die Sie zur Verfügung haben, sei es ein Intranet, ein internes soziales Netzwerk, eine Mitarbeiter-App oder einfach E-Mails. Interne Veranstaltungen sind eine gute Gelegenheit, ein Erklärvideo zu zeigen, genauso die in manchen Unternehmen aufgestellten internen Monitore. Einige Unternehmen bringen die Videos sogar auf den Bildschirmschoner der Mitarbeiter. Die Personalexperten von Gatehouse bestätigen diesen Trend zum Video, indem sie prognostizieren: „Video wird als einer der effektivsten internen Kanäle angesehen. Basierend auf dem, was wir im privaten Medienkonsum erleben, erwarten wir, dass viele der besten Intranets in den kommenden Jahren weitgehend auf Video basieren werden." [Gatehouse 2016: 15]

Externe Unternehmenskommunikation

Ähnlich wie für die interne Unternehmenskommunikation gilt auch für die externe Unternehmenskommunikation: Verwenden Sie vorhandene Videos wieder. In den allermeisten Fällen kann das Video ohne oder mit geringen Änderungen auch in der Öffentlichkeit oder für die Presse genutzt werden. Dieses Beispiel von DuPont zeigt eine Vision für die nächsten Jahre auf und ist sicherlich für Mitarbeiter, Aktionäre oder die Presse gleichermaßen geeignet:

DUPONT - UNTERNEHMENSVISION 2020

DuPont war einer der weltweit größten Konzerne der Chemischen Industrie, der 2017 durch die Fusion mit Dow Chemical im neuen Unternehmen DowDuPont aufging und seit Juni 2019 als DuPont de Nemours firmiert. In dem ungefähr 100 Sekunden langen Erklärvideo aus dem Jahr 2014 wird im Motion-Graphics-Stil die Unternehmensvision für das Jahr 2020 aufgezeigt. Auch wenn natürlich durch die Fusion alles anders kam als geplant, ist dies ein elegant gemachtes Video, das mit einfachen Formen und im Corporate Design gestaltet die Vision perfekt darstellt.

https://buch.nitsche.info/go/dupont

Sogar in der Finanzkommunikation können statt trockener PowerPoint-Folien mit Unmengen von Zahlen Erklärvideos zum Einsatz kommen. Ob die Ergebnisse des letzten Quartals oder die Jahresergebnisse, verwenden Sie doch ein Erklärvideo auf der nächsten Aufsichtsratssitzung oder Jahreshauptversammlung. Geht nicht? Wenn Siemens das sogar auf Facebook hinbekommt, dann werden Sie das doch auch können, oder?

SIEMENS - KENNZAHLEN IM GESCHÄFTSJAHR 2020, 1. QUARTAL

Siemens ist ein deutscher Mischkonzern mit den Schwerpunkten Technologie und Elektrotechnik. Mit diesem nur 25 Sekunden langen Video präsentiert Siemens die wichtigsten Kennzahlen eines Quartalsberichts auf Facebook. Die dezente Animation im Motion-Graphics-Stil im Hintergrund gibt den Zahlen das volle Gewicht. Meine Meinung: Ein freundliches Voice-Over und unauffällige Hintergrundmusik hätten das Erklärvideo abgerundet.

https://buch.nitsche.info/go/siemens

Zum Abschluss der Einsatzgebiete noch ein Beispiel, was den Kreis schließt und wieder zum Kern des Unternehmens zurückführt: Ein mit viel Liebe gestaltetes Erklärvideo konzentriert die Geschichte eines weit über hundert Jahre alten Unternehmens auf weniger als drei Minuten.

ETHICON - UNTERNEHMENSGESCHICHTE

Ethicon ist eine Tochtergesellschaft des US-amerikanischen Pharmazie- und Konsumgüterherstellers Johnson & Johnson, der seit 1886 Medizinprodukte herstellt. Das fast drei Minuten lange Video erzählt in einer Kombination aus Motion-Graphics-, Live-Action und Animated-Photos-Stil die Unternehmensgeschichte und verbindet diese mit der Zukunft des Unternehmens.

https://buch.nitsche.info/go/ethicon

15 ENTDECKEN SIE DIE MÖGLICHKEITEN IN IHRER BRANCHE

Den Satz „Bei uns ist das aber ganz anders!" habe ich im Laufe meines Berufslebens sicherlich viele hundert Male gehört. Und auch wenn die bisher verwendete Gliederung nach den drei Hauptzielgruppen Kunden, Mitarbeiter und Öffentlichkeit branchenübergreifend gilt, so gibt es natürlich doch branchenspezifische Besonderheiten. Ich würde mich freuen, wenn Sie hier noch ein paar Ideen für Ihr Unternehmen entdecken, vielleicht können Sie sogar aus einer anderen Branche etwas auf Ihren speziellen Fall übertragen. Abschließend ist auch diese Übersicht sicherlich nicht, wahrscheinlich entdecken wir gemeinsam schon morgen wieder eine neue Möglichkeit, Erklärvideos einzusetzen ...

▶ **Automobilbranche**: Bei kaum einer Branche wird das Produkt so in den Vordergrund gestellt, Hochglanz allerorten. Kein Wunder, dass Erklärvideos im Marketing und Vertrieb hier kaum eine Rolle spielen. Im Kundenservice und in der Weiterbildung, insbesondere für die Werkstätten, sieht das aber ganz anders aus, hier gewinnen Erklärvideos stark an Bedeutung.

▶ **Baugewerbe**: Im Baugewerbe werden Erklärvideos vor allen Dingen für Produktinformationen und Tipps zur Nutzung eingesetzt. Das Smartphone gehört zur Grundausstattung des Handwerkers und kurze Erklärvideos helfen sogar beim Einbau oder der Einstellung der Heizung. Darüber hinaus wird versucht, auch neue Zielgruppen, wie Bauträger oder Architekten, zu erreichen, damit diese Produktinnovationen entdecken und dann in ihrer Planung berücksichtigen.

▶ **Bildung**: Der Bildungsbereich, vom Kindergarten über Schule und Studium bis zur beruflichen Weiterbildung, ist natürlich für den Einsatz von Erklärvideos prädestiniert. Allerdings ist ein systematischer Einsatz im öffentlichen Bereich noch nicht zu erkennen, zu schlecht ist die technische Ausstattung und zu gering das Know-how der Lehrenden. Ohne Erklärvideos auf YouTube würden viele Schüler (und auch ihre Eltern) allerdings verzweifeln.

▶ **Energiewirtschaft**: Stromanbieter haben große Herausforderungen in der Öffentlichkeitsarbeit, kein Wunder, dass hier viele Erklärvideos in der externen Kommunikation eingesetzt werden, um die Nachhaltigkeit der Stromerzeugung und des Unternehmens zu betonen. Darüber hinaus gibt es Anwendungen auch im Kundenservice, oder haben Sie die letzte Stromrechnung wirklich verstanden?

▶ **Gesundheitswesen & Pharmabranche**: In der Medizin möchten Unternehmen, dass sich Ärzte und Patienten sicher fühlen. Erklärvideos können helfen, Produkte und ihre Anwendung zu erläutern. Ein Erklärvideo als Ergänzung zum Beipackzettel würde mich zum Beispiel total begeistern. Darüber hinaus ist hier häufig auch die Information und Weiterbildung einer breiten Öffentlichkeit ein Ziel der Videos.

▶ **Finanzdienstleistungen**: Kaum eine Branche hat eine größere Herausforderung bei der Erklärung ihres Angebots als Banken, Versicherungen und Bausparkassen: Komplexe Produkte, die Sie nicht anfassen können. Darüber hinaus werden Erklärvideos hier stark im Bereich der Weiterbildung der Mitarbeiter in Sachen Compliance und Regulierung eingesetzt. Erste zaghafte Versuche in der Finanzbildung der Bevölkerung gibt es auch schon, dort ist aber noch viel Potenzial vorhanden.

▶ **Industrie**: Immer mehr Technologie, zum Beispiel im Maschinenbau, führt zu immer komplexeren Produkten, die sowohl potenziellen Kunden im Vertrieb als auch den Mitarbeitern der Kunden bei der späteren Nutzung erklärt werden müssen. Der Schwerpunkt des Einsatzes von Erklärvideos liegt daher im Training, zum Beispiel für die Wartung der Maschinen.

▶ **Informationstechnologie**: Nutzer von Erklärvideos der ersten Stunde sind die Soft- und Hardwarehersteller, ist doch ein Computer für viele noch heute ein Buch mit sieben Siegeln. Und auch wenn das Mensch-Maschine-Interface über die Jahre hinweg vereinfacht wurde, so gibt es selbst für ein iPhone noch jede Menge Erklärvideos, die vielfältige Tipps und Tricks zum Einsatz geben. Interessant ist in dieser Branche, dass viele der Videos nicht von den Herstellern, sondern von den Benutzern produziert werden.

▶ **Konsumgüter**: Die große Herausforderung der Konsumgüterindustrie ist der fehlende direkte Kontakt zum Endkunden. Immer mehr Hersteller suchen mit Webseiten und inzwischen auch Webshops die Nähe zum Konsumenten. Erklärvideos sind hier eine hervorragende Chance, nicht nur den Großhandel und den Handel zu informieren, sondern auch den direkten Draht zum Verbraucher aufzubauen. Auch hier erzeugen viele Konsumenten selbst Erklärvideos, schauen Sie sich zum Beispiel an, wie viele Influencer (und Möchtegerne) Schminktipps auf YouTube geben.

▶ **Lebensmittel**: Nachhaltigkeit ist das Stichwort, unter dem im Bereich der Lebensmittel viele Erklärvideos veröffentlicht werden, sowohl für den Konsumenten als auch zum Lobbying. Darüber hinaus gibt es hier, ähnlich wie bei den Finanzdienstleistungen, viele Regulierungen und Vorschriften, zum Beispiel über die Hygiene, die in Mitarbeiterschulungen erklärt werden.

▶ **Verwaltung & Politik**: In der Politik müssen komplexe Sachverhalte einfach erklärt werden, denn sonst verstehen sie weder die Politiker noch die Bürger. Es bieten sich also viele Möglichkeiten für den Einsatz von Erklärvideos in der Kommunikation. Im Service für den Bürger gibt es darüber hinaus noch viele ganz spezielle Fragestellungen, bei denen Erklärvideos helfen können. Denken Sie an Ihre letzte Steuererklärung, da würden wahrscheinlich hundert Erklärvideos nicht ausreichen, um alle Ihre Fragen zu beantworten.

▶ **Telekommunikation**: Haben Sie schon einmal versucht, den Telefontarif für Ihren Mobilfunkvertrag zu verstehen oder einen neuen Router für Ihr Zuhause einzurichten? Erklärvideos helfen hier sowohl im Marketing als auch (und insbesondere) im Kundenservice. Die Telekommunikation gehört zu den größten Arbeitgebern im Call-Center-Bereich in Deutschland, deswegen sind auch die Einsparpotenziale durch Erklärvideos hier besonders hoch.

▶ **Tourismus**: Ähnlich wie in der Automobilbranche steht hier zunächst der Live-Action-Stil mit wunderschönen Reisezielen im Vordergrund der werblichen Kommunikation. Ergänzend werden aber zunehmend Erklärvideos eingesetzt, zum Beispiel im Kundenservice, wenn es darum geht, die Einzelheiten einer Online-Buchung zu erklären.

▶ **Verbände & Fundraising**: Verbände, Fundraiser und andere Non-Profit-Organisationen nutzen Erklärvideos, um ihre Ziele zu erläutern. Dabei müssen unterschiedliche Zielgruppen erreicht werden, denn einem Spender muss die gleiche Thematik ganz anders erklärt werden als einem Politiker. Ergänzend werden Erklärvideos in der Öffentlichkeitsarbeit und auch im Bereich Training und Weiterbildung für die Mitglieder eingesetzt.

AUF EINEN BLICK

7 Erklärvideos werden von Unternehmen aller Größen, vom Start-up bis zum Großkonzern, eingesetzt. Auch in anderen Bereichen der Gesellschaft, wie der Politik oder Lehre werden Erklärvideos verwendet.

8 Erklärvideos bieten die Möglichkeit, Unternehmen zu präsentieren um so die Markenbekanntheit zu stärken und die Alleinstellungsmerkmale deutlich herauszustellen.

9 Die Darstellungen von Produkten und Dienstleistungen eines Unternehmens gehört zu den häufigsten Einsatzgebieten für Erklärvideos, gerade wenn es sich um abstrakte oder komplexe Themen handelt.

10 Im Marketing ergeben sich entlang der gesamten Customer Journey, vom Interessenten bis zum Kunden, immer wieder neue Einsatzmöglichkeiten für Erklärvideos.

11 Sowohl im B2C- als auch im B2B-Vertrieb können Erklärvideos erfolgreich genutzt werden. Sie unterstützen dabei sowohl einstufige als auch mehrstufige Vertriebsmodelle.

12 Im Service können Erklärvideos den Kunden begeistern und gleichzeitig helfen, den Kundenservice zu entlasten und dem Unternehmen so Geld zu sparen.

13 Mit Erklärvideos können Mitarbeiter gewonnen, eingearbeitet und informiert werden. Darüber hinaus unterstützen Erklärvideos maßgeblich die Weiterbildung.

14 Im Rahmen der internen und externen Kommunikation können Erklärvideos zur Präsentation von Projekten und Bereichen sowie zur Erläuterung von Strategien verwendet werden.

15 Erklärvideos können in allen Branchen, von A wie Automobil über B wie Banken bis Z wie Zahnärzte eingesetzt werden. Vielleicht wird Ihnen die nächste Krone schon mit einem Erklärvideo erläutert ...

„Stil ist eine Art zu zeigen,
wer Sie sind –
ohne sprechen zu müssen.“

Rachel Zoe
US-amerikanische Stylistin

WELCHE STILE GIBT
ES FÜR ERKLÄRVIDEOS?

16 SIE HABEN DIE QUAL DER WAHL

Haben Sie bereits eine Idee, wofür Sie Ihr Erklärvideo nutzen wollen? Das freut mich sehr! Wissen Sie auch schon, wie es aussehen soll? Wahrscheinlich noch nicht. Vielleicht haben die vielen Beispiele bei den Einsatzmöglichkeiten Sie sogar ein wenig eingeschüchtert? Kein Problem, denn in diesem Abschnitt werde ich Ihnen die Stile im Detail vorstellen. Nach einer kurzen Beschreibung des jeweiligen Stils, erfahren Sie auch, wofür er sich eignet, welche Besonderheiten bei der Produktion beachtet werden müssen und welche Vor- und Nachteile der Einsatz mit sich bringen kann. Und natürlich finden Sie auch viele Beispiele.

Es gibt keine Norm für die Systematik der Stile. Im Laufe der Zeit wurden immer neue Stile entwickelt und diese werden vielfach auch noch miteinander kombiniert. Dazu kommt, dass unterschiedliche Namen für den gleichen Stil benutzt werden und umgekehrt die gleiche Bezeichnung teilweise für unterschiedliche Stile verwendet wird. Einzelne Anbieter haben dann noch ganz spezielle Bezeichnungen für ihren individuellen Stil gefunden. Da viele der Stile im angelsächsischen Raum entwickelt wurden, habe ich mich entschieden, einheitlich englische Begriffe zu nutzen. Im ersten Absatz zu jedem Stil finden Sie die synonym genutzten anderen englischen oder deutschen Bezeichnungen.

Im letzten Kapitel dieses Abschnitts versuche ich Ihnen, nachdem ich Ihnen vorher die Vielfalt der Möglichkeiten aufgezeigt habe, die Qual der Wahl etwas zu erleichtern. Dort finden Sie Hinweise, welche Fragen Sie sich stellen sollten, um Ihre Auswahl einfacher treffen zu können.

17 DIE HAND AN DER TAFEL: WHITEBOARD-STIL

Im Whiteboard-Stil zeichnet eine Hand mit einem Marker eine illustrierte Geschichte in Form von Bildern und Texten auf einem scheinbar unendlich großen Whiteboard. Wie bei fast allen Erklärvideos wird die Geschichte von einem Sprecher und zumeist auch Hintergrundmusik begleitet. Alternativ wird dieser Stil auch als Marker-Stil, Video-Scribing, Sketchboard-Animation oder Animated Doodling bezeichnet. Die frühesten im Whiteboard-Stil erstellten Erklärvideos wurden 2009 auf YouTube veröffentlicht [Wikipedia Whiteboard Animation].

Der Hintergrund ist zumeist weiß, die Illustrationen sind einfach und in schwarzen Konturen gehalten. Um Zeit zu sparen, werden häufig nur ausgewählte Elemente von der Hand gezeichnet, andere Objekte werden komplett eingeblendet. Die Bilder selbst sind im Allgemeinen nicht animiert, die Bewegung und damit das visuelle Interesse wird durch die skizzierende Hand erzeugt. Gelegentlich entsteht die Zeichnung auch „wie von Geisterhand". Dabei tauchen die Linien nach und nach auf, es ist aber keine Hand im Video zu sehen.

Die Magie dieses Stils liegt in der schrittweisen Entstehung der Inhalte, die Geschichte entfaltet sich beim Zeichnen vor den Augen der Zuschauer. Für manche Betrachter ist dies eine fast hypnotisierende Erfahrung: Noch bevor die Hand mit der jeweiligen Illustration fertig ist, vervollständigt unser Verstand die Zeichnung - und belohnt uns mit Glückshormonen, wenn wir richtig gelegen haben. Schauen Sie sich einmal dieses Beispiel an, das ein sehr trockenes Thema in Form eines Erklärvideos positiv und lebendig darstellt:

THE COSMOPOLITAN - SO MACHT LERNEN SPASS!

The Cosmopolitan ist ein Casino- und Hotel-Komplex in Las Vegas, USA. Das Hotel wurde im Dezember 2010 eröffnet und befindet sich südlich des Bellagio auf dem Strip. Das fast 4 Minuten lange Erklärvideo im Whiteboard-Stil erklärt den Mitarbeitern unter anderem, was im Falle eines Feuers zu beachten ist. Es ist wie viele Whiteboard-Videos weitgehend in Schwarz-Weiß gehalten, punktuell setzt das Lila des Corporate Designs einen Farbakzent. Wenn das Erlernen von Gesundheits- und Sicherheitsverfahren immer so kreativ aufbereitet werden würde, hätten wahrscheinlich auch Ihre Angestellten mehr Spaß daran!

https://buch.nitsche.info/go/cosmopolitan

Technisch gibt es zwei Möglichkeiten, Erklärvideos im Whiteboard-Stil zu produzieren. „Echte" Whiteboard-Videos sind im Zeitraffer beschleunigte Live-Aufnahmen von tatsächlichen Händen die auf einer real vorhandenen Oberfläche zeichnen. In den allermeisten Fällen werden die Zeichnungen aber heute am Computer generiert und nachträglich wird mit virtuell animierten Händen die Illusion des Zeichnens erzeugt.

Vorteile & Nachteile

Auf der einen Seite ist die computergenerierte Erzeugung von Whiteboard-Videos relativ günstig und es existieren große Bibliotheken an vorgefertigten Zeichnungselementen, die eine schnelle Produktion ermöglichen. Auf der anderen Seite wird der Whiteboard-Stil sehr häufig verwendet und wirkt daher auf manche Betrachter inzwischen langweilig und in die Jahre gekommen. Trotzdem können damit Geschichten sehr gut erzählt und durch die vollständige Erstellung am Computer können Änderungen und Übersetzungen schnell und einfach vorgenommen werden. Der Whiteboard-Stil hat ein sehr distinktives Aussehen, damit steht er allerdings manchmal auch zu sehr im Vordergrund, denn eine Anpassung an das Corporate Design des Unternehmens kann nur sehr marginal vorgenommen werden. Der Stil ist damit austauschbar und der Betrachter kann sich eventuell nicht mehr daran erinnern, wer der Absender des Erklärvideos ist. Gerade für Produktkommunikation im Marketing ist er daher nur bedingt geeignet.

18 | AUSGE-SCHNITTEN: CUT-OUT-STIL

Der Cut-Out-Stil ist dem Whiteboard-Stil in vielen Punkten sehr ähnlich. Im Unterschied zum letztgenannten werden die Illustrationen und Texte hier aber nicht im Video von einer Hand gezeichnet, sondern als ausgeschnittene Elemente von einer Hand auf die Basisfläche geschoben oder gelegt. Deswegen wird dieser Erklärvideo-Typ manchmal auch als Legetechnik bezeichnet.

Beide Stile verbindet, dass der Hintergrund des Videos zumeist weiß ist und die Illustrationen hauptsächlich in Schwarz-Weiß gehalten sind. Auch hier werden nicht alle Elemente mit einer Hand bewegt und manchmal wird auch in diesem Stil komplett auf die Hand verzichtet. Um ein dreidimensionales Aussehen zu erzeugen, erhalten die ausgeschnittenen Objekte einen weißen Rand, manchmal wird dieser auch noch mit einem Schatten zum Untergrund hervorgehoben. Da die beiden Stile sich sehr ähneln, werden sie häufig miteinander kombiniert, wie in diesem Video:

FINDYAHAN - WAS IMMER SIE WOLLEN, WO IMMER SIE WOLLEN!

FindYahan war ein 2013 gegründeter indischer Online-Marktplatz für lokale Dienstleistungen von Konsumenten und kleinen Unternehmen. Mit einem 76 Sekunden kurzen Video wurde das Prinzip erklärt und die Vorteile für die Teilnehmer verdeutlicht. Das Video basiert im Wesentlichen auf dem Cut-Out-Stil, punktuell durch den Whiteboard-Stil ergänzt. Es wirkt im engeren Sinne „handgemacht" und spätestens heute antiquiert.

https://buch.nitsche.info/go/findyahan

Analog zum Whiteboard-Stil entsteht die Geschichte durch das schrittweise Hinzufügen neuer Elemente. Szenenwechsel werden häufig durch eine Wischbewegung eingeleitet, bei der eine Hand alle Elemente von der Basisfläche wischt. Auch diese Technik wurde ursprünglich „echt" mit ausgeschnittenen Elementen als Realfilm produziert. Bereits Anfang des 20. Jahrhunderts wurden so ganze Filme produziert, auch Terry Gilliam hat diese Technik in den Filmen von Monty Python genutzt. Erklärvideos im Cut-Out-Stil werden heute genau wie beim Whiteboard-Stil am Computer generiert, die Objekte werden ebenso wie die Hände virtuell animiert. Dass Erklärvideos im Cut-Out-Stil nicht Schwarz-Weiß sein müssen und modern wirken können, zeigt dieses Beispiel:

MENOPAUSEMAP.ORG - CUT-OUT-STYLE AT IT'S BEST!

Menopausemap.org hilft Frauen, ihre Probleme in den Wechseljahren zu lösen, über die sie im wirklichen Leben manchmal nicht sprechen können. In diesem nur gut eine Minuten langen Erklärvideo werden die typischen Symptome der Menopause angesprochen und dann Hilfe auf der Webseite angeboten. Im Gegensatz zu einfacheren Cut-Out-Stilen wurde hier nicht nur mit Farben gearbeitet, sondern die Elemente sind selbst noch wieder animiert, und so wird diesem Erklärvideo zusätzliche Dynamik verliehen.

https://buch.nitsche.info/go/menopausemap

Vorteile & Nachteile

Aufgrund der vielen Übereinstimmungen mit dem Whiteboard-Stil sind auch die Vor- und Nachteile des Cut-Out-Stils weitgehend ähnlich. Er ist günstig und schnell zu erzeugen, gut änder- und übersetzbar. Allerdings wirkt auch dieser Stil manchmal etwas altbacken und ist in den meisten Fällen nur schwer mit dem Corporate Design des Unternehmens vereinbar.

19 CARTOONS NICHT NUR FÜR KINDER: 2D-ANIMATION

In den letzten Jahren wurden Erklärvideos im 2D-Animation-Stil sehr populär und gehören inzwischen zu den am meisten verbreiteten Typen. Kernelement des Designs sind animierte Charaktere, die zusammen mit anderen Elementen auf einem Hintergrund platziert werden. Da die Figuren zweidimensional sind, wird der Stil auch 2D-Character-Animation, Cartoon, Comic oder Zeichentrick-Stil genannt. Manche dieser Videos erinnern schon stark ans Kinderzimmer:

KOOBITS - BESIEGEN SIE DAS MATHE-MONSTER!

KooBits ist ein E-Learning Anbieter für Kinder mit dem Schwerpunkt Mathematik. Das Unternehmen wurde 2007 in Singapur gegründet. Das anderthalb Minuten lange Erklärvideo ist eine farbenfrohe 2D-Animation. Sie richtet sich an die Eltern, denen aufgezeigt wird, wie ihre Kinder mit KooBits besser Mathe lernen können. Durch das lebendige und kindliche Design wird aber gleichzeitig der (versprochene) Mathe-Spaß für die Kinder verdeutlicht.

https://buch.nitsche.info/go/koobits

Bei 2D-Animationen sind normalerweise sowohl die Charaktere als auch die Elemente und die Hintergründe farbig gestaltet. Innerhalb dieses Stils gibt es aber eine hohe Bandbreite von sehr kindlich aussehenden bis hin zu fast fotorealistisch oder auch modern minimalistisch designten Figuren. Auch die Animation der Protagonisten, bei der Gliedmaßen und Gesichtszüge gebogen, verschoben, gedreht oder ersetzt werden, wird sehr unterschiedlich detailliert gestaltet. Auch dieses Erklärvideo ist eine 2D-Animation, die allerdings nicht kindlich wirkt:

STORYSQUARE - VERNETZT STUDENTEN MIT DEN MEDIEN

StorySquare ist ein Start-up aus New York, das Journalismus-Studenten von Hochschulen mit Verlagen und anderen Medien vernetzt, um Artikel, die für die Hochschule geschrieben wurden, veröffentlichen zu können. Die angehenden Journalisten können so frühzeitig publizieren und die Medien erfreuen die Leser mit spannenden Artikeln. Das Erklärvideo wurde als moderne 2D-Animation im pastellfarbenen Flat-Design erstellt und schafft es, die Idee und die Vorteile innerhalb von 53 Sekunden vorzustellen, sogar für einen Aufruf zum Mitmachen ist noch Zeit!

https://buch.nitsche.info/go/storysquare

2D-Animationen sind eine gute Wahl für charakterbezogene Erklärvideos mit Schwerpunkt auf Storys. Die einzelnen Protagonisten können wie Schauspieler eine Geschichte entwickeln und durch die Animation können Emotionen hervorragend ausgedrückt werden. Doch bitte lassen Sie Vorsicht beim Einsatz walten, Ihr Erklärvideo soll nicht zur Comedy werden. Erklärvideos im 2D-Animation-Stil erinnern Sie vielleicht an die Zeichentrickfilme aus Ihrer Kindheit. Dies ist ihre Stärke und Schwäche zugleich, denn zum einen wecken diese Erinnerungen positive Assoziationen, zum anderen wird der Stil dadurch als verspielt und kindlich wahrgenommen. Dies wird bei der Produktion regelmäßig zu einer Gratwanderung im Design.

Im Gegensatz zu den frühen Cartoons werden 2D-Animationen heute komplett am Computer gestaltet und animiert. Mit moderner Software können den Figuren über virtuelle Drahtmodelle, die das Knochengerüst darstellen, die Bewegungen beigebracht werden. Durch die Erstellung am Computer erlauben sie, im Vergleich zum Live-Action-Stil, mehr Kreativität - denn während ein Schauspieler nicht mal eben „an die Decke gehen kann", ist dies mit einer animierten Figur problemlos darstellbar. Aber auch hier gilt: Weniger ist mehr!

Vorteile & Nachteile

Moderne Software hat die Erzeugung von 2D-Animationen beschleunigt, dadurch ist die Produktion heute nicht unbedingt teurer als bei anderen Stilen. Die Videos lassen sich einfach aktualisieren und auch die Übertragung in andere Sprachen ist problemlos möglich. Auf manche Betrachter wirkt der 2D-Animationsstil verspielt, durch ein modernes Design kann diesem Eindruck allerdings entgegengewirkt werden. Sogar eine Gestaltung im Corporate Design des Unternehmens ist möglich, wie dieses Beispiel der Commerzbank sehr gut zeigt:

COMMERZBANK - PSD2: EIN BÜROKRATIEMONSTER EINFACH ERKLÄRT

Die Commerzbank ist die nach der Bilanzsumme viertgrößte deutsche Bank. Mit der Einführung der Payment Services Directive 2 (kurz PSD2) der EU änderte sich auch einiges für die rund 10 Millionen Privatkunden der Bank. In dem rund anderthalb Minuten langen Video erklärt die Bank ihren Kunden, welche Neuerungen konkret auf diese zukommen. Das Beispiel zeigt, wie gut bei der 2D-Animation im Corporate Design des Absenders gearbeitet werden kann. Durch die Untertitel wurde darüber hinaus die Barrierefreiheit des Videos unterstützt.

https://buch.nitsche.info/go/commerzbank

20 | DIE HOHE UND TEURE KUNST: 3D-ANIMATION

Die Erde ist keine Scheibe, wir leben in einer dreidimensionalen Welt. Kein Wunder, dass auch bei Erklärvideos versucht wird, mit dem 3D-Animation-Stil der Realität näher zu kommen. Er erleichtert es den Betrachtern in die Szenerie einzutauchen. Dadurch stellt sich eine besondere Nähe zum Inhalt ein. Da der Aufwand jedoch relativ hoch ist, wird dieser Stil nur selten eingesetzt, insbesondere für technische Themen, wie dieses Beispiel von General Electric zeigt:

GENERAL ELECTRIC - DAS INDUSTRIELLE INTERNET

Der US-amerikanische General Electric Konzern ist einer der größten Mischkonzerne der Welt. In diesem Erklärvideo im 3D-Animation-Stil wirbt General Electric für seine Fähigkeiten, die Effizienz von Maschinen durch das industrielle Internet zu erhöhen. Alle Bildelemente des zweieinhalb Minuten langen Videos, darunter Schiffe, Züge und Windkraftanlagen, sind am Computer entstanden. Meine Meinung: Eine eindrucksvolle Präsentation der technischen Kompetenz von GE, doch vielleicht wären einige der Botschaften in 2D sogar prägnanter gewesen.

https://buch.nitsche.info/go/general-electric

Wie es Pixar und andere Animations-Studios gezeigt haben, lässt sich die Technologie auch für Trickfilme einsetzen. Natürlich funktioniert dies auch bei Erklärvideos, wie hier bei Freecharge:

FREECHARGE - NEUE ZAHLUNGSFUNKTIONEN

 Freecharge ist ein digitaler Marktplatz für Finanzdienstleistungen in Indien und nach eigenen Angaben Indiens führende Zahlungs-App. In diesem knapp eine Minute kurzen Erklärvideo wird die neue Zahlungsfunktion zwischen Privatpersonen im Wesentlichen im 3D-Animation-Stil dargestellt. Die Protagonisten sind dreidimensionale Cartoon-Charaktere.

https://buch.nitsche.info/go/freecharge

Die grafische Umsetzung von 3D-Animationen wird in mehreren Schritten vollzogen: Zunächst werden die virtuellen Formen erstellt. Diese werden dann mit sogenannten Texturen umhüllt, die das Oberflächenmaterial nachbilden. Im Anschluss werden virtuelle Lichtquellen gesetzt, die für Licht und Schatten im Bild sorgen. Schließlich werden virtuelle Kamerafahrten durch die erzeugte Szene definiert, die letztendlich im Rendering-Prozess zum 3D-Video führen. Hört sich das für Sie aufwendig an? Das ist es auch, denn es wird nicht nur viel Rechenleistung benötigt, sondern auch Experten, die diese Form der Bilderzeugung beherrschen. Dadurch können aber einzigartige Erklärvideos generiert werden, die uns Einblicke ermöglichen, die mit anderen Techniken nicht möglich sind. Schauen Sie sich mal an, wie in diesem Beispiel von Breg nicht nur das Produkt, sondern der Nutzen des Produktes im Inneren des Beins visualisiert wird:

BREG - DIE NEUE KNIEORTHESE REG QUANTUM OA

 Breg ist ein US-amerikanischer Hersteller von orthopädischen Sportmedizinprodukten. In diesem anderthalbminütigen Erklärvideo wird eine neuartige Orthese zur Unterstützung des Kniegelenks vorgestellt. Die Knieorthese und das Bein werden dabei als 3D-Animation gezeigt. Es wird mehrfach zwischen der Außenansicht und dem Blick in das Innere des Beins gewechselt, um die Wirkungsweise und den Nutzen so optimal zu erklären.

https://buch.nitsche.info/go/breg

Vorteile & Nachteile

3D-Animationen können nicht nur fantastisch aussehen, Sie ermöglichen auch Kamerabewegungen und Perspektiven, die im wahren Leben unmöglich wären. Der Realitätsgrad kann dabei von einer Comic-Atmosphäre bis hin zum Fotorealismus reichen. Durch eine gut gemachte 3D-Animation kann neben dem Inhalt auch die Professionalität des Anbieters betont werden. Die Übersetzung in andere Sprachen ist relativ einfach möglich, dafür sind aber die Kosten für die Erstellung im Vergleich zu anderen Stilen relativ hoch, es wird auch deutlich mehr Zeit für die Produktion benötigt. Letztlich können die dreidimensionalen Animationen das Gehirn auch sehr stark fordern, damit ist weniger menschliche Kapazität für die Aufnahme der relevanten Botschaften vorhanden, die gerade in Erklärvideos relevant ist.

21 | TEXTE MIT ENERGIE: KINETIC-TYPOGRAPHY

Der Name ist Programm, denn beim Kinetic-Typography-Stil werden Texte in einer oder mehreren Schriftarten und mit unterschiedlichen Effekten animiert. Daher wird dieser Stil manchmal auch als Text-Animation bezeichnet. Im Jahr 1959 wurde diese Technik von Saul Bass das erste Mal eingesetzt, und zwar in der Titelsequenz von Alfred Hitchcocks Films „North by Northwest" [Wikipedia Kinetic Typography]. Viel Spaß beim Anschauen:

NORTH BY NORTHWEST - DER UNSICHTBARE DRITTE

North by Northwest ist ein amerikanischer Thriller von 1959 der unter der Regie von Alfred Hitchcock entstand. Die Titelsequenz wurde von Saul Bass, einem US-amerikanischen Grafikdesigner und Oscar-Preisträger, entworfen, der vor allem für seine Gestaltung von Titelsequenzen, Filmplakaten und Firmenlogos bekannt war.

https://buch.nitsche.info/go/north-by-northwest

Die Idee dieses Stils ist es, die Botschaft durch Worte zu übermitteln, die im Video dynamisch animiert werden. Manchmal entsprechen die Worte im Video dem gesprochenen Voice-Over, manchmal sind nur die relevanten Worte des

Voice-Overs sichtbar, manchmal wird auch komplett auf ein Voice-Over verzichtet und das Video nur mit passender Musik unterlegt. Auch wenn es auf den ersten Blick kaum vorstellbar ist: Damit können starke Emotionen hervorgerufen werden.

Die geschickte Nutzung von Schriftarten und Animationen trägt dazu bei, bestimmte Passagen hervorzuheben und sie im Gedächtnis des Zuschauers zu verankern. Durch die dynamische Animation, bei der Wörter manchmal nur für ein oder zwei Sekunden erscheinen und sich laufend bewegen, ändert sich das Bild ständig. Der Betrachter schaut sich so das Video nicht nur an, er muss den Text lesen und ähnlich wie beim Whiteboard-Stil vervollständigt er die Sätze, was ihn zum Beteiligten macht.

Die Typographie kann mit grafischen Elementen kombiniert werden, aber Videos im Kinetic-Typography-Stil lenken die Aufmerksamkeit des Betrachters auf den Text selbst. Schauen Sie sich dieses Beispiel über Kreativität an und Sie werden verstehen, was ich damit meine:

29 MÖGLICHKEITEN, KREATIV ZU BLEIBEN

Dieses knapp zwei Minuten lange Erklärvideo zeigt Ihnen 29 Wege kreativ zu bleiben (oder zu werden). Dies sind weniger als 4 Sekunden pro Möglichkeit. Jede Idee wird als Text im Video gezeigt. Das ganze Video kommt ohne Voice-Over aus und ist weitgehend in Schwarz-Weiß gehalten, Farben werden punktuell zur Hervorhebung wichtiger Elemente eingesetzt. Auch wenn der Schwerpunkt auf dem Text liegt, wird dieser mit einfachen Grafiken unterstützt. Fast vier Millionen Zuschauern auf Vimeo hat das Video gefallen, wie ist Ihr Eindruck?

https://buch.nitsche.info/go/29-ways-to-stay-creative

In Erklärvideos im Kinetic-Typography-Stil werden die relevanten Nachrichten mit geschriebenen Wörtern übermittelt. Sie eignen sich daher zum Beispiel sehr gut, um eine Meinung oder einen Standpunkt zu verdeutlichen. Im Gegensatz zum reinen Textdokument können bestimmte Botschaften über die Schriftart, Schriftgröße und Animation verstärkt und so ein Gefühl der Dringlichkeit aufgebaut werden. Auch Zahlen, Daten und Fakten können so durchaus emotional dargestellt werden. Ich könnte mir zum Beispiel den Jahresbericht eines Unternehmens gut in einem Erklärvideo in diesem Stil vorstellen. Kinetic-Typography hat aber auch die Kraft, eine Idee auszudrücken und die Gefühle der Betrachter zu bewegen, so wie hier die textlich animierte Rede des Philosophen Terence McKenna:

TERENCE MCKENNA - NIEMAND IST SCHLAUER ALS SIE!

 Terence McKenna war ein US-amerikanischer Sprachwissenschaftler, Autor, Biologe und moderner Philosoph, dessen Hauptinteresse Psychedelika und ihre Rolle in der Gesellschaft und Existenz jenseits des physischen Körpers waren. In diesem gut anderthalb Minuten langen Video wurde eine Rede von ihm in ein Video im Kinetic-Typography-Stil umgewandelt. Sicherlich ist es kein klassisches Erklärvideo, aber ich finde die Intensität des Videos, die nur mit dem Voice-Over und animierter Schrift ohne grafische Elemente erreicht wird, beeindruckend.

https://buch.nitsche.info/go/terence-mckenna

Eine weitere Anwendung dieses Stils ist die Anzeige des Liedtextes in Musikvideos. So kann nicht nur die Botschaft eines Songs besser vermittelt werden, diese Videos können auch im Sprachunterricht eingesetzt werden, da die Schüler dann zusätzlich zum Gesang den Text des Musikstücks lesen und damit besser verstehen können, wie in diesem Beispiel von Pink:

PINK - TRY (OFFICIAL LYRIC VIDEO)

Pink ist eine US-amerikanische Pop-Rock-Sängerin, Songwriterin, Tänzerin, Show-Akrobatin und Schauspielerin. Sie zählt mit über 40 Millionen verkauften Alben und mehr als 70 Millionen verkauften Singles zu den erfolgreichsten Künstlern der Gegenwart. Try ist eine Rock-Ballade über das Eingehen von Risiken in der Liebe, ohne die Konsequenzen zu berücksichtigen. Das Musikvideo hat auf YouTube über 420 Millionen Aufrufe. Ergänzend gibt es eine spezielle Text-Version, in der der Songtext animiert wurde. Selbst dieses Video schafft es auf über 21 Millionen Aufrufe. Meine Meinung: Die Textanimation ist nicht sehr energiegeladen, ein schöner Song ist es trotzdem. Und als Nicht-Muttersprachler wird einem der Zugang vereinfacht.

https://buch.nitsche.info/go/pink

Sogar in die Fernsehwerbung hat es der Kinetic-Typography-Stil geschafft. Mit Text- und Grafikanimation, gemischt mit Live-Action, im Stil eines Erklärvideos produziert liegt dieser Werbespot von Ford für den F-150 im Graubereich zwischen Erklärvideo und Werbung:

FORD - FORD F-150

Die US-amerikanische Ford Motor Company ist mit einem Umsatz von rund 160 Milliarden US-Dollar der fünftgrößte Autohersteller weltweit. Die F-Serie von Ford ist eine seit 1948 angebotene Baureihe von Pick-ups, die in den USA seit 32 Jahren das meistverkaufte Auto stellt. Dieser dynamische Werbespot stellt den Verbrauch in den Vordergrund. Dabei ist nahezu das komplette Voice-Over auch als animierter Text im Bild zu sehen.

https://buch.nitsche.info/go/ford-f-150

Vorteile & Nachteile

Kinetische Typografie ist gut dazu geeignet, das Bewusstsein für Themen zu schärfen und Emotionen hervorzurufen. Da dieser Stil auch ohne Sound eingesetzt werden kann, eignet er sich gut für Erklärvideos auf Messen und Veranstaltungen sowie für die mobile Nutzung in sozialen Medien. Allerdings geht ohne Tonunterstützung viel der Dynamik verloren und durch die Geschwindigkeit der Animationen fühlen sich manche Betrachter überfordert. Durch die Reduktion auf den Text ist der Kinetic-Typography-Stil weniger dazu geeignet, komplexe Themen zu erläutern oder visuell ansprechende Produkte zu vermarkten. Die Übersetzung in andere Sprachen kann sehr aufwendig sein, da das Spiel mit den Buchstaben in einer anderen Sprache teilweise komplett neu gestaltet werden muss oder gar nicht mehr funktioniert.

22 VIEL BEWEGUNG IM BILD: MOTION-GRAPHICS

Ähnlich wie bei der Kinetic-Typography dreht sich auch bei diesem Stil alles um Bewegung. Hier stehen jedoch Formen, Symbole, Diagramme und andere Grafiken im Vordergrund, Text ist nur ein mögliches Element von vielen. Ein Beispiel von Twitter zeigt dieses anschaulich:

TWITTER - FLIGHT SCHOOL

Twitter ist ein Mikrobloggingdienst, auf dem die Nutzer telegrammartige Kurznachrichten, sogenannte Tweets, verbreiten. Die Twitter Flight School ist eine Online-Lernplattform, auf der Unternehmen mehr über Werbung auf Twitter erfahren können. In diesem elegant anmutenden, knapp anderthalb Minuten langen Video wird die Plattform potenziellen Nutzern erklärt - ausschließlich mit animierten Objekten ohne ein einziges geschriebenes Wort. Na ja, in den letzten Sekunden wird die Flight School einmal ausgeschrieben und zum Besuchen der Webseite aufgerufen.

https://buch.nitsche.info/go/twitter-flight-school

Der Zuschauer der Videos wird durch die vielen und dynamischen Bewegungen und die hieraus entstehende Lebendigkeit gefesselt. Passend zu ihrer Dynamik werden Motion-Graphics-Videos meist in Farbe produziert. Natürlich ist es möglich, Charaktere, wie in der 2D-Animation, in die Videos zu integrieren, um diesen eine menschliche Note zu verleihen. Im Gegensatz zur 2D-Animation steht hier aber der Protagonist nicht im Vordergrund. Das Hauptaugenmerk liegt auf den Formen und lebendigen Transformationen. Gerade wenn Daten im Mittelpunkt stehen, kann der Motion-Graphics-Stil eine gute Wahl sein, wie in diesem Video eines Softwareanbieters:

OPENTEXT - DIE KRAFT VON INFORMATIONEN

OpenText ist mit 12000 Mitarbeitern und einem Umsatz von 1,2 Mrd. US-Dollar das größte kanadische Softwareunternehmen. In diesem gut eine Minute kurzen Erklärvideo wird die Bedeutung von Informationen für Unternehmen herausgearbeitet und damit die Kernleistung des Unternehmens vorgestellt. Das Video ist in Hellblau gehalten, Pastelltöne dienen als Akzentfarben. Die durchgehende Animation von Objekten und Texten führt zu einem dynamischen Video.

https://buch.nitsche.info/go/opentext

Der Motion-Graphics-Stil bietet sich an, wenn komplexe oder abstrakte Produkte, Dienstleistungen oder Konzepte, wie beispielsweise in der Technologiebranche, präsentiert und visuell erklärt werden sollen. Manche Betrachter (und vor allen Dingen Entscheider im Unternehmen) empfinden den Stil als professioneller als 2D-Animationen mit Charakteren, die eher als kindlich gesehen werden. Daher ist der Motion-Graphics-Stil eine Alternative für Erklärvideos, die mit einem etwas ernsteren Thema ein Geschäfts- oder Investorenpublikum ansprechen sollen. Sie können beispielsweise die Funktionsweise einer Dampfmaschine oder den Prozess der Weinauswahl wie in diesem Video für NextGlass erläutern:

NEXTGLASS - UND WELCHER WEIN SCHMECKT IHNEN?

NextGlass war ein US-amerikanisches Start-up, das 2012 gegründet wurde und versucht hat, die Herausforderung der Weinauswahl zu lösen. Menschen sind oft nicht in der Lage auszudrücken, welche Art von Wein sie mögen, und Weinanbieter haben Schwierigkeiten, ihre Weine zu beschreiben. Die NextGlass-App verwendete wissenschaftliche Erkenntnisse um zu prognostizieren, welchen Wein man mag. Die App existiert leider nicht mehr, aber das Erklärvideo ist ein schönes Beispiel für den Einsatz des Motion-Graphics-Stils mit einem relativ starken Einsatz von Texten, fast schon ein Mix aus Motion-Graphics- und Kinetic-Typography-Stil.

https://buch.nitsche.info/go/nextglass

Vorteile & Nachteile

Der größte Vorteil des Motion-Graphics-Stils liegt in der Dynamik der Bewegung, mit dem auch langweilige Inhalte lebendig werden (können). Ernsthafte oder komplizierte Themen sind so nicht nur leichter zu verstehen, sie machen auch mehr Spaß. Das Corporate Design des Unternehmens kann sehr gut genutzt werden, auch die Übersetzung ist, wenn nicht sehr viele Texte im Bild vorkommen, recht einfach. Wird mehr Text verwendet, sind die Videos wiederum sehr gut auch ohne Ton einsetzbar, zum Beispiel für mobile Endgeräte in den Sozialen Medien. Schwerer ist es, in diesem Stil Emotionen zu vermitteln, dafür sind andere Stile tendenziell besser geeignet. Ein weiterer Nachteil liegt in den häufig hohen Produktionskosten, da sehr viele Elemente aufwendig gestaltet und vor allen Dingen animiert werden müssen.

23 BILDSCHIRM-VIDEOS MIT SCREENCASTS

Ein Screencast ist eine digitale Aufzeichnung eines Computer- oder Telefonbildschirms und dessen, was dort passiert. Manchmal wird auch von einem Bildschirmvideo oder einer Bildschirmaufnahme gesprochen. Screencasts gibt es bereits seit den 1990er-Jahren und sie werden insbesondere verwendet, um die Funktionen und die Benutzung von Programmen und Apps zu erklären. Auch als Erklärvideo werden sie häufig eingesetzt, hier ein klassisches Beispiel:

SLACK - WIE SIE MIT SLACK KOMMUNIZIEREN KÖNNEN

Slack ist ein webbasierter Chat-Dienst zur Kommunikation mit Textnachrichten innerhalb von Unternehmen, der interne E-Mails weitgehend ersetzen soll. Dieses zweieinhalb Minuten lange Screencast-Erklärvideo zeigt möglichen Nutzern den Einsatz von Slack im Detail. Durch die Musik im Hintergrund und die vielfältigen Zoom- und Schwenkbewegungen im Bild bleibt das Video trotz seiner Länge spannend. Immerhin knapp 1,5 Millionen Aufrufe belegen das Interesse.

https://buch.nitsche.info/go/slack-screencast

Erklärvideos im Screencast-Stil werden meist von Audio-Kommentaren begleitet. Darüber hinaus wird häufig mit zusätzlich erklärenden Texten oder Symbolen, die auf dem Bildschirmvideo eingeblendet werden, gearbeitet. Abwechslungsreicher wird das Video, wenn nicht immer der gleiche Ausschnitt der Software gezeigt, sondern der sichtbare Ausschnitt des Bildschirms vergrößert oder verschoben wird. Ein sehr anschauliches Beispiel, wie man ein hochwertiges Erklärvideo auf Basis von Screencasts produziert, liefert Slacks Wettbewerber Flock:

FLOCK VS. SLACK - DIE ANBIETER IM DIREKTEN VERGLEICH

Flock ist eine seit 2014 verfügbare Cloud-Software zur Kommunikation und Zusammenarbeit in Unternehmen. Flock und Slack sind direkte Wettbewerber und in diesem fast drei Minuten langen Erklärvideo arbeitet Flock die Unterschiede heraus und stellt die Vorteile der eigenen Lösung dar. Der Vergleich wird durch die parallele Darstellung der Bildschirme beider Lösungen sehr anschaulich und durch viel Bewegung bleibt auch dieses Erklärvideo abwechslungsreich.

https://buch.nitsche.info/go/flock-vs-slack

Neben der Präsentation von (neuer) Software werden Screencasts auch zur Erklärung von Internet-Angeboten eingesetzt. Von Vorteil ist dabei der Wiedererkennungseffekt vom Video zur Webseite. Wird im Video ein Formular ausgefüllt und auf „Jetzt bestellen" geklickt, dann kann dies den Impuls verursachen, das nach Anschauen des Videos selbst zu tun. Ein weiterer Anwendungsbereich ist der Kundenservice, der Benutzer mit einem Erklärvideo im Screencast-Stil eine Schritt-für-Schritt-Anleitung geben kann. Gerade bei häufig auftretenden Problemen kann die Beantwortung der Fragen so stark vereinfacht werden.

Zur Aufnahme des Bildschirms wird im Normalfall eine entsprechende Software verwendet, d. h., das Video wird rein digital auf dem Rechner erstellt, auf dem die Software läuft. Es geht aber auch ganz anders, wie dieses sehr hochwertig produzierte Erklärvideo von Canva demonstriert:

CANVA - DIE CANVA APP AUF DEM IPAD

 Canva ist eine Online-Designplattform, die von sich selbst behauptet, das einfachste Designprogramm der Welt zu sein. Dieses untypisch aber mit viel Kreativität erstellte nur eine Minute kurze Erklärvideo zeigt die Benutzung der Canva App auf dem iPad. Im Gegensatz zu den meisten Bildschirmvideos wird hier mit Live-Action gearbeitet, was zusätzlich die Möglichkeit gibt, die Protagonisten der Storyline ins Bild einzubinden. Besonders schön gemacht: Die Swipe-Animationen ab Sekunde 47, bei denen Bildschirminhalt und Hintergrund verschoben werden.

https://buch.nitsche.info/go/canva-screencast

Vorteile & Nachteile

Einfache Screencasts sind unkompliziert und kostengünstig herzustellen, die entsprechende Software ist entweder Teil des Betriebssystems oder es gibt sie preiswert zu kaufen. Auch Laien können diese Programme bedienen, daher eignen sich Screencasts mehr als andere Erklärvideo-Stile zur Eigenproduktion. Genau darin liegt aber ihr schlechter Ruf begründet, denn viele schlechte Screencast-Videos ohne jede Storyline, dafür aber mit katastrophalem Voice-Over mit fast unverständlichem Akzent, überschwemmen das Internet. Trotzdem sollten Sie Screencasts in Erwägung ziehen, denn es gibt kaum eine bessere Möglichkeit, um Software vorzustellen. Darauf sind sie allerdings auch beschränkt, man kann zum Beispiel ein Unternehmen schlecht als Screencast präsentieren. Häufig wird nicht das ganze Erklärvideo in diesem Stil erstellt, sondern nur der Teil, der eine Software oder eine Webseite präsentiert.

Zu den Nachteilen von Screencasts gehört die schwierige Internationalisierung, denn nicht nur das Voice-Over und die ergänzenden Elemente müssen übersetzt werden, auch die Software selbst sollte in der Zielsprache vorliegen. Damit muss aber für jede Sprache praktisch das komplette Video neu aufgezeichnet werden. Und jede Änderung in der Software, müssen Sie auch im Screencast anpassen, gerade bei schnellen Aktualisierungszyklen kann dies ein Nachteil sein. Ferner haben Screencasts selten die emotionale Anziehungskraft anderer Stile, da nur die Technik, nicht aber die Protagonisten im Bild sichtbar sind.

24 | DAS MODERNE DAUMENKINO: STOP-MOTION

Erinnern Sie sich noch an Daumenkinos? Diese Papierblöcke, die mit dem Daumen „abgespielt" dem Betrachter ermöglichen, eine Sequenz von Einzelbildern als Film zu sehen? Das moderne Daumenkino wird als Stop-Motion-Stil auch bei Erklärvideos verwendet. Die Bildelemente des späteren Videos werden dabei fotografiert, ein wenig bewegt, wieder fotografiert und wieder bewegt. Immer weiter, bis nachher aus den tausenden von Einzelfotos ein Film zusammengesetzt wird. Ein klassisches Beispiel ist dieses Stop-Motion-Video von Playmobil:

PLAYMOBIL DEUTSCHLAND - ERKLÄRT KINDERN DAS CORONAVIRUS

Playmobil ist eine Spielzeugmarke der deutschen Brandstätter-Gruppe. Kern des Spiels sind Figuren aus Kunststoff, bei denen sich die Arme, Hände und Beine sowie der Kopf bewegen lassen. Das macht sie perfekt für Stop-Motion. Dieses fünfeinhalb Minuten lange Erklärvideo besteht bei 30 Bildern pro Sekunde aus rund 10000 Einzelbildern. Selbst wenn bei ruhigen Szenen manche Fotos mehrfach verwendet wurden, wird bei dieser Zahl schnell klar, wie viel Arbeit ein solches Video macht.

https://buch.nitsche.info/go/playmobil

Der Stop-Motion-Stil weicht von der fließenden Form anderer Animationen ab, er soll sogar bewusst etwas „abgehackt" erscheinen, da er auf der Fotografie beruht, um mit dem Zuschauer zu kommunizieren. Stop-Motion mit Figuren, wie im obigen Beispiel von Playmobil, ermöglicht es, die Protagonisten in den Mittelpunkt zu stellen und so Geschichten zu erzählen. Natürlich ist Stop-Motion nicht nur mit Playmobil möglich, grundsätzlich kommen alle beweglichen Objekte für Stop-Motion-Videos in Frage. Von daher kann dieser Stil auch gut in der Produktpräsentation eingesetzt werden, bei der dann das Produkt selbst zum Helden der Geschichte wird.

MICROSOFT XBOX 360 - SPIELEN SIE AUF DER XBOX 360

 Die Xbox 360 ist eine von Microsoft entwickelte Spielkonsole, die Ende 2005 auf den Markt kam. In diesem 2007 veröffentlichten Stop-Motion-Erklärvideo werden in nur 30 Sekunden drei Charaktere aus Knetmasse erstellt, bevor daraus die Xbox selbst geformt wird. Der Betrachter erkennt Spiderman, Fluch der Karibik und Shrek und ihm wird implizit, ohne Voice-Over, verdeutlicht, wie agil und flexibel die Xbox ist und wie er damit seine eigenen Geschichten erzeugen kann.

https://buch.nitsche.info/go/xbox-360

 Schauen Sie sich auch das „Making-of" an, das den mehrere Monate umfassenden Produktionsprozess und den damit verbundenen Aufwand verdeutlicht. In dieses Stop-Motion-Video ist viel Herzblut geflossen!

https://buch.nitsche.info/go/xbox-360-making-of

Vorteile & Nachteile

Der Stop-Motion-Stil wird relativ selten benutzt und hebt sich so wohltuend von anderen Erklärvideos ab. Der einzigartige und interessante Stil hat zudem den Vorteil, durch die realen Objekte und die von Hand ausgeführten Bewegungen einen gewissen Charme der Unvollkommenheit zu haben, der ihn deutlich von der Perfektion der Computeranimation unterscheidet. Allerdings ist die Produktion von Stop-Motion-Videos ein sehr zeitaufwendiger Prozess, der dadurch auch sehr teuer sein kann. Änderungen sind nach Fertigstellung des Videos kaum mehr möglich, Übersetzungen hingegen funktionieren meist problemlos.

25 DAS REALE LEBEN MIT LIVE-ACTION

Wir alle sind mit Videos von echten Menschen an echten Sets, die (mehr oder weniger) echte Dinge tun, vertraut. So ist es kein Wunder, dass der aus Fernsehen und Kino bekannte Realfilm auch in Erklärvideos verwendet wird, man spricht dann vom Live-Action-Stil. Die Bandbreite der Qualität ist dabei extrem hoch, vom selbstproduzierten, verwackelten Smartphone-Video bis hin zum hochprofessionellen Video mit Spezialeffekten und Stars als Schauspielern. In letzter Zeit verschwimmen die Grenzen zwischen Erklärvideos, Werbespots und Spielfilmen auch immer mehr. Wie würden Sie dieses humorvolle Video von Poo-Pourri einordnen?

POO-POURRI – GIRLS DON'T POOP!

 Poo-Pourri wurde 2007 gegründet und entwickelt und verkauft ein gleichnamiges Spray, das schlechte Gerüche in der Toilette verhindern soll. Im Mittelpunkt des gut zwei Minuten langen Videos von 2013 steht die Schauspielerin Bethany Woodruff, die mit viel Toiletten-Humor erklärt, wie das Produkt funktioniert und wann und warum man es nutzen sollte. In den Realfilm wurden animierte Sequenzen integriert, die die olfaktorisch und visuell sensiblen Elemente verdeutlichen:

https://buch.nitsche.info/go/poo-pourri-1

 Nach dem großen Erfolg mit inzwischen über 43 Millionen Aufrufen auf YouTube gibt es seit 2016 auch ein Nachfolger-Video, das nun ebenfalls schon fast 5 Millionen Zuschauer begeistert hat:

https://buch.nitsche.info/go/poo-pourri-2

Wenn Sie sich wirklich emotional mit Ihren Zuschauern verbinden möchten, dann ist der Live-Action-Stil mit Menschen aus Fleisch und Blut eine gute Wahl. Die Betrachter sehen das Produkt „in Aktion" und können sich so auch die mögliche eigene Nutzung besser vorstellen. Auch wenn Sie einen besonderen Lebensstil, die Persönlichkeit Ihres Unternehmens (oder des Gründers) kommunizieren wollen, bieten sich Live-Action-Videos an. Auch bei Dienstleistungen, bei denen der Berater im Vordergrund steht, und bei Angeboten, die einen speziellen Ort, wie ein Restaurant oder ein Hotel, bewerben, kann der Einsatz sinnvoll sein. Sehr schön zeigt dies Airbnb:

AIRBNB - DER WELTWEITE MARKTPLATZ FÜR UNTERKÜNFTE

 Airbnb ist ein 2008 im kalifornischen Silicon Valley gegründeter Marktplatz für Buchung und Vermietung von Unterkünften, der nach eigenen Angaben in über 220 Ländern aktiv ist. In diesem knapp zwei Minuten langen Erklärvideo werden Unterkünfte auf der ganzen Welt gezeigt, verbunden durch die Protagonistin, die von einem Ort zum nächsten reist. Damit werden nicht nur mögliche Gäste angesprochen, sondern auch potenzielle Vermieter.

https://buch.nitsche.info/go/airbnb-live-action

Live-Action-Videos basieren auf einer Storyline mit einem oder mehreren Schauspielern, die entweder selbst sprechen, oder aber von einem Voice-Over begleitet werden. Häufig werden im Realfilm künstliche Elemente integriert, die eine Verbindung beispielsweise zum Produkt oder zur Webseite des Unternehmens herstellen. Auch Testimonials, sofern man sie überhaupt zu den Erklärvideos zählen möchte, werden zumeist als Live-Action-Videos erzeugt, um die menschliche Seite des Unternehmens zu zeigen.

Der Prozess der Erstellung unterscheidet sich von einem animierten Video und ist, zumindest bei professionellem Anspruch, deutlich aufwendiger. Vor der Produktion müssen nicht nur ein Script und ein Storyboard erstellt werden, sondern auch die Drehorte gesucht, Requisiten, Versicherungen und Drehgenehmigungen organisiert sowie die Schauspieler ausgewählt werden. Während des Drehs muss man sich um Essen und Transport kümmern, die Beleuchtung will arrangiert sein und dann kommen noch die Proben, bevor die eigentliche Szene, im Zweifelsfall viele Male, aufgenommen wird. Und auch die Nachbearbeitung kann mit Schnitt, Sound, Farbkorrekturen und dem Einfügen von Spezialeffekten noch viel Zeit (und Geld) kosten [Marvazi 2017:14ff]. Manche Unternehmen versuchen den Aufwand durch die Verwendung von Stock Footage, also der Nutzung von vorgefertigtem Videomaterial, zu verringern. Dies führt allerdings sehr leicht zur Austauschbarkeit und damit zur Verringerung der Effektivität.

In seltenen Fällen wird auch der Live-Action-Stil ohne Schauspieler gefilmt, was aber nicht bedeutet, dass der Aufwand geringer sein muss, wie dieses Beispiel von Airbnb zeigt, das inzwischen alleine auf YouTube fast sechs Millionen Menschen gesehen haben:

AIRBNB - DER WELTWEITE MARKTPLATZ FÜR UNTERKÜNFTE

Airbnb ist ein 2008 im kalifornischen Silicon Valley gegründeter Marktplatz für Buchung und Vermietung von Unterkünften, der nach eigenen Angaben in über 220 Ländern aktiv ist. Für dieses 70 Sekunden lange Erklärvideo hat Airbnb eine eigene Welt im Miniaturformat geschaffen. Das Video wurde von einer kleinen Kamera auf einer Lokomotive einer Modelleisenbahn aufgenommen - in einer einzigen, ununterbrochenen Fahrt. Alle Bewegungen sind mechanisch und wurden von neun Helfern orchestriert ausgeführt - ohne jede Computer-Animation.

https://buch.nitsche.info/go/airbnb-miniatur

Sie können sich nicht vorstellen, dass dieses Video nicht am Computer generiert wurde und würden gerne sehen, wie dieses Video genau entstanden ist? Dann schauen Sie sich dieses Behind-the-Scenes-Video an:

https://buch.nitsche.info/go/airbnb-making-of

Gute Erklärvideos im Live-Action-Stil können aber durchaus auch mit geringerem Aufwand entstehen. Wenn Sie als Gründer nicht kamerascheu sind, können Sie sogar selbst Ihr Unternehmen und Ihr Produkt präsentieren, ohne die Kosten in die Höhe zu treiben. Die Authentizität der Nicht-Perfektion kann dann sogar ein Plus sein. Und nicht nur das, im Idealfall ist Ihr Video so bereits nach wenigen Stunden einsatzbereit, schneller als bei jedem anderen Stil. Schauen Sie sich einmal dieses Beispiel aus den Vereinigten Staaten von Amerika an:

DI BRUNO BROS - DER FEINE UNTERSCHIED

Di Bruno Bros ist ein Lebensmitteleinzelhändler und -importeur, der 1939 mit einem Geschäft in Philadelphia begann und heute mehr als 350 Mitarbeiter und fünf Ladengeschäfte hat. In kurzen Videos stellen die Mitarbeiter die Produkte vor. In diesem Fall wird in einer Minute der Unterschied zwischen Soppressata und Salami erläutert. Sie wissen nicht, was Soppressata ist? Ich kannte diese Trockensalami auch nicht, aber genau wie die anderen über 16000 Zuschauer weiß ich es jetzt! Ein schönes Beispiel für ein wahrscheinlich selbst produziertes Erklärvideo, das nicht nur informativ ist, sondern auch mit viel Charakter die Marke Di Bruno Bros transportiert.

https://buch.nitsche.info/go/di-bruno-bros

Vorteile & Nachteile

Der Live-Action-Stil kann hervorragend Emotionen transportieren und so das Vertrauen der Zuschauer erlangen. Ein weiterer Vorteil: Da im Fernsehen fast ausschließlich mit Realfilm gearbeitet wird, kann das Erklärvideo dort ohne Stilbruch eingesetzt werden. Live-Action-Videos können günstig selbst produziert werden, im Normalfall und bei professionellem Anspruch liegt der Aufwand, sowohl zeitlich als auch finanziell, allerdings deutlich oberhalb der meisten animierten Erklärvideos. Spätere Änderungen sind nahezu ausgeschlossen und die Internationalisierung, zum Beispiel mit Synchronsprechern, ist nicht nur aufwendig, sondern durch die länder- beziehungsweise kulturspezifische Bildwelt in vielen Fällen sogar unmöglich. Aus meiner Sicht spricht noch ein ganz wesentlicher Punkt in den meisten Nutzungsszenarien gegen Live-Action: Die visuelle Kapazität des Gehirns wird sehr stark auf die Umgebung und die Protagonisten gelenkt. Genau das sollte aber ja eigentlich nicht der Fall sein, denn normalerweise sollte ja der Inhalt, nicht die Person, im Vordergrund stehen. Dazu kommt, dass nicht jeder Schauspieler bei allen Zuschauern Sympathie erzeugt, und dann kann sich die Antipathie gegen den Menschen auch gegen Ihr Produkt richten.

26 NOCH VIEL MEHR KREATIVE MÖGLICHKEITEN

Sie haben noch nicht genug Stile gesehen? Ganz ähnlich geht es kreativen Designern, die immer wieder auf neue Ideen kommen, um die Aufmerksamkeit der Zuschauer zu fesseln. Durch die Weiterentwicklung der Technologie ergeben sich ebenfalls immer wieder neue Möglichkeiten. Manche Stile sind kurzfristige Moden, andere werden sich langfristig durchsetzen. Im Folgenden finden Sie sechs weitere Stile, die mir bei der Recherche für dieses Buch aufgefallen sind.

Das Beste aus zwei Welten: Animated-Photos

Gerade bei der Erklärung von Produkten existieren häufig bereits reale Fotos der Gegenstände. Die Nutzung dieser Fotos im Erklärvideo drängt sich geradezu auf, um die Produkte für den Betrachter anfassbar zu machen und das ohne weitere Kosten. Doch ist es gar nicht so leicht, reale Fotos so in ein animiertes Video einzubauen, denn letztlich ergibt sich ein Medienbruch zwischen den virtuellen, gezeichneten Elementen und den Fotos. Leicht entsteht so der Eindruck eines Fotoalbums oder einer Diaschau. Dass es besser geht, demonstriert dieses Beispiel von PESPES:

PESPES - ALL THAT TRAVEL

PESPES ist ein koreanischer Hersteller von Koffern und Taschen. In diesem knapp eine Minute kurzen Erklärvideo werden die Koffer sowohl als gezeichnete Elemente als auch als reale Fotos gezeigt. Dabei wird geschickt durch Überblendungen zwischen den Zeichnungen und den realen Fotos gewechselt. Im weiteren Verlauf des Videos laufen die Fotos der Koffer über ein Gepäckband, das sich final als Logo von PESPES zeigt - geschickt gemacht!

https://buch.nitsche.info/go/pespes

Spiel mit der Perspektive: Die 2.5D-Animation

Irgendwo zwischen dem zweidimensionalen Motion-Graphics-Stil und der 3D-Animation liegt die 2.5D-Animation, sowohl grafisch als auch vom Aufwand her. Bei diesem Stil werden zweidimensionale Objekte so positioniert, als wären sie in einem dreidimensionalen Raum. Obwohl die Elemente immer noch völlig flach sind, wird so eine Illusion der Tiefe erzeugt. Dieser Effekt kann durch die Überlagerung von zwei Elementen entstehen: Das Gehirn wird automatisch denken, dass das „untere" Element hinter dem „oberen" Element steht. Diese mentale Ebenenbildung kann durch Schatten, Farbverläufe und unterschiedliche Größen noch verstärkt werden. Hier ein Beispiel:

LYFT - DIE UNTERNEHMENSGESCHICHTE

Lyft ist, genau wie der in Europa bekanntere Anbieter Uber, eine US-amerikanische Online-Vermittlungsplattform für die Personenbeförderung. In diesem über dreiminütigen Erklärvideo wird die Historie von Lyft erzählt, ausgehend von den Jugenderlebnissen der Gründer Logan Green und John Zimmer. Das farbenfrohe Video ist nicht nur ein gutes Beispiel für eine tolle Storyline, sondern nutzt auch in exemplarischer Weise den 2.5D-Animation-Stil.

https://buch.nitsche.info/go/lyft

Eine Form der räumlichen Tiefe: Der Isometric-Stil

Ähnlich wie bei der 2.5D-Animation handelt es sich auch bei dem Isometric-Stil um eine Illusion der Dreidimensionalität. In diesem Fall wird der 3D-Effekt durch die isometrische Projektion erzeugt, einer Methode zur visuellen Darstellung dreidimensionaler Objekte in zwei Dimensionen, die ursprünglich in technischen Zeichnungen genutzt wurde. Schwer zu erklären, aber schauen Sie sich doch das Beispiel an, das macht die Sache anschaulicher:

MYGRAVYTRAIN - DAS TEILEN IN SOZIALEN NETZWERKEN LOHNT SICH!

MyGravyTrain war eine Plattform, die die Nutzer für das Teilen von Inhalten in Sozialen Netzwerken mit Punkten belohnte, die in Bargeld oder Sachprämien eingetauscht werden konnten. In diesem eine Minute langen Erklärvideo wird das Prinzip von MyGravyTrain anschaulich erklärt. Das Design im Isometric-Stil macht dieses Video so außergewöhnlich. Warum die Firma nicht erfolgreich war, weiß ich nicht, aber an diesem Video lag es meiner Meinung nach nicht!

https://buch.nitsche.info/go/mygravytrain

Ein Spezialfall des Motion-Graphics-Stils: Outline

Wie der Name es beschreibt, werden beim Outline-Stil nur die Umrisse der Objekte und Protagonisten gezeichnet. Dieser minimalistische Stil ist dadurch einerseits zurückhaltend, andererseits sehr plakativ. Auf jeden Fall ist er außergewöhnlich, wie dieses Beispiel einer Versicherungsplattform zeigt:

BAJATUSEGURO - VORSICHT IST BESSER ALS NACHSICHT!

Bajatuseguro ist eine mexikanische Online-Plattform für den Vertrieb und den Abschluss von Versicherungen. In diesem nur 50 Sekunden kurzen Erklärvideo wird dem Zuschauer nicht nur vor Augen geführt, wie viele Unfälle passieren, sondern er wird auch aktiviert, sich über die Plattform von Bajatuseguro zu versichern. Das Problem wird bis Sekunde 23 im Outline-Stil präsentiert, die Lösung mit einem Call-To-Action anschließend als Kinetic-Typography.

https://buch.nitsche.info/go/bajatuseguro

Die Welt erzeugt am Computer: Cinematic-Animation

Erinnern Sie sich noch an das Live-Action-Beispiel von Airbnb, bei dem eine komplette Welt als miniaturisierte Kulisse für einen Realfilm aufgebaut wurde? Wenn Sie die komplette Kulisse inklusive der Protagonisten im Computer generieren statt in der Realität, dann entsteht ein Erklärvideo im Cinematic-Animation-Stil, wie in diesem Beispiel von Replay:

REPLAY - FANTASTISCHE VIDEOS AM IPHONE ERZEUGEN

Replay ist ein Video-Editor für das iPhone und wurde von Apple 2014 zur App des Jahres gekürt. 2016 wurde Replay von dem Action-Kamera-Hersteller GoPro gekauft und ist heute unter dem Namen Quik unter den Top-100 Apps im Foto- und Videobereich und mit 4,9 von 5 Sternen hervorragend bewertet. In dem nur gute eine halbe Minute langen Erklärvideo aus dem Jahr 2014 wird die ursprüngliche App und ihr Nutzen vorgestellt. Ein kreativer Ansatz im Stile eines Realfilms, aber komplett am Computer generiert, der sich scheinbar ausgezahlt hat.

https://buch.nitsche.info/go/replay

Bewegung statt Statik: Animated-Infographic

Informationsgrafiken sind die visuelle Repräsentation von Gesamtzusammen-hängen in einer Abbildung. Seit vielen Jahren werden sie sowohl journalistisch als auch werblich im Content-Marketing intensiv genutzt. Normalerweise sind Infografiken statisch, zunehmend werden sie nun auch als Video animiert. Besonders für komplexe Zusammenhänge mit vielen Zahlen, Daten und Fakten eignet sich dieser Stil. Auf Charaktere wird dabei gänzlich oder weitgehend verzichtet, die Darstellung ist zumeist zweidimensional und auch die Animation ist im Vergleich zum Motion-Graphics-Stil eher zurückhaltend. Animierte Infografiken werden vielfach auch zu Informations- und Bildungszwecken verwendet, wie dieses Beispiel über Zeitmanagement zeigt:

SOLVETA QUINTESSENZ - DIE EISENHOWER-MATRIX

Solveta ist ein deutscher Anbieter von Erklärvideos, soge-nannten Quintessenzen. Neben individuell produzierten Erklärvideos bietet Solveta auch ein umfangreiches Archiv fertiger Inhalte für die Personalentwicklung an. Diese Bei-spiel stammt aus der Serie »Boost your Skills!« und zeigt, wie man mit der Eisenhower-Matrix sein Zeitmanagement optimiert. In gut einer Minute wird erklärt, wie man seine Aufgaben nach Wichtigkeit und Dringlichkeit einteilt und so weiß, was man als erstes machen sollte und welche Auf-gaben man vielleicht ganz streichen kann.

https://buch.nitsche.info/go/zeitmanagement-video

Das spannende an diesem Format: Neben dem Video kann man sich die Inhalte auch als Informationsgrafik im A4-For-mat herunterladen. So kann jeder Nutzer selbst wählen, ob er die statische Grafik oder das Video bevorzugt.

https://buch.nitsche.info/go/zeitmanagement-pdf

27 SIE KÖNNEN DIE STILE AUCH KOMBINIEREN

Nicht nur vor dem Kleiderschrank hat man manchmal die Qual der Wahl. Genauso wie unterschiedliche Kleidungsstücke können Sie auch unterschiedliche Erklärvideo-Stile miteinander kombinieren. Genau wie bei der Kleidung sollten Sie aber sicherstellen, dass die verschiedenen Elemente zusammenpassen und sich ein stimmiges Ergebnis ergibt. In der Praxis werden die Stile so sehr miteinander vermischt, dass ich bei der Auswahl der Beispiele in den letzten Kapiteln manchmal Schwierigkeiten hatte, die „reine Lehre" zu finden. Im Folgenden finden Sie exemplarisch einige Erklärvideos, bei denen zwei oder mehr Stile integriert wurden.

Kinetic-Typography mit Motion-Graphics

Da die beiden Stile eng miteinander verwandt sind, wird die Animation von Schrift häufig mit der Animation von Objekten kombiniert. Ähnlich verhält es sich übrigens auch beim Whiteboard-Stil, der vielfach zusammen mit dem Cut-Out-Stil auf weißem Hintergrund eingesetzt wird. Kinetic-Typography- und Motion-Graphics-Stil passen so gut zusammen, dass die Kombination kaum auffällt, wie in diesem Beispiel:

TRIGGER COMMUNICATIONS - WAS IST EINE MARKE?

Trigger Communications ist eine kanadische Marketingagentur mit Sitz in Calgary. In diesem gut vier Minuten langen Erklärvideo aus dem Jahr 2011 erklärt die Agentur, was eine Marke ist und worauf man beim Markenaufbau achten sollte. Das in Schwarz-Weiß, mit Farbakzenten in intensivem Rosa, gehaltene Video kombiniert in exzellenter Art und Weise animierte Schrift und animierte Objekte, um Inhalte zu erklären und die Kernaussagen zu unterstreichen.

https://buch.nitsche.info/go/trigger

Cut-Out mit Stop-Motion, 2.5D-Animation und Animated-Photos

Die Elemente für den Cut-Out-Stil werden normalerweise am Computer gezeichnet und animiert. Doch auch mit handgezeichneten Elementen kann in Kombination mit dem Stop-Motion-Stil ein schöner Effekt erzielt werden, wie dieses Erklärvideo demonstriert:

WEBIIXX - EINE WEBSEITE FÜR IHR UNTERNEHMEN

Webiixx scheint im Jahr 2012, als dieses Erklärvideo entstand, eine Online-Agentur für Webseiten gewesen zu sein. In dem gut eine Minute langen Video wird erklärt, wie viele Menschen damals schon im Internet gesurft haben und warum Einzelhändler eine Webseite und einen Online-Shop haben sollten. Alle Elemente, sowohl Objekte als auch Texte, wurden per Hand gezeichnet und dann im Stop-Motion-Stil animiert. Wenig Aufwand - guter Effekt!

https://buch.nitsche.info/go/webiixx

Doch es geht auch aufwendiger, wie das nächste Beispiel zeigt, das den Cut-Out- und Stop-Motion-Stil zusätzlich noch in eine 2.5D-Animation integriert:

ESPLANADE - WECKE DEINE VORSTELLUNGSKRAFT

Die Esplanade ist ein Kulturzentrum in Singapur, das aufgrund der markanten Architektur auch eine touristische Attraktion darstellt. Design-Studenten kreierten dieses knapp zwei Minuten lange Video, um Kindern die Musik chinesischer Bogeninstrumente näherzubringen. Die einzelnen Elemente wurden handgemalt, ausgeschnitten und anschließend am Computer animiert. Mit Überlagerungen und Schatten wird daraus eine 2.5D-Animation.

https://buch.nitsche.info/go/esplanade

Ein ganz anderer Effekt wird erzielt, wenn der Cut-Out- und Stop-Motion-Stil mit realen Fotos kombiniert werden. Da möchte man doch gleich Blut spenden:

ROTES KREUZ USA - BLUTSPENDE

Die 1881 gegründete Organisation Amerikanisches Rotes Kreuz ist die nationale Rotkreuz-Gesellschaft in den USA. In dem halbminütigen Erklärvideo wird, ohne Voice-Over, gezeigt, wie das Blut eines Spenders einem anderen Menschen das Leben rettet. Meine Meinung: Eindrucksvoll werden die unterschiedlichen Stile hier zu einem Gesamtkunstwerk vereint!

https://buch.nitsche.info/go/red-cross-blood

Live-Action mit Stop-Motion oder umgekehrt

Der Live-Action-Stil wird sehr häufig mit anderen Stilen kombiniert, um den gefilmten Szenen inhaltliche Elemente hinzuzufügen. In diesem Beispiel einer Fluggesellschaft werden gefilmte Szenen mit extra dafür angefertigten Stop-Motion-Elementen kombiniert:

KLM - SICHERHEITSSCHULUNG MIT DELFTER KACHELN

KLM Royal Dutch Airlines ist die nationale Fluggesellschaft der Niederlande und die älteste noch existierende Fluggesellschaft der Welt. Die lange Historie betont die KLM auch in diesem dreieinhalb Minuten langen Erklärvideo. Anfang und Ende des Videos bestehen aus Live-Action, die eigentliche Sicherheitsschulung ist ein Stop-Motion-Video, das aus tausenden handgemalter Delfter Kacheln zusammengesetzt wurde. Die blaue Farbe der Kacheln passt dabei perfekt zur blauen Farbe der Fluggesellschaft, so wird auch noch das Corporate Design gestärkt!

https://buch.nitsche.info/go/klm-delft

Es geht aber auch anders herum: Dieses Video für Coinstar ist eine aufwendige Produktion im Stop-Motion-Stil. Aber an einer Stelle wurde Live-Video integriert:

COINSTAR - WAS MAN MIT MÜNZEN ALLES MACHEN KANN

Coinstar ist ein US-amerikanisches Unternehmen, das über 60000 Münzautomaten betreibt, an denen Kleingeld gegen Gebühren in Papiergeld, Spenden und Geschenkkarten eingetauscht werden kann. In diesem Stop-Motion-Video aus dem Jahr 2009 wird eindrucksvoll gezeigt, wie sich das viele Kleingeld zu einem Schuh zusammenfindet - der Kundennutzen wird visualisiert. Aber schauen Sie mal von Sekunde sechs bis acht in den Hintergrund!

https://buch.nitsche.info/go/coinstar

Live-Action mit Screencasts

Auch mit dem Screencast-Stil lässt sich der Realfilm des Live-Action-Stils gut verbinden, wie das folgende Erklärvideo für eine App zeigt:

MEMOVY - MIT DER APP VOM FOTO ZUM FILM

Memovy war eine App, mit der auf dem iPhone Fotos automatisch zu einem Video zusammengefügt und mit Musik unterlegt werden konnten. In diesem Erklärvideo aus dem Jahr 2012 wird die Funktionsweise der App mittels eines Live-Action-Screencasts dargestellt. Die einfache Bedienung wird dem Betrachter so sehr deutlich gemacht. Durch die Hand im Bild gibt es übrigens auch noch eine Anleihe an den Whiteboard-Stil, allerdings wird hier nicht virtuell oder real gezeichnet, sondern das Smartphone mit einer echten Hand bedient.

https://buch.nitsche.info/go/memovy

Ein weiteres, sehr interessantes Beispiel, wie diese beiden Stile miteinander verbunden werden können, zeigt dieses Beispiel von TripCase:

TRIPCASE - FÜR WELTENBUMMLER UND ANDERE VIELREISENDE

TripCase ist eine App, in der alle Details und Bestätigungen für Reisen zusammengefasst werden können. In diesem knapp anderthalb Minuten langen Erklärvideo erklärt die Protagonistin die App und die Vorteile, während sie über einen Flughafen geht und auf einem Laufband steht. Sie benutzt dabei die App auf ihrer Apple Watch und ihrem iPhone. Die Inhalte des Bildschirms werden dabei auf Flatscreens im Hintergrund gezeigt.

https://buch.nitsche.info/go/tripcase

Der ultimative Mix. Oder zu viel des Guten?

Natürlich können nicht nur zwei Stile miteinander kombiniert werden, das geht auch mit drei, vier oder noch mehr Stilen. Doch Vorsicht, es kann auch zu viel werden! Eine wirklich gute Kombination von Live-Action-, Cut-Out-, Motion-Graphics-, Stop-Motion- und Screencast-Stil können Sie in diesem Erklärvideo von Google Nest erleben:

GOOGLE NEST - THERMOSTAT E

Google Nest ist ein Anbieter von Smarthome-Produkten wie zum Beispiel Heizungsthermostaten. In diesem genau eine Minute kurzen Erklärvideo wird von Schauspielern gezeigt, wie sie diese Technologie in ihrem Haus einsetzen. Nahtlos werden dabei Animationen im Cut-Out-/Stop-Motion-Stil im Hintergrund eingefügt.

https://buch.nitsche.info/go/google-nest

In diesem Video wird Live-Action mit realen Fotos sowie Whiteboard- und Cut-Out-Stil gemixt. Meiner Meinung nach sehr abwechslungsreich, aber mich erschlagen die vielen unterschiedlichen Elemente und die Kombination wirkt auf mich übertrieben.

ECKART VON HIRSCHHAUSEN - #MASKEAUF #WIRBLEIBENZUHAUS

Eckart von Hirschhausen ist ein deutscher Fernsehmoderator, Arzt, Zauberkünstler, Kabarettist, Comedian und Schriftsteller. In diesem fast zehnminütigen Erklärvideo zeigt er den Nutzen von Masken im Rahmen der Prävention vor dem Corona-Virus auf. Unterschiedliche Stile werden gemixt, zum Teil wird sogar ein Hochkant-Video integriert. Ich habe mich beim Betrachten gefragt, ob dies mehr Erklärvideo oder mehr Selbstdarstellung ist.

https://buch.nitsche.info/go/eckart-von-hirschhausen

28

Soll es Kinetic-Typography sein oder besser 2D-Animation? Oder doch lieber Live-Action? Oder gar eine Kombination aus mehreren Stilen? Sie können sich nicht entscheiden? Das kann ich verstehen, denn die Auswahl ist groß. Welcher Stil ist denn nun der beste Stil?

Es gibt zwei wissenschaftliche Untersuchungen, die bei der Beantwortung dieser Frage vielleicht helfen können. Im Jahr 2016 wurden 2012 Probanden, jeweils zur Hälfte in den USA und in Deutschland, zu verschiedenen Erklärvideos befragt [Krämer/Böhrs 2016]. Zur Auswahl standen fünf verschiedene Videos, die das System der Präsidentschaftswahlen in den USA erklärten. Leider waren diese Stile der Videos recht ähnlich, im Wesentlichen handelte es sich um den Whiteboard- und Cut-Out-Stil, vier Videos waren in Schwarz-Weiß gehalten, eines war farbig.

Nach dem Anschauen eines zufällig ausgewählten Videos wurden die Teilnehmer befragt, wie ihnen das Video gefallen habe: Auf einer Fünferskala (je kleiner desto besser) lagen die Resultate zwischen 1,95 und 2,05 und damit wirklich gut, aber nicht signifikant unterschiedlich. Ebenfalls wurde gefragt, ob das Video sie emotional angesprochen habe, hier lagen die Werte mit 2,78 und 2,91 im Mittelbereich, aber ebenfalls wieder sehr nahe beieinander. Vor und nach dem Anschauen des Videos wurden sieben Fragen zum Wahlsystem gestellt. Bei allen Teilnehmern, egal welches Video sie gesehen hatten, war ein deutlicher Zuwachs im Wissen erkennbar, allerdings hing der Lernerfolg scheinbar weniger vom Stil als von der Länge des Videos ab. Diese war mit 170 bis 342 Sekunden sehr unterschiedlich und da bei den längeren Videos die Abbruchraten höher waren, hatten die Befragten weniger gelernt.

Die zweite Befragung wurde 2018 in Deutschland vorgenommen [Potenberg 2019]. Befragt wurden dieses Mal 1065 Personen zu drei verschiedenen Videos, die sich im Stil deutlicher unterschieden: Mit dabei war eine Kombination aus Whiteboard- und Cut-Out-Stil, eine 2D-Animation und ein Video im Animated-Infographic-Stil. Im Sinne des klaren Testdesigns war das Design der Erklärvideos deutlich unterschiedlich, der Inhalt, die Länge mit rund 75 Sekunden und das Voice-Over aber identisch. Schauen Sie sich die drei Videos doch selbst an:

SOLVETA - SIND SIE GLÜCKLICH?

Der Volksmund meint, dass jeder seines Glückes Schmied ist. Und das stimmt wohl, wenn man der Formel zum Glück von Mo Gawdat Glauben schenken darf. Erfahren Sie in diesem kurzen Erklärvideo mehr über die Faktoren des persönlichen Glücks und wie Sie selbst für Glück in Ihrem Leben sorgen können:

Whiteboard- kombiniert mit Cut-Out-Stil:

https://buch.nitsche.info/go/glueck-whiteboard

2D-Animation:

https://buch.nitsche.info/go/glueck-2d-animation

Animated-Infographic:

https://buch.nitsche.info/go/glueck-infographic

Jeder der Teilnehmer bekam nach dem Zufallsprinzip zunächst nur eines der Videos gezeigt. Danach wurde wie auch in der anderen Untersuchung sowohl das Gefallen erfragt als auch der Lernerfolg getestet. Und was waren die Ergebnisse? Der Lernerfolg lag zwischen 48,4 % und 50,7 %, mit einem ganz leichten Vorteil für die animierte Infografik, er war aber nicht signifikant unterschiedlich. Und alle drei Videos gefielen den Teilnehmern, sie lagen zwischen 7,49 und 7,59 auf einer Zehnerskala. Anschließend wurden allen Probanden noch die jeweils anderen Stile gezeigt. Im direkten Vergleich entschied sich dann ungefähr die Hälfte der Teilnehmer für die 2D-Animation und jeweils rund ein Viertel für den Whiteboard-/Cut-Out-Stil und den Animated-Infographic-Stil. Hier gab es also einen leichten Vorteil für die 2D-Animation.

Haben Ihnen diese Untersuchungen bei der Auswahl des Stils geholfen? Wahrscheinlich nicht, denn leider wurden nur einige wenige Stile untersucht und diese haben dann auch noch im Lernerfolg identisch und im Gefallen sehr ähnlich abgeschnitten. Im Folgenden habe ich Ihnen ein paar Regeln aus der Praxis zusammengestellt, die Sie zur Auswahl eines Stils heranziehen können. Der Grundsatz lautet dabei, zurückgehend auf den Bildhauer Horacio Greenough und den ebenfalls US-amerikanischen Architekten Louis Sullivan: „Form follows function", d. h., der Stil ergibt sich aus der Funktion des Erklärvideos. Folgende zehn Fragen sollten Sie sich bei der Entscheidung für einen Stil stellen:

1. **Was wollen Sie mit dem Video erreichen?**
   Sie wollen ein komplexes Produkt erklären, so dass jeder Zuschauer versteht, wie es im Detail funktioniert? Wahrscheinlich ist ein Motion-Graphics-Stil oder auch eine 3D-Animation das Mittel der Wahl. Wenn Sie Ihr Publikum hingegen emotional berühren wollen, dann braucht es eine gut erzählte Geschichte in einer 2D-Animation oder gar Live-Action mit menschlichen Schauspielern. Wollen Sie die Funktionen einer Software oder einer App erklären, dann bietet sich ein Screencast-Stil an. Wollen Sie aber Interesse für die gleiche Software oder App wecken, dann wäre eine 2D-Animation, die den Nutzen darstellt, wahrscheinlich besser geeignet.

2. **Wen wollen Sie als Zielgruppe ansprechen?**
   Natürlich hängt der Erfolg des ausgewählten Stils auch stark von den Zuschauern ab. Eine hochkomplexe 3D-Animation wird bei einem sehr jungen Publikum im Kindergarten-Alter nicht gut ankommen, während die Ingenieure, die davon begeistert wären, einen Cartoon im 2D-Animation-Stil vielleicht zu kindlich fänden. Der Live-Action-Stil hingegen ist sehr vielseitig und lässt sich für alle Zielgruppen anpassen.

3. **Welche Inhalte wollen Sie im Erklärvideo darstellen?**
   Wenn Sie ein attraktives Produkt haben, dann kann der Einsatz von Live-Action oder auch der Animated-Photos-Stil sinnvoll sein. Wollen Sie hingegen eine Dienstleistung, einen komplexen Prozess oder auch ein nicht so ansehnliches Produkt, zum Beispiel einen Computerchip, erklären, dann könnte man eher den Motion-Graphics-Stil oder die 3D-Animation nutzen. Liegt der Schwerpunkt des Inhalts im gesprochenen Wort, dann bietet sich die Kinetic Typography an, eventuell kombiniert mit dem Motion-Graphics-Stil.

4. **Wo wollen Sie das Erklärvideo einsetzen?**
   Sie haben ein hochemotionales Erklärvideo im Live-Action-Stil erstellt und wollen das nun auf einer Messe zeigen? Wenn der Veranstalter, wie die meisten Messen, keinen Ton zulässt, dann ist das Video dafür unbrauchbar. Viele Konsumenten schauen Videos auch auf mobilen Endgeräten ohne Ton, denn wer möchte in der S-Bahn schon alle anderen Fahrgäste nerven. Von daher hängt die Auswahl des Stils auch von dem Medium beziehungsweise dem Einsatzort des Videos ab.

5. **Wie häufig muss das Erklärvideo aktualisiert werden?**
   Wissen Sie schon jetzt, dass Sie Ihr Erklärvideo länger einsetzen wollen und manche Inhalte, zum Beispiel Preise, sich regelmäßig ändern können? Dann sollten Sie dies bei der Wahl des Stils berücksichtigen. Die komplett im Computer generierten Erklärvideos lassen sich wesentlich leichter anpassen als die Videos, die mit Realbild erstellt wurden, zum Beispiel im Live-Action-Stil. Aufgepasst: Seien Sie besonders aufmerksam bei der Darstellung von Software oder Apps, sobald sich die Benutzeroberfläche ändert, muss auch Ihr Erklärvideo geändert werden!

6. **Wird das Erklärvideo in mehreren Ländern/Sprachen eingesetzt?**
   Ähnlich wie bei der Aktualisierung gilt auch hier: Rein am Computer generierte Videos können leichter angepasst werden, wobei das in diesem Fall nicht für den Kinetic-Typography-Stil gilt. Hier kann das Spiel mit der Sprache bei der Übersetzung zum Verhängnis werden. Und wieder gilt: Besondere Vorsicht bei der Darstellung von Software, Sie wollen doch nicht im deutschen Erklärvideo die chinesische Version der Software zeigen (oder umgekehrt)?

7. **Soll das Erklärvideo Ihr Corporate Design widerspiegeln?**
Alle Stile lassen sich, zumindest teilweise, mit Elementen Ihres Corporate Designs designen. Dazu gehören insbesondere die Farben und Schriftarten, aber auch die Bildsprache. Der Whiteboard-Stil und der Cut-Out-Stil sind sehr dominierend, daher überstrahlt der Stil dort leicht das Corporate Design. Sehr gut lassen sich hingegen der Motion-Graphics- und der Animated-Infographic-Stil im Corporate Design umsetzen.

8. **Wie lange darf die Produktion dauern?**
Die Produktionszeit hängt von vielen Faktoren ab, aber einige dauern auf jeden Fall länger als andere. Wenn Sie also nur wenig Zeit haben, dann sind die 3D-Animation, die 2.5D-Animation und auch der Isometric-Stil für Sie nicht geeignet. Wenn es ganz schnell gehen soll, und damit meine ich Stunden statt Tage oder Wochen, dann bleibt nur ein selbstgedrehtes Live-Action-Video.

9. **Wie hoch ist Ihr Budget?**
Die 3D-Animation, die 2.5D-Animation und der Isometric-Stil sind nicht nur zeitraubend, sie sind auch relativ teuer und stehen daher bei einem niedrigen Budget nicht zur Wahl. Bei anderen Stilen ist die Frage nach den Kosten nicht so einfach zu beantworten, weil die Kosten extrem unterschiedlich ausfallen können, insbesondere bei Live-Action-Erklärvideos.

10. **Welcher Stil gefällt den Entscheidern in Ihrem Unternehmen besser?**
Alle Gründe können für eine verspielte 2D-Animation sprechen, wenn Ihnen selbst oder den anderen Entscheidern in Ihrem Unternehmen der Stil nun einmal partout nicht gefällt, dann ist dieser Stil trotzdem nicht geeignet, da er im Unternehmen keinen Rückhalt hat.

K.-o.-Kriterien für Erklärvideo-Stile

Einige der Fragen können ganz gut als K.-o.-Kriterien genutzt werden: Wenn zum Beispiel der internationale Einsatz für Sie relevant ist, dann fallen der Kinetic-Typography-Stil und der Live-Action-Stil weg. Vielleicht hilf Ihnen diese Übersichtstabelle bei der Auswahl:

	Verwendungshäufigkeit	Aufwand Kosten/Zeit	CD-Anpassung	Internationale Adaption	Aufwand Aktualisierung
Whiteboard	häufig	gering	schlecht	einfach	gering
Cut-Out	häufig	gering	schlecht	einfach	gering
2D-Animation	häufig	mittel	gut	einfach	gering
3D-Animation	selten	hoch	mittel	mittel	mittel
Kinetic-Typography	selten	mittel	gut	schwer	gering
Motion-Graphics	häufig	hoch	sehr gut	einfach	gering
Screencasts	häufig	gering	mittel	mittel	mittel
Stop-Motion	selten	hoch	mittel	einfach	hoch
Live-Action	häufig	hoch	gut	schwer	hoch

Noch drei Tipps zum Abschluss

Sie sind sich immer noch nicht sicher? Dann können Ihnen diese drei Tipps zur Auswahl des richtigen Stils für Ihr Erklärvideo vielleicht helfen:

▶ **Holen Sie sich Inspiration!**
Schauen Sie sich die Beispiele in diesem Buch an und suchen Sie nach weiteren Beispielen im Internet. Je mehr Erklärvideos Sie sich anschauen, umso eher kommen Sie auf die zündende Idee für Ihren speziellen Einsatzzweck.

▶ **Finden Sie einen guten Dienstleister**
Auch die externe Beratung durch einen erfahrenen Dienstleister kann bei der Auswahl helfen. Aber Achtung: Sollte dieser Dienstleister nur einige der möglichen Stile anbieten, dann wird er sehr wahrscheinlich nicht gerade diejenigen empfehlen, die er selber nicht umsetzen kann.

▶ **Lassen Sie die Zielgruppe entscheiden**
Der vielleicht teuerste Weg, aber bei großen Projekten eine valide Möglichkeit, ist es, mehrere Erklärvideos zu erstellen und diese zu testen. Stellen Sie sich zum Beispiel vor, Sie wollen für alle Produkte einer Versicherung ein Erklärvideo erstellen. Das können locker zwanzig oder mehr Videos werden. Da könnte es doch Sinn machen, zunächst für ein Produkt drei Videos in unterschiedlichen Stilen zu erstellen und dann einen Test mit den Interessenten zu machen, um so zu ermitteln, welcher Stil am besten ankommt!

AUF EINEN BLICK

16 Es gibt eine Vielzahl unterschiedlicher Stile für das Design von Erklärvideos, die alle unterschiedliche Vor- und Nachteile in der Produktion und beim Einsatz haben.

17 Zu den bekanntesten gehört der Whiteboard-Stil, bei dem eine animierte Hand die meist in Schwarz-Weiß gehaltenen Elemente im Video nach und nach zeichnet.

18 Der Cut-Out-Stil ist eng mit dem Whiteboard-Stil verwandt, mit dem Unterschied, dass die Elemente hier nicht gezeichnet, sondern von Hand auf den Hintergrund gelegt werden.

19 Bei der 2D-Animation wird, ähnlich wie bei Cartoons, mit animierten Figuren gearbeitet. Der Stil eignet sich gut für das Storytelling, wird aber manchmal als zu kindlich empfunden.

20 Komplexe technische Produkte oder Zusammenhänge lassen sich gut mit dem 3D-Animation-Stil darstellen, allerdings ist der finanzielle und zeitliche Aufwand dafür sehr hoch.

21 Bei der Kinetic-Typography stehen animierte Texte im Vordergrund, dadurch können gesprochene Botschaften, wie zum Beispiel Meinungen, sehr gut visualisiert werden.

22 Werden Formen, Symbole, Diagramme, Grafiken und Texte gemeinsam animiert, dann spricht man vom Motion-Graphics-Stil, der sehr gut für abstrakte Dienstleistungen oder Prozesse geeignet ist.

23 Bei Screencasts wird der Bildschirm eines Computers oder Smartphones digital aufgezeichnet, dies hat sich insbesondere bei der Präsentation von Software und Internetseiten bewährt.

24 Der außergewöhnliche Stop-Motion-Stil ähnelt dem Daumenkino unserer Kindheit. Er wird selten eingesetzt, kann aber gerade dadurch viel Aufmerksamkeit erregen.

25 Beim Live-Action-Stil wird mit Realfilm, wie im Fernsehen oder Kino, gearbeitet. Durch reale Menschen werden Emotionen besonders gut transportiert, die Erstellung kann aber sehr aufwendig sein.

26 Es gibt noch weitere Stile, wie zum Beispiel den Animated-Photos- und den Animated-Infographic-Stil. Auch in den nächsten Jahren werden sicherlich immer wieder neue Varianten kreiert werden.

27 Darüber hinaus werden häufig verschiedene Stile miteinander kombiniert, zum Beispiel der Whiteboard-Stil mit dem Cut-Out-Stil. Doch Vorsicht, zu viel Mix kann auch leicht zu viel werden.

28 Die Wahl des Stils hängt von einer Vielzahl von Faktoren ab, insbesondere vom Ziel und Inhalt des Erklärvideos, der angesprochenen Zielgruppe und dem vorhandenen Budget.

*„No matter what you do,
your job is to tell your story!"*

*Gary Vaynerchuk
Unternehmer und Experte
für digitales Marketing*

IV

WIE WIRD EIN
ERKLÄRVIDEO ERSTELLT?

29 DER WEG ZU IHREM ERKLÄRVIDEO

Es soll also losgehen, Sie wollen die Produktion eines Erklärvideos starten. Ich wünsche Ihnen viel Spaß und Erfolg auf dieser spannenden Reise. Zunächst definieren Sie im Briefing Ihre Anforderung und legen damit die Basis für alle weiteren Arbeiten. Anschließend stellen Sie das Team zusammen und entscheiden, ob Sie selbst das Video produzieren oder einen Dienstleister damit beauftragen. Im weiteren Verlauf werden die Inhalte recherchiert und strukturiert. Nun folgt die Konzeption der Storyline, wiederum ein wichtiger Meilenstein, denn sie definiert den Aufbau und das Aussehen des späteren Videos sehr detailliert. Im Anschluss folgt die eigentliche Produktion: Das Design wird gestaltet, das Voice-Over getextet, gesprochen und zum Abschluss wird das Video mit Musik und gegebenenfalls Soundeffekten unterlegt. In den letzten Kapiteln finden Sie schließlich noch Hinweise zur internationalen Adaption und zu späteren Änderungen. Ergänzt wird die Beschreibung des Prozesses durch einige Exkurse. Diese behandeln Fragen, die mir immer wieder gestellt werden, zum Beispiel: „Was kostet ein Erklärvideo?", „Wie wähle ich den richtigen Dienstleister aus?" und „Wie lang sollte das Video sein?".

Ein kleiner Wermutstropfen: Dies ist der längste Abschnitt und es gibt weniger beispielhafte Erklärvideos. Doch wenn Ihr Erklärvideo ein Erfolg werden soll, dann sind einige Schritte notwendig. Wahrscheinlich werden Sie mit einem Dienstleister zusammenarbeiten, der die eigentliche Produktion übernimmt. Gerade deswegen sollten Sie aber jeden einzelnen Arbeitsschritt verstehen. Also, kämpfen Sie sich durch, es lohnt sich!

30 ERARBEITEN SIE EIN AUSSAGEKRÄFTIGES BRIEFING

Die Aufgabe Ihres Erklärvideos ist es, eine relevante **Botschaft** an definierte **Empfänger** zu kommunizieren, um damit die von Ihnen gewünschten **Handlungen** auszulösen. Da das Ganze nicht im luftleeren Raum stattfindet, gibt es **Rahmenbedingungen**, die dabei beachtet werden müssen. Sie fassen die Botschaft, die Empfänger, die gewünschten Handlungen und die Rahmenbedingungen im **Briefing** zusammen. Dieses Briefing bildet somit die Grundlage, quasi das Fundament, für Ihr Erklärvideo. Und da ohne ein festes Fundament auch das schönste Haus schnell zusammenbricht, sollten Sie viel Arbeit in ein aussagekräftiges Briefing investieren. Im Folgenden erkläre ich Ihnen zunächst detailliert das Vorgehen bei der Erstellung des Briefings, zum Abschluss des Kapitels erhalten Sie eine Übersicht der relevanten Briefing-Fragen.

Botschaft: Welche Inhalte soll Ihr Erklärvideo transportieren?

Im ersten Schritt sollten Sie zunächst einmal das Thema Ihres Erklärvideos, am besten in einem Satz, definieren. Beschreiben Sie dann, welches (vermutete) Problem des Empfängers mit dem Inhalt des Erklärvideos gelöst wird. Ergänzen Sie dies um die Inhalte, die auf jeden Fall im Erklärvideo enthalten sein sollen, das, was auf keinen Fall genannt werden darf, und um die Kernbotschaft(en), die die Empfänger nach dem Anschauen des Erklärvideos verinnerlicht haben sollen. Letztlich sollten Sie noch die möglichen Bedenken oder Einwände des Empfängers nennen und aufzeigen, wie Sie beweisen können, dass die Botschaft des Videos das Problem löst. Wichtig ist dabei die unbedingte Konzentration auf das

Wesentliche, denn Sie wollen ja ein auf den Punkt gebrachtes Erklärvideo und keinen abendfüllenden Spielfilm als Ergebnis haben.

Natürlich ist die genaue Definition der Botschaft auch vom Thema Ihres Erklärvideos abhängig. Nehmen wir einmal an, Sie wollen mit Ihrem Erklärvideo ein Produkt verkaufen, dann könnte die Botschaft folgende Inhalte umfassen:

▶ **Thema**: Der Name und die allgemeine Einordnung Ihres Produkts

▶ **Problem**: Das Problem, das der Interessent mit Ihrem Produkt lösen kann

▶ **Inhalte**: Die drei wichtigsten Merkmale/die Funktionsweise Ihres Produkts

▶ **Ausnahmen**: Themen, die nicht angesprochen werden sollten

▶ **Kernbotschaft**: Die (maximal drei) Hauptvorteile Ihres Produkts (USP)

▶ **Einwände/Bedenken**: Gründe, warum jemand Ihr Produkt nicht nutzt

▶ **Beweis**: Nachweis für die Qualität des Produkts, z. B. Referenzen oder Siegel

Möchten Sie stattdessen ein Erklärvideo im Rahmen einer Weiterbildungsmaßnahme für Ihre Mitarbeiter erstellen, dann könnten Sie die Botschaft mit folgenden Inhalten erklären:

▶ **Thema**: Der Name des Themas und die Einordnung in das Gesamtthema

▶ **Problem**: Das Problem, das Ihr Mitarbeiter durch das Lernen lösen kann

▶ **Inhalte**: Die Inhalte der Schulung, die der Mitarbeiter lernen soll

▶ **Ausnahmen**: Dinge, die bei der Schulung lieber weggelassen werden sollten

▶ **Kernbotschaft**: Was der Mitarbeiter unbedingt verinnerlichen sollte

▶ **Einwände/Bedenken**: Hürden, die am Einsatz des Erlernten hindern

▶ **Beweis**: Nachweis, dass das Erlernte funktioniert, z. B. Mitarbeiterstimmen

Empfänger: An welche Zielgruppe richtet sich Ihr Erklärvideo?

Auf den ersten Blick eine ganze einfache Frage, die Antwort könnte zum Beispiel Interessenten, Kunden oder Mitarbeiter lauten. Auf den zweiten Blick reicht diese grobe Definition allerdings nicht. Je genauer Sie das Erklärvideo auf die Empfänger ausrichten können, desto eher wird es die gewünschte Wirkung zur Folge haben. Sie müssen also Kriterien finden, anhand derer Sie die Empfänger genauer beschreiben können. Im B2C-Bereich könnten dies demographische Faktoren wie das Alter sein, aber auch Interessen oder Charaktereigenschaften. Im B2B-Bereich gibt es vergleichbare Faktoren, zum Beispiel die Branche, die Abteilung und die Berufsbezeichnungen der Empfänger.

Darüber hinaus sollten Sie sich auch überlegen, in welcher Stimmung die Empfänger beim Anschauen des Videos vermutlich sind. Sie könnten zum Beispiel genervt sein, weil das Erklärvideo als Werbung gezeigt wird. Oder interessiert, weil sie aktiv danach gesucht haben. Letztlich sollten Sie auch beschreiben, welches Vorwissen die Empfänger hinsichtlich der Botschaft wahrscheinlich aufweisen. Handelt es sich um Experten, dann kann das Erklärvideo einen völlig anderen Anspruch haben, als es wenn blutige Anfänger sind.

Geht es um eine Marketing-Botschaft und Sie wollen neue Kunden für Ihr Produkt gewinnen, haben Sie möglicherweise schon fertige Personas Ihrer Zielkunden definiert, dies vereinfacht die Beantwortung der Fragen natürlich deutlich:

▶ **Empfänger**: Es handelt sich um potenzielle Käufer für Ihr Produkt

▶ **Kriterien**: Beschreiben Sie genau die Eigenschaften dieser Interessenten

▶ **Stimmung**: Stellen Sie die Situation dar, in der sich diese befinden

▶ **Vorwissen**: Nennen vermutete Know-how über ihr Produkt

Bei dem Erklärvideo für die Mitarbeiterentwicklung gilt analog folgende Beschreibung:

▶ **Empfänger**: Es handelt sich um Mitarbeiter in einer Online-Schulung

▶ **Kriterien**: Zum Beispiel „Führungskräfte" oder ähnlich Einordnungen

▶ **Stimmung**: Situationsbeschreibung der Mitarbeiter vor der Schulung

▶ **Vorwissen**: Nennen Sie das vermutete Wissen über das Schulungsthema

Handlung: Welche Handlungen/Ziele wollen Sie erreichen?

Sie werden kein erfolgreiches Erklärvideo erhalten, wenn Sie nicht wissen, was Sie damit erreichen wollen. Und zwar in dreifacher Hinsicht: Erstens müssen Sie definieren, was der Empfänger nach dem Betrachten des Videos machen soll. Zweitens sollten Sie aufzeigen, welches direkte Ziel des Videos durch die Handlung des Empfängers unterstützt wird. Drittens sollten Sie dann noch darlegen, welchen Einfluss die Erreichung des direkten Ziels wiederum auf Ihre geschäftlichen Ziele hat. Dabei gibt es sowohl monetäre Ziele, wie zum Beispiel Umsatz, als auch ganz andere Kategorien wie Markenbekanntheit oder ein besseres Employer Branding. Wichtig ist aber, dass die Ziele auf jeden Fall smarte Ziele sind, also spezifisch, messbar, aktivierend, realistisch und terminiert!

Sie können diese drei Fragen in zwei Reihenfolgen beantworten: Entweder fangen Sie mit der konkreten Handlungsaufforderung an, dann ergibt sich aus dieser das Video-Ziel und daraus die Geschäfts-Ziele. Oder Sie definieren Top-Down zunächst das geschäftliche Ziel, leiten davon das Ziel des Videos ab und anschließend den Call-To-Action aus dem definierten Videoziel. In unserem Beispiel der Gewinnung von Käufern für ein Produkt würden die Fragen wie folgt beantwortet werden:

► **Handlung**: Der Interessent klickt auf „Jetzt kaufen" und kauft das Produkt

► **Video-Ziel**: Zusätzliche Verkäufe des beworbenen Produkts.

► **Geschäfts-Ziel**: Mehrumsatz, generiert durch die zusätzlichen Verkäufe

Im Falle der Mitarbeiterschulung, unterstützt durch das Erklärvideo, könnte es so aussehen:

► **Handlung**: Die durch die Schulung ausgelöste Verhaltensänderung

► **Video-Ziel**: Die Belegschaft ändert nach und nach dieses Verhalten

► **Geschäfts-Ziel**: Die Verhaltensänderung ermöglicht ein Geschäftsziel

Rahmenbedingungen: Welche Restriktionen gibt es?

In einer idealen Welt könnten Sie nun mit der Produktion des Videos beginnen. In der Realität wird der weitere Prozess aber von einer Vielzahl von Restriktionen eingeschränkt. Damit Sie diese von Anfang an berücksichtigen können, ist es sehr wichtig, sie auch im Briefing zu erläutern.

▶ **Kanäle**: Die Konzeption und Gestaltung des Videos hängt in vielfacher Weise von den medialen Rahmenbedingungen ab, also von der Frage, auf welchen Kanälen und in welchem Kontext das Erklärvideo eingesetzt werden soll? In Sozialen Netzwerken ist die Aufmerksamkeit der Nutzer gering, hier muss das Video zum Beispiel kurz und auffallend sein. Vielleicht muss es sogar ohne Ton funktionieren, da viele mobile Nutzer den Ton ausgeschaltet haben. Wird ein Video zum gleichen Thema hingegen auf YouTube veröffentlicht, kann es vielleicht länger sein und auch Ton haben.

▶ **Design**: Insbesondere für die Gestaltung des Videos sind die kreativen Rahmenbedingungen relevant. Dazu gehört ganz grundlegend die Frage, ob Sie bereits einen konkreten Stil für Ihr Erklärvideo im Auge haben. Natürlich kann es sinnvoll sein, diese Entscheidung erst später zu treffen, aber wenn Sie sich vorher schon entschieden haben, dann sollten Sie das auch nennen. Damit einher geht die Frage, ob und, wenn ja, wie Ihr Corporate Design im Erklärvideo zum Ausdruck gebracht werden soll. Sie sollten sich darüber hinaus auch Gedanken zur Tonalität des Erklärvideos machen, soll es lustig, neutral, herausfordernd oder vielleicht gar bedrohlich wirken? Am besten beschreiben Sie die Tonalität, wie in diesen Beispielen, mit Adjektiven. Letztlich sollten Sie auch nennen, ob Sie gegebenenfalls weitere Formate neben dem Erklärvideo benötigen, wie zum Beispiel eine Infografik, einen Bildschirmschoner oder ein Miniaturbild.

▶ **Audio**: Nicht nur der visuelle Ausdruck des Videos ist wichtig, auch das Ohr möchte erfreut werden. Wenn Sie also schon Präferenzen für eine bestimmte Musik, vielleicht sogar eigens für Ihre Marke komponierte Songs, haben oder vielleicht gar keine Musikunterlegung wünschen, dann sollten Sie das hier definieren. Das gleiche gilt für den Sprecher, falls Sie zum Beispiel wissen, ob Sie eine weibliche oder eine männliche Stimme bevorzugen. Auch für weitere Soundeffekte im Video gibt es klare Vorlieben und Abneigungen, legen Sie auch diese hier wenn möglich schon fest.

▶ **Länge**: Die Dauer des Erklärvideos hängt von vielen Faktoren ab, deswegen habe ich diesem Thema sogar ein eigenes Kapitel (vgl. Kapitel 38) gewidmet. Falls es aber schon jetzt klare Wünsche oder vor allen Dingen Einschränkungen bezüglich der Länge gibt, zum Beispiel weil das Erklärvideo in einem ganz bestimmten Kanal oder für einen ganz bestimmten Zweck eingesetzt werden soll, dann definieren Sie zumindest eine Bandbreite für die Länge.

▶ **Termin**: Wahrscheinlich haben Sie schon einen bestimmten Einsatzzweck für Ihr Erklärvideo im Auge. Es könnte zum Beispiel Teil einer Marketing-Kampagne oder einer größeren internen Kommunikationsmaßnahme sein. Und damit ist vielleicht auch schon klar, wann Sie das Erklärvideo benötigen. Also lassen Sie den Fertigstellungstermin zum Teil des Briefings werden.

▶ **Budget**: Genau wie einen Termin für die Fertigstellung haben Sie wahrscheinlich auch schon ein Budget für das Erklärvideo festgelegt. Dieses sollten Sie ebenfalls im Rahmen des Briefings festhalten, damit es später keine Überraschungen gibt.

▶ **Sprache**: Vielleicht benötigen Sie das Erklärvideo in mehr als einer Sprache? Dann sollten hier die gewünschten Sprachen aufgeführt werden. Und selbst, wenn es nur eine Sprache ist, aber Sie einen bestimmten Akzent wünschen, dann stellen Sie das hier klar.

▶ **Aktualisierung**: Falls es häufiger vorkommen kann, dass sich die Inhalte des Erklärvideos ändern, dann sollten Sie dies bereits beim Briefing erwähnen, da dies erhebliche Auswirkungen auf die Wahl des Stils und das Texten des Voice-Over-Skripts haben kann.

Natürlich kann es weitere Rahmenbedingungen oder Restriktionen geben. Wenn Sie zum Beispiel kurz nach Projektstart Ihren Jahresurlaub antreten werden, dann sollten Sie auch das im Briefing-Dokument festhalten.

Briefing: Fassen Sie alle Informationen zusammen!

Alle Antworten auf die Fragen zur Botschaft, den Empfängern, der gewünschten Handlung und den Rahmenbedingungen fassen Sie im Briefing zusammen. Die Checkliste finden Sie auf der nächsten Seite, den QR-Code zum Download unten auf dieser Seite. Unabhängig davon, ob Sie mit einem internen oder externen Projektteam arbeiten, sollten Sie das Briefing schriftlich verfassen und dem gesamten Team zukommen lassen. Länger als zwei bis drei DIN-A4-Seiten sollte das Briefing aber nicht sein. Weiteres Material wie zum Beispiel PowerPoint-Präsentationen, Produktbroschüren etc. sollten Sie als Anlage zum Briefing versenden und im Briefing darauf verweisen.

Im Anschluss geben Sie dem Projektteam die Gelegenheit zu einem Treffen, bei dem alle Fragen des Teams zum Briefing geklärt werden können. Sollten Sie sich bei einigen Antworten noch unsicher gewesen sein, dann können auch diese Themen besprochen werden. Letztlich stellen Sie so sicher, dass das gesamte Team, egal ob intern oder extern, den Auftrag wirklich verstanden hat. Und sollten Sie jetzt, nach dem Lesen dieses Kapitels, noch nicht alle Fragen beantworten können: Keine Angst, viele der Themen, die hier angesprochen wurden, werden in den folgenden Kapiteln noch ausführlich erläutert!

CHECKLISTE BRIEFING

https://buch.nitsche.info/go/check-briefing

Checkliste Briefing: Botschaft

Welche Inhalte soll ihr Erklärvideo transportieren?
Was ist das Thema Ihres Erklärvideos in einem Satz?
Welches Problem des Empfängers wird durch das Erklärvideo gelöst?
Welche maximal drei Inhalte sollen auf jeden Fall im Video enthalten sein?
Welche Inhalte dürfen auf keinen Fall genannt werden?
Welche Kernbotschaft(en) sollen die Empfänger verstehen/behalten?
Welche Einwände/Bedenken könnten die Empfänger haben?
Wie können Sie den Beweis führen, dass Ihre Botschaft das Problem löst?

Checkliste Briefing: Empfänger

An welche Zielgruppe richtet sich Ihr Erklärvideo?
Welche Empfänger sollen mit dem Video angesprochen werden?
Mit welchen Kriterien können die Empfänger genauer beschrieben werden?
Wie ist die vermutete Stimmung der Empfänger beim Anschauen des Videos?
Wie ist das Vorwissen der Empfänger hinsichtlich der Botschaft?

Checkliste Briefing: Handlungen/Ziele

Welche Handlungen/Ziele wollen Sie erreichen?
Was soll der Empfänger nach Betrachten des Erklärvideos tun?
Welches konkrete Ziel wollen Sie mit dem Erklärvideo erreichen?
Welches geschäftliche Ziel wird dadurch unterstützt?

Checkliste Briefing: Rahmenbedingungen

Welche Rahmenbedingungen und Restriktionen gibt es?
Auf welchen Kanälen/in welchem Kontext wird das Erklärvideo eingesetzt?
Haben Sie bereits einen konkreten Stil für Ihr Erklärvideo im Auge?
Wie soll Ihre Marke/ihr Corporate Design zum Ausdruck gebracht werden?
Welche Tonalität soll das Erklärvideo aufweisen?
Gibt es neben dem Video weitere Formate, die Sie benötigen?
Haben Sie eine Präferenz für die Hintergrundmusik?
Bevorzugen Sie eine weibliche oder eine männliche Stimme im Voice-Over?
Sollen Soundeffekte im Erklärvideo eingesetzt werden?
Wie lang soll das Erklärvideo minimal und/oder maximal sein?
Wann muss das Erklärvideo spätestens fertig produziert sein?
Wie hoch ist das Budget, das für die Erstellung des Videos vorgesehen ist?
In welchen Sprachen soll das Erklärvideo produziert werden?
Gibt es weitere Rahmenbedingungen oder Restriktionen?

31 EXKURS: DIE KOSTEN FÜR EIN ERKLÄRVIDEO

Wir müssen über Geld reden. Warum hier und jetzt? Weil auch wahrscheinlich genau zu diesem Zeitpunkt des Produktionsprozesses Geld bereitgestellt werden muss. Denn natürlich fallen für die Produktion des Erklärvideos Kosten an und dafür benötigen Sie ein entsprechendes Budget.

Was also kostet die Produktion eines Erklärvideos? Diese Frage ist so ähnlich wie die Frage, was ein Auto kostet, ohne weitere Spezifikationen zu geben. Wenn Sie Antworten müssten, dann würde Ihre Antwort wahrscheinlich lauten: „Zwischen wenigen hundert Euro und einigen hunderttausend Euro". Die Antwort würde für beide Fragen gelten, sowohl für das Auto, als auch für ein Erklärvideo. Sie entspricht auch dem, was man in der Literatur zu Erklärvideos findet: Die genannten Spannen liegen von 25 US-Dollar bis 50000 US-Dollar [Marvazi 2017], von 1500 US-Dollar bis 25000 US-Dollar pro Minute [Spitalnik 2013], von 5000 US-Dollar bis 100000 US-Dollar pro Minute [Forno 2017] und von 1000 bis 10000 Euro [Simschek/Kia 2017]. Viele Autoren liefern auch gar keine konkreten Zahlen [Gethins 2019/Air 2015/Gadea 2017].

Egal ob Auto oder Erklärvideo, die Preisspannen sind sehr groß. Doch es gibt einige Faktoren, die die Kosten der Produktion und damit den Preis beeinflussen:

▶ **Länge**: Bei Erklärvideos gilt: Zeit ist Geld. Je kürzer Ihr Video ist, desto weniger kostet es, denn es muss weniger getextet, weniger kreiert und animiert und auch weniger gesprochen und mit Musik unterlegt werden. Daher sind die Kosten, nach einem Sockelbetrag für das Projektmanagement und ande-re Basiskosten, weitgehend proportional zur Länge. Doch bitte kürzen Sie Ihr Video deswegen nicht aus Kostengründen, denn wenn ein paar Sekunden mehr benötigt werden, um Ihre Botschaft zu vermitteln, dann sollten Sie nicht gerade diese Sekunden einsparen.

▶ **Stil**: Für manche Stile, wie zum Beispiel den Whiteboard- und den Cut-Out-Stil gibt es Software, mit denen die Produktion stark vereinfacht wird. An-dere Stile, insbesondere die 3D-Animation, sind sehr aufwendig und daher auch teuer. Die vielleicht größte Bandbreite gibt es beim Live-Action-Stil, sich reicht von „kostenlos" in der Eigenproduktion bis hin zu „extrem teuer", wenn im Studio mit professionellen Schauspielern gefilmt wird.

▶ **Individualität**: Viele Anbieter arbeiten mit Bibliotheken vorgefertigter Grafi-ken und auch Charakteren. Dies ermöglicht eine schnelle und günstige Pro-duktion, doch eventuell bleibt die Individualität Ihres Videos dabei auf der Strecke. Wenn die Grafiken speziell für Sie erstellt werden, dann treibt dies die Kosten in die Höhe, aber führt auch zu einer höheren Qualität und damit einem besseren Ergebnis beim Einsatz des Videos.

▶ **Komplexität**: Die Kosten für das Erklärvideo können auch von der Komple-xität des Themas abhängen. Wollen Sie ein kompliziertes technisches Pro-dukt erklären, dann muss nicht nur eventuell noch eine aufwendige Recher-che erstellt werden, sondern auch die Kosten in der Kreation sind höher. Auch der Animationsgrad des Erklärvideos, zum Beispiel die Bewegungen von Charakteren, ist bei einigen Stilen für den Preis sehr relevant.

▶ **Audio**: Nicht nur das visuelle Design, auch die Audioqualität kann die Kos-ten nach oben treiben. Ein No-Name-Sprecher kostet mit Sicherheit weniger als Manfred Lehmann, der die deutsche Stimme von Bruce Willis ist. Auch die Preise für die Musik haben eine sehr hohe Bandbreite, gerade wenn Sie nicht die gleiche Untermalung wünschen, die auch hunderte von anderen Erklärvideos haben, die mit der gleichen Software produziert wurden.

▶ **Medium**: Auch die Kanäle, auf denen Sie das Erklärvideo einsetzen wollen, können Kostenauswirkungen haben. Manche Sprecher und auch manche Softwareanbieter verlangen zusätzliche Zahlungen, wenn Sie das Erklärvi-deo in Massenmedien wie dem Fernsehen nutzen wollen.

▶ **Mitwirkung**: Häuslebauer können viel Geld sparen, wenn Sie Eigenleistun-gen erbringen. Auch bei der Produktion des Erklärvideos hängt der Preis natürlich auch vom Grad Ihrer Mitwirkung ab. Vielleicht können Sie das

Konzept selber erstellen, die Grafiken selbst designen oder das Voice-Over selbst sprechen? Die Frage ist nur: Haben Sie die notwendige Kompetenz, die perfekte Stimme und die Zeit dafür?

▶ **Partner**: Wenn Sie das Erklärvideo komplett selbst erstellen, fallen wahrscheinlich nur geringere Kosten an, da Sie die meiste Arbeit selbst erledigen. Sollten Sie mit einem Dienstleister zusammenarbeiten, dann hängen die Kosten auch von der Art des Dienstleisters ab. Vereinfachend lässt sich sagen, dass Freelancer am günstigsten sind. Im Preis darüber liegen zumeist auf Erklärvideos spezialisierte Anbieter und eher am oberen Ende sind die Kreativ-Agenturen aus dem Marketingbereich angesiedelt.

▶ **Standort**: Eine Möglichkeit Kosten zu sparen ist es, die Produktion in Länder mit einem geringeren Lohnniveau auszulagern. Darunter muss die Qualität nicht leiden, denn auch in Asien, Afrika oder Mittel- und Südamerika gibt es hervorragende kreative Talente. Allerdings nimmt der Abstimmungsaufwand durch Sprachbarrieren sowie kulturelle Unterschiede und verschiedene Zeitzonen zu.

▶ **Versionen**: Natürlich entstehen zusätzliche Kosten, wenn Sie mehr als eine Version Ihres Erklärvideos benötigen, zum Beispiel in unterschiedlichen Längen für verschiedene Plattformen. Das Gleiche gilt, falls Sie mehrere Sprachversionen benötigen.

▶ **Revisionen**: Erklärvideos werden meist zu Festpreisen angeboten, aber jede Änderung des Videos verursacht neue Kosten, die sich auch im Preis niederschlagen können. Wird ein Fehler in der Kreation gemacht, dann wird dieser normalerweise kostenlos korrigiert. Ganz häufig haben aber auch interne oder externe Auftraggeber zu einem späten Zeitpunkt im Produktionsprozess noch Änderungswünsche. Wenn dann ein Voice-Over neu gesprochen werden muss, zum Beispiel weil die Rechtsabteilung einen Satz als übertrieben wahrnimmt, dann führt dies zu einer Kostensteigerung.

Und schließlich gibt es da noch den Faktor Qualität, der sicherlich am schwierigsten von allen Einflussfaktoren zu definieren ist. Dabei geht es nicht nur um die geschmäcklerische Frage „Gefällt mir das Erklärvideo?", sondern um die Bewertung, welche Leistung das Erklärvideo im Einsatz bringt. Zwei Erklärvideos, im gleichen Stil und mit der gleichen Länge, müssen ja nicht unbedingt auch gleich gute Resultate erreichen. Doch nicht nur den Return on Investment sollten Sie im Auge haben, denken Sie auch an mögliche Opportunitätskosten. Was hilft Ihnen ein günstiges Erklärvideo, wenn Sie sich monatelang über den Produktionsprozess geärgert haben oder gar mit einem minderwertigen Video Ihre

Marke beschädigen? Ein Erklärvideo kann eine Visitenkarte für Ihr Unternehmen sein und wird im Idealfall von Tausenden oder gar Millionen von Betrachtern gesehen. Das schlechteste Ergebnis erzielen Sie dann, wenn Sie das fertige Video nicht einsetzen können oder wollen!

Ich empfehle Ihnen daher, nicht nur auf den Preis zu schauen. Damit meine ich aber definitiv auch nicht, dass Sie die teuerste Variante wählen sollten, sondern die für den Zweck angemessene! Deswegen ist die richtige Frage vielleicht nicht „Was kostet das Erklärvideo?", sondern „Wie viel kann/will ich für das Erklärvideo ausgeben?". Und ausgehend von einem Budget legen Sie dann entlang der Kosten-Faktoren Ihren individuellen Weg fest.

CHECKLISTE KOSTEN-FAKTOREN

https://buch.nitsche.info/go/check-kosten

Checkliste: Kosten-Faktoren

Wie viel kostet ein Erklärvideo?
Wie lang soll/muss/darf das Erklärvideo werden?
In welchem Stil soll das Erklärvideo produziert werden?
Werden individuell angefertigte grafische Elemente oder Charaktere benötigt?
Wie komplex ist das Thema des Erklärvideos?
Wie viele Informationen müssen zusätzlich recherchiert werden?
Wie hoch ist der Animationsgrad der Charaktere und Elemente?
Wird ein bestimmter Sprecher benötigt?
Welche Musik soll eingesetzt werden?
Auf welchen Medien/Kanälen soll das Erklärvideo eingesetzt werden?
Wie hoch ist der Grad der Eigenleistung?
Welche Kosten verursacht der von Ihnen ausgewählte Partner?
An welchem Standort wird das Erklärvideo produziert?
Wie viele Versionen des Erklärvideos sollen erstellt werden?
Soll das Erklärvideo in mehrere Sprachen übersetzt werden?
Wie viele Revisionen werden im gesamten Produktionsprozess benötigt?
Wie hoch ist der Qualitätsanspruch an das Erklärvideo?

32 STELLEN SIE EIN VIELFÄLTIGES ERFOLGSTEAM ZUSAMMEN

Bei der Produktion eines Erklärvideos gibt es viele unterschiedliche Aufgaben, sowohl auf der Seite der Auftraggeber im Unternehmen als auch auf der Seite der internen oder externen Auftragnehmer. Nur in den seltensten Fällen werden alle Aufgaben von einer Person erledigt werden. Normalerweise werden Sie ein Team aus mehreren Personen mit unterschiedlichen Fähigkeiten zusammenstellen. Auf der Seite des Auftraggebers gibt es normalerweise die folgenden Rollen, die ausgeübt werden:

▶ **Projektleiter**: Der Projektleiter trägt die Verantwortung für das Erstellen des Erklärvideos in Hinblick auf Qualität, Kosten und Zeit. Er steuert die Planung auf Seiten des Auftraggebers, legt die Ziele fest und besorgt die benötigten Ressourcen, vor allen Dingen das Budget. Er organisiert die Kommunikation mit und die Freigaben für den internen oder externen Auftragnehmer.

▶ **Entscheider**: Nicht direkt Teil des Projektteams ist der Entscheider doch für den Erfolg extrem wichtig, da er für die Bestätigung des Budgets und die finale Freigabe des Videos verantwortlich ist. Manchmal handelt es sich hier nicht um eine einzelne Person, sondern um Gremien, wie zum Beispiel einen Lenkungsausschuss oder einen Vorstand.

▶ **Zulieferer**: Häufig müssen weitere Bereiche die notwendigen Inhalte für ein Erklärvideo zuliefern. Wollen Sie zum Beispiel im Marketing ein Erklärvideo für ein Produkt erstellen, benötigen Sie Inhalte vom Produktmanagement.

▶ **Vetomächte**: Vielfach muss das Erklärvideo nicht nur vom Projektleiter und vom Entscheider akzeptiert werden, sondern es werden auch Freigaben von anderen Bereichen benötigt. Häufig muss eine rechtliche Prüfung durch die Juristen des Hauses erfolgen und auch die Markenabteilung möchte eventuell hinsichtlich des Designs ein Wort mitreden. Sogar ein Betriebsrat wird bei manchen Erklärvideos beteiligt werden müssen.

Auf der Seite des internen oder externen Auftragnehmers sind für die Produktion des Erklärvideos die folgenden Rollen typischerweise zu besetzen:

▶ **Projektmanager**: Er ist für die operative Steuerung bei der Erstellung des Erklärvideos verantwortlich und dient dem Projektleiter als zentraler Ansprechpartner. Er koordiniert die Rollen auf Seiten des Auftragnehmers und bündelt die Kommunikation zum Projektleiter. Er hat den Zeit- und Kostenplan im Blick und informiert bei Abweichungen den Projektleiter.

▶ **Konzeptioner**: Dieser erstellt das Konzept für das Erklärvideo und setzt dabei die Ideen des Kunden um. Seine Aufgabe ist die Erstellung der Storyline, darüber hinaus gibt er die Empfehlung für den Stil und das Design.

▶ **Texter**: Der Texter erstellt den Text für das Voice-Over. Da diese Aufgabe eng mit der Konzeption verbunden ist, ist eine gute Zusammenarbeit von Konzeptioner und Texter nötig. Häufig sind bei der Erstellung von Erklärvideos die Aufgaben von Konzeptioner und Texter in einer Person gebündelt.

▶ **Sprecher**: Er spricht das vom Texter entworfene Voice-Over nach den Vorgaben des Konzeptioners hinsichtlich Geschwindigkeit und Tonalität ein.

▶ **Grafik-Designer**: Der Grafiker erstellt die notwendigen Elemente und Charaktere auf Basis der vom Konzeptioner erstellten Storyline.

▶ **Audio-Designer**: Der Audio-Designer wählt die musikalische Untermalung und die Soundeffekte aus und mischt diese mit dem Voice-Over.

▶ **Produktioner**: Der Produktioner setzt die Grafiken und Audio-Elemente zusammen und animiert und produziert das fertige Video.

Je nach Umfang des Projekts kann es auch noch weitere Rollen geben, wie zum Beispiel den Rechercheur, der notwendige Inhalte aus den unterschiedlichen Quellen zusammenträgt. Wurde statt eines animierten Erklärvideos der Live-Action-Stil gewählt, so sind nochmals viele weitere Rollen erforderlich, unter anderem Schauspieler und Kameraleute.

An der Erstellung des Erklärvideos sind nicht nur viele Akteure beteiligt, der Prozess ist zudem nicht linear. Sie werden in mehreren Runden das Ergebnis verfeinern, bevor alle Beteiligten begeistert sind. Damit die Rollen zu einem Erfolgsteam zusammenwachsen, sind nach meiner Erfahrung diese Hinweise hilfreich:

▶ **Eindeutige Definition der Verantwortlichkeiten**: Legen Sie die Rollen genau fest. Für die Rollen des Projektleiters und Projektmanagers gilt dabei jeweils: Es kann nur einen geben!

▶ **Realistische Planung umsetzen**: Machen Sie realistische Pläne. Auftragnehmer und Auftraggeber sollten Zusagen auch einhalten!

▶ **Regelmäßiger persönlicher Austausch**: Ob physisch oder virtuell, treffen Sie sich und reden Sie miteinander. Die Erstellung des Erklärvideos ist ein kreativer Prozess!

▶ **Schriftliche Zwischenergebnisse und Freigaben**: „Wer schreibt, der bleibt", heißt es im Volksmund. Auch in einem kreativen Prozess sollten Freigaben schriftlich erteilt werden.

▶ **Klares, konstruktives Feedback**: Halten Sie mit Ihrer Meinung nicht hinter dem Berg, das wird die Qualität des Erklärvideos verbessern. Aber bleiben Sie freundlich und konstruktiv!

Zum Abschluss noch ein Hinweis für „das erste Mal": Während externe Dienstleister täglich Erklärvideos erstellen, sind Sie in Ihrem Unternehmen vielleicht der Erste, der sich mit der Produktion eines Erklärvideos beschäftigt. Das kann Vor- aber auch Nachteile haben. Vielleicht haben Sie mehr Freiheiten, weil es noch keine Richtlinien für das Design und den Einsatz von Erklärvideos gibt. Eventuell haben Sie aber auch eine besondere Aufmerksamkeit auf Seiten der Zulieferer und der Entscheider, so dass Sie schneller unterstützt werden.

Doch vielleicht führt auch gerade diese Innovation zu mehr Vorbehalten, langsameren Entscheidungen und sogar Widerständen. In diesem Fall werden Sie feststellen, dass die Erstellung des Videos der einfachste Teil Ihrer Aufgabe ist. Die eigentliche Herausforderung besteht dann darin, dass Video „zu verkaufen", um die Akzeptanz und Zustimmung zu erhalten. Sie sollten versuchen Verbündete in anderen Bereichen zu gewinnen. Gemeinsam mit diesen können Sie dann Entscheider wie Vetomächte überzeugen. Wichtig ist es dabei, Beteiligte und Betroffene so früh wie möglich einzubinden. Dabei werden Sie nach meiner Erfahrung fast immer auf positives Feedback stoßen, denn die Vorteile von Erklärvideos sind nicht nur offensichtlich, sie sprechen sich auch zunehmend herum.

33 | SELBERMACHEN ODER PRODUZIEREN LASSEN?

Sollten Sie Ihr Erklärvideo mit Bordmitteln erstellen oder sollten Sie es an einen externen Auftraggeber outsourcen? Dies ist keine rhetorische Frage, denn in den allermeisten Fällen werden Sie für die Erstellung des Erklärvideos nicht auf ein dediziertes Team innerhalb Ihres Unternehmens zurückgreifen können.

In einer Befragung aus dem Jahr 2018 gaben rund ein Viertel (27 %) der Unternehmen an, Videos vorwiegend mit externen Ressourcen zu erstellen. Etwas mehr (29 %) verwendeten eine Kombination aus internen und externen Ressourcen, der Rest (44 %) griff ganz oder überwiegend auf interne Ressourcen zurück [Demand Metric 2018:30]. Allerdings ging es hier um jegliche Nutzung von Videos im Marketing und Vertrieb, dazu gehörten zum Beispiel auch Webinare. Außerdem waren auch viele kleine Unternehmen an der Befragung beteiligt.

Bevor Sie die Entscheidung treffen, sollten Sie verschiedene Kriterien für sich beleuchten, die die Wahl vielleicht vereinfachen:

► **Know-how**: Ich weiß ja nicht, wie es Ihnen geht, aber ich bin bei aller Kreativität kein Designer. Die Illustrationen in diesem Buch, genau wie das Design des Layouts und die Gestaltung des Titelbilds, habe ich beauftragt. Bevor Sie also in die Eigenproduktion einsteigen, sollten Sie sich fragen, welche Fähigkeiten bei Ihnen und gegebenenfalls in Ihrem Team vorhanden sind - und vor allen Dingen, was Sie nicht können.

▶ **Betriebsblindheit**: Dies ist fast die Umkehrung des vorherigen Punkts. Denn wenn Sie Dinge wirksam auf den Punkt bringen wollen, dann kann auch zu viel Wissen schaden. Ihnen fehlt eventuell die nötige Distanz zu Ihrem Thema, so dass es Ihnen schwerfällt, die wirklich wichtigen Inhalte von den weniger wichtigen Punkten zu trennen.

▶ **Kosten**: Sobald Sie das Video nicht selbst mit Bordmitteln produzieren, werden auf jeden Fall Kosten für den externen Auftrag anfallen. Diese hängen in der Höhe wiederum davon ab, welchen Typ von Dienstleister Sie auswählen (vgl. Kapitel 34). Aber auch bei der Eigenerstellung des Erklärvideos können neben den Aufwendungen für interne Personalressourcen weitere Kosten anfallen, zum Beispiel für die Nutzung einer Software, die Lizenzierung von Hintergrundmusik oder den Einkauf von Einzelleistungen, wie einen externen Sprecher, falls Sie das Voice-Over nicht selbst sprechen wollen. In diesem Zusammenhang sollten Sie sich auch fragen, wie häufig Sie Erklärvideos erstellen wollen.

▶ **Mitwirkung**: Falls Sie sich entscheiden, das Erklärvideo selbst zu erstellen, ersetzen Sie externe Kosten durch Ihre eigene Zeit. Je nachdem, wie viele der Aufgaben Sie selbst übernehmen, steigt oder sinkt Ihr Eigenanteil. Doch selbst wenn Sie das Projekt komplett outsourcen, werden Sie für das Briefing und die Freigaben Zeit investieren müssen. Ihr Aufwand für die Koordination und die Produktion ist dann jedoch deutlich geringer.

▶ **Produktionszeit**: Wenn Ihr Erklärvideo zu einem bestimmten Termin fertig werden muss, dann kann auch die Produktionszeit entscheidend werden. Auf der einen Seite können Sie ein selbstgefilmtes Live-Action-Video, bei Aufgabe des Qualitätsanspruchs, vielleicht in wenigen Stunden fertigstellen. Auf der anderen Seite kann Ihnen ein externer Dienstleister mit viel Erfahrung auch wesentliche Teile der Produktion abnehmen und den Gesamtprozess im Vergleich zu einer Eigenproduktion deutlich beschleunigen. Wie lange die Produktion eines Erklärvideos denn nun dauert? Das hängt von vielen Faktoren, vor allen Dingen aber von der Geschwindigkeit Ihrer Freigaben ab. Ich habe für Kunden schon Erklärvideos in drei Tagen produziert, das war aber für alle keine entspannte Zeit. Wenn viele interne Abstimmungsschleifen beim Kunden nötig sind, dann hat es auch schon mal drei Monate gedauert. In der Regel beträgt die Produktionszeit ungefähr drei Wochen.

▶ **Komfort**: Wie viel Unterstützung und Komfort möchten Sie im Erstellungsprozess erhalten? Wenn Sie einen Dienstleister auswählen, dann wird er wahrscheinlich versuchen, Sie optimal zu betreuen und durch den Erstellungsprozess zu führen. Bei der Eigenerstellung oder der Zusammenarbeit mit Freiberuflern werden Sie viel an Koordinationsaufwand leisten müssen. Das kostet nicht nur Zeit, sondern vermindert auch den Komfort.

▶ **Sicherheit**: Bei Beauftragung eines guten externen Dienstleisters werden Sie mit hoher Sicherheit in der versprochenen Zeit das gewünschte Erklärvideo erhalten. Ganz anders sieht das aus, wenn Sie, neben Ihrer normalen Arbeit, selbst oder mit einer Gruppe von Freiberuflern versuchen, das Erklärvideo zu erstellen. Auch das Thema Lizenzierung von Bild- und Audio-Rechten müssen Sie im Zusammenhang mit der Sicherheit im Blick haben.

▶ **Qualität**: Im Vergleich zum selbsterstellten Video wird ein Dienstleister fast immer eine höhere Qualität liefern können. Die Erstellung der Erklärvideos ist typischerweise das Kerngeschäft des Anbieters, daher ist er eher mit den aktuellsten Trends und Entwicklungen vertraut und kann dieses Know-how in die Produktion einfließen lassen. Die Frage ist jedoch, ob Sie diese Qualität eigentlich benötigen und wie hoch die zusätzlichen Kosten sind. Außerdem hängt die Qualität des Dienstleisters sowohl von Ihrem Briefing und Feedback als auch von seiner Erfahrung und seinem Engagement ab.

Es lässt sich also keine generelle Empfehlung für das „Make" oder das „Buy" aussprechen. Zumal Sie auch nicht nur zwei Optionen haben, sondern fünf. Denn Sie können das Erklärvideo selbst erstellen, mit Freelancern gemeinsam produzieren, von einem spezialisierten Dienstleister oder einer Marketingagentur kreieren lassen oder eventuell sogar von der Stange kaufen. Im Folgenden Sie diese fünf Optionen mit Ihren Vor- und Nachteilen detailliert erklärt. Ein Zusammenfassung finden Sie in der Tabelle am Schluss dieses Kapitels.

1. Eigenproduktion

Ben Marvazi beschreibt es als „The slippery swamp of self-production" [Marvazi 2017], doch so negativ würde ich die Eigenproduktion nicht beurteilen. Natürlich müssen Sie für ein professionelles Ergebnis viel Zeit und Mühe investieren und wahrscheinlich werden Sie im Laufe des Prozesses einige Fehler machen. Auf der anderen Seite kann es auch viel Spaß machen das Erklärvideo selbst zu kreieren und bei einem sehr engen Kostenrahmen, ist es vielleicht sogar die einzige Möglichkeit.

Schreiben Sie also das Briefing für sich selbst, um den Fokus in die richtige Richtung zu lenken. Dann überlegen Sie sich die geeignete Storyline und schreiben Ihr Skript. Wahrscheinlich ist es für das Design am besten, eines der Angebote aus der Cloud zu nutzen, dort gibt es Software, die Ihnen für wenig Geld die Erstellung eines kompletten Whiteboard- oder 2D-Animations-Videos inklusive der Elemente, Charaktere und der Audio-Effekte ermöglicht. Sollten Sie auch das Voice-Over selbst sprechen wollen, investieren Sie dafür bitte in ein gutes Mikrofon. Wahrscheinlich wird Ihr Erklärvideo nicht das Niveau eines professionellen Anbieters erreichen, aber für manche Zwecke benötigen Sie dieses Qualität auch nicht.

Sie müssten für das Erklärvideo unterschiedlichste Fähigkeiten beherrschen und sind bei der Erstellung der Storyline wahrscheinlich zu nah am eigenen Thema, dafür ist es die mit Abstand günstigste Möglichkeit, das Erklärvideo zu erstellen. Sie erkaufen sich das mit viel persönlicher Arbeit und wenig Komfort, dafür kann es manchmal sogar recht schnell gehen. Wie lange Sie wirklich brauchen, ist allerdings unklar und wie gut das Ergebnis wird, hängt von Ihren Fähigkeiten und der investierten Zeit ab.

Meiner Meinung nach ist die Eigenproduktion für den persönlichen Gebrauch, die Nutzung in der Schule oder im Studium und manchmal auch für den internen Gebrauch im Unternehmen geeignet. Außerdem ist eine Eigenproduktion sinnvoll, um den Prozess der Erstellung zu verstehen. Für den professionellen Einsatz im Marketing ist sie eher nicht zu empfehlen.

2. Freelancer

Um nochmals Ben Marvazi zu zitieren, er nennt es „The fearsome forest of freelancers" [Marvazi 2017]. Doch auch in diesem Fall wäre meine Bewertung etwas positiver, denn die Zusammenarbeit mit Freelancern hat auch Vorteile!

Im Gegensatz zur Eigenproduktion übernehmen Sie hier nur das Projektmanagement selbst und lassen die einzelnen Arbeitsschritte von verschiedenen freiberuflich tätigen Spezialisten erledigen. Durch die entsprechenden Plattformen ist die Suche nach Freelancern einfacher geworden und da diese dort typischerweise auch Arbeitsproben zeigen und es in den meisten Fällen auch Bewertungssysteme gibt, können Sie auch die Qualität schon im Vorfeld der Zusammenarbeit einschätzen. Da Sie aber die Fäden in der Hand halten, müssen Sie auch jetzt genau verstehen, wie ein Erklärvideo entsteht, um die verschiedenen Gewerke optimal koordinieren zu können. Und wahrscheinlich wird auch das Jonglieren mit Zeitplänen nötig sein, denn nicht immer liefern alle freiberuflichen Auftragnehmer auch wirklich zum versprochenen Zeitpunkt.

Sie müssen nicht alle Spezialfähigkeiten beherrschen und auch nicht die perfekte Stimme für das Voice-Over haben, trotzdem brauchen Sie viel Know-how in der Erstellung von Erklärvideos. Bei der Erstellung der Strategie können Freelancer helfen, dafür steigen natürlich die Kosten im Vergleich zur Eigenproduktion. Sie müssen viel Zeit in die Koordination investieren und auch die Produktionsdauer wird durch den Abstimmungsaufwand nicht verkürzt. Komfort und Sicherheit sind gering, dafür ist es durchaus möglich gute Qualität zu erzielen.

Nach meiner Einschätzung ist die Zusammenarbeit mit Freelancern nur dann ratsam, wenn Sie viel Erfahrung bei der Erstellung von Erklärvideos haben und die volle Kontrolle über jeden Schritt haben oder nur einzelne Gewerke wie das Erstellen von Grafiken oder das Sprechen von Voice-Overs outsourcen wollen. Für die Erstellung von Erklärvideos für Unternehmen ist der Koordinationsaufwand meist zu hoch.

3. Spezial-Dienstleister

Die dritte Möglichkeit besteht in der Zusammenarbeit mit einem auf die Erstellung von Erklärvideos spezialisierten Anbieter. Durch die Erfahrung aus vielen Hunderten oder gar Tausenden von Erklärvideo-Produktionen führt ein solcher Spezialist Sie (hoffentlich) komfortabel durch die Produktion Ihres Videos.

Ihre Arbeit beschränkt sich daher auf die Auswahl des für Ihre Zwecke richtigen Anbieters, das Erstellen des Briefings sowie die Koordination des Feedbacks. Selbst diese Arbeit kann, gerade beim ersten Mal, noch aufwendig sein, sollte aber deutlich weniger Zeit beanspruchen als die Eigenproduktion oder die Koordination von Freelancern. Insbesondere die Auswahl ist eventuell aufwendig, da es eine Vielzahl von Anbietern gibt, von denen die meisten nicht die komplette Bandbreite anbieten, sondern auf bestimmte Stile spezialisiert sind.

Im Gegensatz zur Eigenproduktion oder Zusammenarbeit mit Freelancern brauchen Sie kaum Know-how, auch wenn dieses natürlich nicht schadet. Der Dienstleister wird Ihr Briefing intensiv hinterfragen, um die optimale Storyline für Ihren Zweck zu erstellen. Die Kosten sind meist angemessen und Ihre Mitwirkung ist zwar wichtig, aber zeitlich nicht so umfangreich. Durch die Standardisierung kann die Produktionszeit kurz gehalten werden, darunter leidet manchmal allerdings auch die Individualität, sowohl im Prozess als auch in der Kreation. Dafür ist es sehr wahrscheinlich, dass Sie das Erklärvideo in dem versprochenen Zeitrahmen und in der definierten Qualität erhalten.

Nach meiner Erfahrung ist die Nutzung von Spezial-Agenturen für Unternehmen ideal und für fast alle Fälle die beste Wahl. Sie bieten ein zumeist sehr gutes Preis-/Leistungsverhältnis und auch absolut gesehen ein sehr ordentliches Qualitätsniveau. Wenn Sie ganz außergewöhnliche Anforderungen an die kreative Umsetzung haben, kann allerdings die Zusammenarbeitet mit einer Marketing-Agentur Vorteile aufweisen.

4. Marketing-Agentur

Immer mehr klassische Agenturen bieten inzwischen ebenfalls die Produktion von Erklärvideos an. Durch die breite Aufstellung sind bei diesen Erklärvideos aber häufig nur ein Nebenprodukt, die Stärke liegt in der ganzheitlichen Betreuung der werblichen Aktivitäten. Ähnlich wie bei der Zusammenarbeit mit einem Spezial-Dienstleister müssen Sie das Briefing erstellen und für das Feedback an die Agentur sorgen. Den Auswahlprozess können Sie sich sparen, zumindest wenn Sie Ihre Stammagentur beauftragen. Dadurch sparen Sie nicht nur die Zeit für die Selektion, sondern auch bei der Einarbeitung, denn Ihre Stammagentur sollte Ihr Unternehmen und Ihre Themen kennen.

Wahrscheinlich wird Ihre Marketing-Agentur weniger Erfahrung in der Produktion von Erklärvideos haben, dafür kennt sie Ihr Unternehmen sehr gut und kann ohne lange Einarbeitung schnell in die Erstellung der Storyline einsteigen. Und sie kann dafür sorgen, dass das Erklärvideo perfekt zu den sonstigen Marketing-Aktivitäten passt. Klassische Marketing-Agenturen haben viel Erfahrung bei der Produktion von Werbespots und dadurch mit dem Live-Action-Stil. Und sie sind echte Kreativ-Agenturen, die auch mit ganz außergewöhnlichen Ideen punkten, auf die ein Spezial-Dienstleister wahrscheinlich nicht gekommen wäre. Dafür wird die Erstellung des Erklärvideos wahrscheinlich sogar deutlich teurer sein, zumal Marketing-Agenturen meist nicht auf Festpreis, sondern auf Stundenbasis abrechnen.

Meiner Meinung nach lohnt sich die Zusammenarbeit mit Marketing-Agenturen nur für große und eventuell noch mittlere Unternehmen und auch nur dann, wenn die vorhandene Stammagentur Erklärvideos anbietet. In diesem Fall können dann ganz außergewöhnliche Videos entstehen, allerdings auch mit einem entsprechenden Preisschild.

5. Archiv-Anbieter

Wenn es um Ihr Unternehmen oder Ihr Produkt geht, gemeinhin um die Anwendungen in Marketing, Vertrieb und Service, werden Sie wahrscheinlich nicht umhin kommen, Ihr individuelles Erklärvideo zu produzieren. Bei anderen Themen, insbesondere in der Mitarbeiter-Entwicklung gibt es aber durchaus die Möglichkeit, auf Archive von fertigen Erklärvideos zuzugreifen und diese für den Gebrauch in Ihrem Unternehmen zu lizenzieren.

Ein typisches Beispiel könnte eine Schulung zu einem regulatorischen Thema wie Geldwäsche oder Lebensmittelhygiene sein. Die Inhalte sind hier nicht unternehmensspezifisch, sondern durch Gesetze oder Verordnungen festgelegt.

Sie können also aus dem Fundus eines Anbieter die für Sie relevanten Videos auswählen. Gegebenenfalls lassen Sie diese auf Ihr Corporate Design anpassen oder lassen, natürlich gegen Aufpreis, das Video auch noch inhaltlich ändern.

Ihr Vorteil: Sie sparen nicht nur Kosten, sondern vor allen Dingen viel Zeit, denn Sie können sich den Erstellungsprozess sparen. Allerdings ist das Ergebnis nicht so individuell auf Ihr Unternehmen zugeschnitten wie Ihr eigenes Erklärvideo.

Ich finde, dass diese Methode viel zu selten in Betracht gezogen wird, möglicherweise aus mangelnder Kenntnis oder weil immer nach der individuellen Lösung gesucht wird. Bei standardisierten Themen ist dieser Weg aus meiner Sicht allen anderen Wegen überlegen. Aber er funktioniert eben leider auch nur bei den Themen, die wirklich branchen- oder wirtschaftsübergreifend gleich sind.

Tabelle: Kriterien „Make or Buy"

	Eigen-produktion	Freelancer	Spezial-Dienstleister	Marketing-Agentur	Archiv-Anbieter
Know-How	- -	-	+ +	+	+ +
Betriebsblindheit	- -	o	+ +	+ +	n. n.
Kosten	+ +	o	o	- -	+
Mitwirkung	- -	- -	+ +	+	+ +
Produktionszeit	o	-	+ +	+	+ +
Komfort	- -	- -	+	+ +	+ +
Sicherheit	-	- -	+ +	+ +	+ +
Qualität	-	o	+	+ +	o

34 EXKURS: DIE AUSWAHL DES RICHTIGEN DIENSTLEISTERS

Falls Sie sich für die Zusammenarbeit mit einem externen Dienstleister und damit gegen die Eigenproduktion entschieden haben, dann stehen Sie nun natürlich vor der Qual der Wahl, den richtigen Anbieter auszuwählen. Und auch wenn ich selbst beim Schreiben überrascht war, dieses ist das längste Kapitel im ganzen Buch. Wahrscheinlich ist das aber auch richtig so, denn die Selektion des für Sie richtigen Anbieters ist für den weiteren Projekterfolg entscheidend. Falls Sie sich dafür entschieden haben, Ihr Erklärvideo selbst zu produzieren, dann können Sie dieses Kapitel natürlich auch einfach überspringen.

Aufgrund der Vielzahl und der sehr unterschiedlichen Positionierung der Anbieter ist die Auswahl nicht einfach. Gehen Sie daher bitte systematisch vor und geben Sie sich selbst die notwendige Zeit. Diese ist nicht nur gut investiert, wahrscheinlich erhalten Sie die jetzt investierte Zeit durch einen problemlosen Projektablauf sogar wieder zurück. Auf jeden Fall aber wird das Ergebnis, sprich Ihr fertig produziertes Erklärvideo, besser sein!

Im Folgenden stelle ich Ihnen zunächst kurz den Prozess zu Auswahl des Anbieters vor. Im Anschluss finden Sie dann eine detaillierte Aufstellung der Kriterien für die Auswahl, die sowohl als kommentierter Text als auch ganz am Ende als übersichtliche Checkliste vorliegt.

In fünf Schritten zum perfekten Partner

Die gute Nachricht: Den ersten Schritt haben Sie mit der Erarbeitung des Briefings schon weitgehend erledigt. Viele relevante Entscheidungskriterien wie Erklärvideo-Stil, Budget und Zeitrahmen haben Sie ja schon definiert. Zur Vervollständigung der **Anforderungsdefinition** ergänzen Sie Kriterien auf Basis der Checkliste, die Sie am Ende dieses Kapitels finden. Legen Sie, wenn möglich gleich K.-o.-Kriterien fest, dieses sind die Aspekte, die Ihnen besonders wichtig sind und die einen Anbieter ausschließen, wenn sie nicht erfüllt sind.

Im zweiten Schritt erstellen Sie mittels einer Marktrecherche eine sogenannte „**Longlist**" der möglichen Anbieter. Die wesentliche Quelle der Longlist wird dabei das Internet sein, insbesondere die Webseiten der möglichen Anbieter, eventuell haben Sie aber auch Empfehlungen von anderen Unternehmen erhalten. Eine guter Ansatzpunkt kann auch die Suche nach Erklärvideos sein: Bei denen, die Ihnen besonders gefallen, versuchen Sie die Anbieter ausfindig zu machen, die die Videos erstellt haben. Fragen Sie gegebenenfalls einfach beim beauftragenden Unternehmen nach, im Zweifelsfall erhalten Sie so gleich eine Referenz. Ganz wichtig: Tragen Sie in Ihre Longlist auch gleich die K.-o.-Kriterien mit ein, denn die benötigen Sie im nächsten Schritt.

Um dann in Schritt Nummer drei von der Longlist auf die sogenannte **Shortlist** zu kommen, müssen die Anbieter die K.-o.-Kriterien erfüllen. Gute K.-o.-Kriterien sind zum Beispiel die angebotenen Erklärvideo-Stile, der Sitz des Anbieters, die Anzahl der bereits produzierten Videos und der Eindruck auf Basis der Webseite und der dort gezeigten Beispiele. Der Preis wäre ebenfalls hervorragend als K.-o.-Kriterium geeignet, allerdings machen die meisten Anbieter keine Kostenangaben auf Ihrer Webseite. Die Shortlist sollte nicht mehr als drei bis fünf Anbieter umfassen, denn sonst haben Sie im nächsten Schritt zu viel Arbeit.

Der vierte und vorletzte Schritt, die **Auswahl** des Favoriten, wird am meisten Zeit benötigen. Sie sollten nun jeden Anbieter auf der Shortlist kontaktieren, sich weitere Informationen sowie ein Angebot zusenden lassen und ein Gespräch mit ihm führen. Viele der Anbieter werden Ihnen ein Online-Meeting vorschlagen, das ist in dieser Branche üblich, also wundern Sie sich bitte nicht darüber. Bevor Sie das Gespräch führen, sollten Sie auf Basis des Kriterienkatalogs Ihre Fragen zusammenstellen, die Sie im Laufe des Gesprächs beantwortet haben möchten. Vielleicht senden Sie dem Anbieter die Fragen sogar im Vorfeld zu, damit er sich optimal auf Sie vorbereiten kann. Achten Sie bei jedem Kontakt genau darauf, wie schnell der Anbieter reagiert und wie er auf Ihre Wünsche eingeht, denn damit können Sie wieder einige Fragen des Kriterienkatalogs beantworten.

Womit Sie dann beim fünften und letzten Schritt des Auswahlprozesses angekommen wären: Der **Entscheidung**! Wenn Sie ganz genau vorgehen wollen, können Sie auf der Basis der Antworten und Ihrer Einschätzung der Relevanz einzelner Kriterien eine Nutzwertanalyse vornehmen. Wahrscheinlich hat sich der Favorit aber im Laufe der Gespräche fast automatisch ergeben. Wenn nicht, dann können Sie mit den letzten ein oder zwei Anbietern noch einen kleinen Workshop, online oder vor-Ort, durchführen. Spätestens dann sollten Sie erkennen, mit welchem Anbieter Sie zusammenarbeiten wollen. Eine persönliche Anmerkung: Bei aller Liebe für die harten Fakten sollten Sie auch auf Ihren Bauch hören. Denn Sie sollen im Laufe der folgenden Wochen vertrauensvoll mit dem Anbieter zusammenarbeiten. Und da ist Ihr Bauchgefühl ein K.-o.-Kriterium.

Die 8 mal 8 Kriterien

Der soeben beschriebene Prozess der Anbieterauswahl basiert auf den Kriterien, die Sie im Folgenden finden. Bitte gehen Sie diesen Katalog genau durch und streichen Sie Kriterien, die für Sie nicht relevant sind, wie zum Beispiel die Kompetenz der Übersetzung von Erklärvideos. Auf der anderen Seite können Sie natürlich auch Kriterien ergänzen, die für Sie ausschlaggebend sind.

1. Kreativität

Es sind bereits Millionen von Erklärvideos veröffentlicht worden, deswegen ist es so wichtig, dass Ihr Erklärvideo außergewöhnlich wird. Die Grundlage dafür ist die kreative Qualität des von Ihnen ausgewählten Anbieters. Diese können Sie mit den folgenden Fragen beurteilen:

▶ **Welche Erklärvideo-Stile werden angeboten?**
Viele Anbieter sind auf einen oder einige wenige Stile spezialisiert. Je mehr Stile der Anbieter im Angebot hat, desto höher ist die Wahrscheinlichkeit, dass auch Ihr gewünschter Stil dabei ist. Eine breite Auswahl an Stilen zeigt aber auch, dass der Anbieter Erfahrung hat und auf die Wünsche der Kunden individuell eingehen kann.

▶ **Gibt es für jeden angebotenen Stil beispielhafte Videos?**
Schauen Sie sich für jeden der angebotenen Stile Beispiele an. Falls Sie diese nicht auf der Webseite des Anbieters finden, dann lassen Sie sich diese unbedingt zeigen.

▶ **Wie originell sind die erzählten Geschichten?**
Vergleichen Sie die Storylines in den Beispielvideos, um zu sehen, wie individuell der Anbieter arbeitet. Wenn jedes der Videos mit „Dies ist Bob. Bob hat

ein Problem ..." beginnt, dann sollten Sie sich vielleicht nach einem anderen Anbieter umschauen.

▶ **Wie gut ist die kreative Umsetzung der Storylines?**
Beurteilen Sie, wie gut die grafische Umsetzung und die Audio-Unterstützung zum Thema, der jeweiligen Storyline und zum auftraggebenden Unternehmen passt. Sie sollten bei jedem einzelnen Video das Gefühl haben, es unbedingt bis zum Ende anschauen zu wollen. Und auch hier gilt wieder: Vergleichen Sie Beispiele, wenn die gleichen visuellen Elemente oder die identische Musik in jedem Video verwendet werden, dann suchen Sie alternative Anbieter.

▶ **Wie ist die Produktionsqualität der Beispielvideos?**
Es reicht nicht, kreative Ideen zu haben, auch die handwerkliche Umsetzung ist für den Erfolg des Erklärvideos wichtig. Beurteilen Sie, wie detailliert die Elemente und Charaktere ausgearbeitet sind, wie gut die Aufnahmequalität des Voice-Overs ist und wie flüssig animiert wurde.

▶ **Wie gut wird das Corporate Design in die Erklärvideos integriert?**
Wenn Ihr Erklärvideo in Ihrem Corporate Design erstellt werden soll oder zumindest einzelne Elemente aus Ihrem CD verwendet werden sollen, dann bewerten Sie die Beispielvideos auch in dieser Hinsicht. Fordern Sie im Zweifelsfall entsprechende Videos extra an!

▶ **Werden die Grafiken und Charaktere für Ihr Video individuell erstellt?**
Zumindest beim Einsatz in Marketing, Vertrieb und Service sollte sich Ihr Video von denen der Wettbewerber deutlich unterscheiden. Fragen Sie also, ob die Elemente des Videos individuell für Sie kreiert werden, oder ob dafür Templates oder Bibliotheken genutzt werden.

▶ **Passt die kreative Handschrift des Anbieters zum Unternehmen?**
Etwas schwerer zu beurteilen, eher auf Ihrem Bauchgefühl basierend, aber nicht weniger wichtig: Jeder Anbieter entwickelt im Laufe der Zeit eine ganz bestimmte Charakteristik. Und Sie sollten das Gefühl haben, dass diese zu Ihrem Unternehmen passt.

2. Kompetenz

Beim Anschauen der Beispielvideos haben Sie schon viel über die Kompetenz der Mitarbeiter gelernt. Einiges ist aber nicht auf den ersten Blick erkennbar, daher sollten Sie mit diesen Fragen herausfinden, wie es um das Know-how und die Erfahrung der Mitarbeiter bestellt ist:

▶ **Welche Erfahrungen hat der Anbieter in Ihrer Branche?**
Der Anbieter sollte, wenn möglich, schon Erfahrungen in Ihrer Branche gesammelt haben. Er versteht so die speziellen Anforderungen und auch den
spezifischen Jargon - und Sie vermindern das Risiko. Im Gegensatz zu echten
Kreativagenturen muss hier auch kaum über den Ausschluss von Wettbe-
werben nachgedacht werden, denn es gibt nicht die „eine" große Idee, die
nicht kopiert werden soll.

▶ **Welche Erfahrungen hat der Anbieter mit Ihrem Thema?**
Analog ist es auch interessant zu erfahren, ob der Anbieter Ihr spezifisches
Thema vielleicht schon für andere Kunden umgesetzt hat, eventuell auch in
anderen Branchen. Denn auch hier gilt: Die vorhandene Erfahrung vermindert die Einarbeitungszeit und erhöht die Qualität.

▶ **Welche Kompetenz haben die Mitarbeiter in Konzeption und Text?**
Der Erfolg Ihres Videos hängt von einer exzellenten Storyline ab. Fragen Sie,
welche Erfahrungen der Konzeptioner hat und ob er auch das Voice-Over
schreibt oder ob es spezielle Texter gibt.

▶ **Wie ist es um die grafische Kompetenz der Mitarbeiter bestellt?**
Einen ersten Eindruck haben Sie schon mit den Beispielvideos erhalten, aber
auch hier gilt: Fragen Sie explizit nach der Ausbildung der Mitarbeiter in Design und Animation. Ein Zeichen für hohe Kompetenz können zum Beispiel
gewonnene Kreativwettbewerbe sein.

▶ **Wie gut ist die Audio-Kompetenz des Anbieters und der Mitarbeiter?**
In erster Linie ist hier eine gute Auswahl an Sprechern wichtig. Qualität geht
dabei vor Quantität, lassen Sie sich auf jeden Fall Sprachproben mehrerer
Sprecher geben. Auch das Know-how und die Auswahl im Bereich der musi-
kalischen Untermalung und der Soundeffekte ist wichtig.

▶ **Hat der Anbieter internationale Erfahrung?**
Falls Sie Ihr Erklärvideo in mehreren Sprachen benötigen, ist dies ein ganz
wichtiges Entscheidungskriterium. Fragen Sie, ob Übersetzungen möglich
sind, ob die Übersetzung durch Muttersprachler erfolgt und welche Optionen es bei Sprechern in anderen Sprachen gibt. Lassen Sie sich Beispiele
zeigen!

▶ **Welche technische Kompetenz hat der Anbieter?**
Gerade bei aufwendigen Erklärvideos im 3D-Animation-Stil ist die technische Kompetenz des Anbieters besonders relevant. Von den genutzten Programm kann auch abhängen, welche Stile ein Anbieter überhaupt erstellen

kann. Fragen Sie auf jeden Fall auch, in welchen Datei-Formaten Sie Ihr Erklärvideo erhalten können.

▶ **Welche soziale Kompetenz haben die Mitarbeiter?**
Diese Frage können Sie nicht direkt stellen, aber sicherlich können Sie sie
nach den Gesprächen im Auswahlprozess beantworten, indem Sie darauf
achten, wie die Mitarbeiter mit Ihnen und untereinander umgehen. Sie wollen schließlich vertrauensvoll mit diesen zusammenarbeiten und vielleicht
sogar Spaß dabei haben.

3. Beratung

Die persönliche Beratung durch den Dienstleister stellt sicher, dass Ihre Wünsche umgesetzt werden und Sie die richtigen Entscheidungen vor, während und
nach der Produktion des Erklärvideos treffen. Die folgenden Fragen helfen, die
Beratungskompetenz zu prüfen:

▶ **Wie gut ist die Beratung während der Auswahlphase?**
Die Beratung vor dem Abschluss des Vertrags kann Ihnen bereits einen guten Eindruck liefern. Wenn der Anbieter schon jetzt nur von seiner Lösung
erzählt, aber nicht nach Ihren Vorstellungen fragt, sollten Sie lieber gleich
einen anderen Anbieter auswählen.

▶ **Wie unterstützt der Anbieter Sie beim Briefing?**
Hilft Ihnen der Anbieter beim Briefing mit einem gut strukturierten Formular, in das er eventuell sogar schon die vorhandenen Informationen einträgt,
dann zeugt dies von guter Beratung - genau wie die Durchführung eines
Re-Briefings um sicherzustellen, dass er alles richtig verstanden hat.

▶ **Werden Sie bei der Auswahl des richtigen Stils beraten?**
Sich für den richtigen Erklärvideo-Stil zu entscheiden, ist gar nicht so einfach.
Wichtig ist es hier, auf die Erfahrung des Anbieters vertrauen zu können,
denn eine falsche Entscheidung kann teuer werden.

▶ **Wird die Erstellung der Storyline interaktiv durchgeführt?**
Natürlich erstellt der Anbieter den ersten Entwurf einer Storyline für Ihr Erklärvideo. Danach geht es aber erst richtig los, denn Sie müssen entscheiden, ob die richtigen Argumente gebracht werden und ob der Call-To-Action
optimal ist. Wie unterstützt der Anbieter Sie in diesem Schritt?

▶ **Hilft Ihnen der Anbieter, die Kreationsentscheidung zu treffen?**
Nach der Auswahl des Stils und der Fertigstellung der Storyline sind noch

viele weitere Entscheidungen zu treffen, u. a. müssen Sie den Voice-Over-Sprecher und die Musik auswählen. Wie gut berät Sie der Anbieter, damit Sie die richtige Wahl treffen können?

▶ **Berät Sie der Anbieter auch beim Einsatz des Erklärvideos?**
Häufig hört die Unterstützung auf, wenn das Erklärvideo fertig produziert ist. Wichtig wäre aber, dass der Anbieter Sie auch in der Nutzungsphase, zum Beispiel bei der Vermarktung berät. Er sollte über Erfahrung bei der Veröffentlichung, dem Hosting und der Bewerbung verfügen.

▶ **Haben die Mitarbeiter ausreichend Zeit für die persönliche Beratung?**
Die Kompetenz der Mitarbeiter des Anbieters hilft Ihnen nicht, wenn diese nicht auch die Zeit für die Beratung erhalten. Da meist ein Festpreis vereinbart wird, versuchen manche Anbieter, den Prozess maximal zu beschleunigen, darunter leidet dann am Ende die Beratungsqualität.

▶ **Erhalten Sie auch strategische Unterstützung von dem Anbieter?**
Neben der operativen Beratung begleitend zum Erstellungsprozess kann auch die Beratung in strategischen Fragen relevant sein, zum Beispiel zur Einbettung von Erklärvideos in eine Kommunikationsstrategie oder bei der Überzeugung der Führungsgremien in Ihrem Unternehmen.

4. Prozess

Die Erstellung eines Erklärvideos benötigt viele einzelne Schritte, die durch unterschiedliche Personen umgesetzt werden. Um ein optimales Ergebnis sicherzustellen, braucht der Anbieter dafür einen klaren Produktionsprozess, den Sie mit den folgenden Fragen beurteilen können:

▶ **Gibt es einen strukturierten Erstellungsprozess für Ihr Erklärvideo?**
Dieser sollte nicht nur schriftlich und am besten grafisch dokumentiert sein, er sollte auch transparent die Verantwortlichkeiten und die benötigte Zeit nennen. Bei Beginn des Projekts sollte aus dem generellen Ablauf ein konkreter Zeitplan für Ihr Projekt abgeleitet werden.

▶ **Werden Sie von einem festen Projektmanager betreut?**
So wie auf Ihrer Seite der Projektleiter die Koordination übernimmt, sollte auf Seiten des Anbieters über den gesamten Produktionsprozess hinweg ein erfahrener Projektmanager als fester Ansprechpartner zur Verfügung stehen. Sie wollen schließlich nicht jedem einzelnen Mitarbeiter alles immer wieder von vorne erklären müssen.

▶ **Wie lange dauert die Produktion und wird der Termin garantiert?**
Die Erstellung eines Erklärvideos dauert normalerweise rund drei Wochen. Spezielle Stile, wie die 3D-Animation oder manche Live-Action-Videos können mehr Zeit benötigen. Wenn der Anbieter Ihnen eine deutlich kürzere Produktionszeit verspricht, dann sollten Sie skeptisch werden, denn dies dürfte zu Lasten der individuellen Qualität gehen.

▶ **Werden Absprachen und Termine zuverlässig eingehalten?**
Der strukturierte Prozessplan ist das eine, die Zuverlässigkeit in der Praxis etwas ganz anderes. Testen Sie dies vielleicht im Rahmen des Auswahlprozesses oder fragen Sie gezielt bei einer Referenz des Anbieters.

▶ **Wird Ihr Feedback zeitnah und vollständig umgesetzt?**
Die Erstellung eines Erklärvideos ist ein interaktiver Prozess, bei dem der Auftraggeber an den verschiedensten Stellen eingebunden wird. Umso wichtiger ist es, dass das Feedback, das Sie dann geben, auch umgesetzt wird. Auch dies können Sie bereits im Angebotsprozess gut testen.

▶ **Was wird von Ihnen erwartet und wie viel Zeit müssen Sie investieren?**
Auch Sie als Auftraggeber benötigen Zeit für die Erstellung des Erklärvideos, zum Beispiel für das Briefing und die Feedbacks. Sie sollten genau nachfragen, an welchen Stellen was und wie schnell von Ihnen erwartet wird. Dabei gilt die Faustregel: Je weniger Sie bezahlen, desto mehr müssen Sie sich involvieren. Skeptisch sollten Sie aber auch werden, wenn die von Ihnen benötigt Zeit sehr gering angegeben wird.

▶ **Wie flexibel reagiert der Anbieter auf spezielle Wünsche von Ihnen?**
Andauernde Sonderwünsche von Kunden können einem Anbieter das Leben zur Hölle machen. Auf der anderen Seite sind Sie der Kunde und zahlen für Ihr ganz individuelles Erklärvideo. Versuchen Sie also schon beim Angebot ein wenig Flexibilität zu verlangen, um zu sehen, wie der Anbieter auf Ihre Sonderwünsche reagiert.

▶ **Wie reagiert der Anbieter, wenn die Zeit knapp wird?**
Nach meiner Erfahrung sind die internen Abstimmungsschleifen bei größeren Unternehmen einer der Hauptgründe für Abweichungen vom ursprünglichen Zeitplan. Dafür kann der Projektleiter auf Kundenseite in den seltensten Fällen etwas, er ist eher der Getriebene. Finden Sie also frühzeitig heraus, wie Ihnen der Anbieter hilft, wenn dieser Fall eintritt.

5. Kommunikation

In dem sehr interaktiven Prozess zur Erstellung eines Erklärvideos ist gute Kommunikation zwischen Auftraggeber und Auftragnehmer eine unabdingbare Voraussetzung für den Erfolg. Natürlich ist es schwer diese vorab zu beurteilen, aber diese Fragen könnten Ihnen helfen:

▶ **Wie gut ist der Projektmanager erreichbar (Zeitraum, Kanäle)?**
Wie bereits bei den Prozessen beschrieben, sollten Sie einen festen Ansprechpartner für das gesamte Projekt haben. Das nützt Ihnen nur nichts, wenn Sie diesen nicht erreichen können. Fragen Sie also nach, wann und über welche Kanäle Sie ihn erreichen können!

▶ **Wie schnell reagiert der Anbieter auf Ihre Anfragen?**
Wichtig ist nicht nur, ob Sie Ihren Projektmanager erreichen können, wichtig ist auch, wie schnell und inhaltlich kompetent er Ihre Fragen beantworten kann. Testen Sie dies während der Auswahl des Anbieters!

▶ **Wie erfolgen die Statusberichte?**
Natürlich müssen Sie immer wissen, wo der Anbieter gerade im Erstellungsprozess steht und ob aktuell Probleme aufgetreten sind. Dazu sind regelmäßige Statusberichte das Mittel der Wahl. Am besten wäre es, wenn Sie den Stand nicht erfragen müssen, sondern proaktiv erhalten oder online anschauen können.

▶ **Wird die Kommunikation durch eine Online-Plattform unterstützt?**
E-Mail-Ping-Pong gehört zwar zum täglichen Leben, aber eigentlich geht es doch besser. Es gibt inzwischen Online-Plattformen, die die Kommunikation zwischen Agentur und Kunden unterstützen und in denen Sie zum Teil auch direkt Feedback zu Zwischenergebnissen geben können. Erkundigen Sie sich, ob der Anbieter eine solche Plattform einsetzt.

▶ **Wie wird die interne Abstimmung im Projektteam sichergestellt?**
Ihr vorrangiger Ansprechpartner ist der Projektmanager, doch wie stellt der Anbieter sicher, dass alle Mitarbeiter die notwendigen Informationen erhalten? Auch wenn Sie das nur indirekt betrifft, ist es eine Frage wert.

▶ **Wie werden die Sprachbarrieren bei Übersetzungen vermindert?**
Falls Sie Ihr Erklärvideo in mehreren Sprachen benötigen, sollten Sie bereits bei der Anbieterauswahl darauf achten, dass die Kommunikation mit den Übersetzern und den ausländischen Sprechern und dem Rest des Teams optimal verläuft und wie Sie in diesen Prozess eingebunden werden.

▶ **Wie hält es der Anbieter mit dem Datenschutz/der Datensicherheit?**
Gerade weil Sie intensiv mit dem Anbieter kommunizieren, ist es umso wichtiger, dass die Daten Ihres Unternehmens optimal geschützt werden. Fragen Sie nicht nur nach einer Vereinbarung zur Vertraulichkeit, lassen Sie sich auch erklären, wie das in der Praxis umgesetzt wird!

▶ **Wen können Sie kontaktieren, wenn mal etwas nicht klappt?**
Auch bei optimal geführten Projekten kann mal etwas schief gehen. Und nicht immer ist der Projektmanager dann der richtige Ansprechpartner. Finden Sie also am besten schon vor Start der Zusammenarbeit heraus, wen Sie ansprechen können, wenn es wirklich Probleme geben sollte.

6. Konditionen

Der Preis wird wahrscheinlich eines der wichtigsten Auswahlkriterien für Sie sein, denn schließlich muss das Angebot ja zu Ihrem Budget passen. Doch der Preis im Angebot ist nicht alles, stellen Sie unbedingt ein paar Fragen, um die Konditionen wirklich zu verstehen:

▶ **Wie viel soll die Erstellung des Erklärvideos kosten?**
Neben dem Preis sollten Sie sich auch die Zahlungsmodalitäten anschauen. Eine Anzahlung ist typisch und fair, aber ein Teil sollte auch erst nach Fertigstellung in Rechnung gestellt werden. Wenn Sie sich noch nicht für einen Stil entschieden haben, ist es wichtig, ob diese unterschiedlich teuer sind.

▶ **Ist es ein Festpreis und welche Bestandteile sind enthalten?**
Die meisten Erklärvideos werden zum Festpreis angeboten. Umso wichtiger ist es, sich ganz sicher zu sein, welche Leistungen (Konzept, Grafik, Sprecher, Musik, Animation etc.) enthalten sind und welche Optionen zusätzliche Kosten verursachen.

▶ **Ist der Preis von der Länge des Erklärvideos abhängig?**
Vielfach ist nur eine bestimmte Länge des Videos im Festpreis enthalten, jede Sekunde mehr kostet dann Aufpreis. Am besten rechnen Sie zum Vergleich mehrerer Anbieter einen Preis pro Sekunde aus.

▶ **Wie viele Korrekturschleifen sind im Preis enthalten?**
Die Produktion des Erklärvideos ist ein interaktiver Prozess. Manche Anbieter limitieren die Anzahl der Korrekturschleifen, unabhängig davon, ob diese auf mangelhafte Arbeit oder auf Sonderwünsche basieren. Passen Sie also genau auf, wie viele Revisionen enthalten sind und lassen Sie sich auch anbieten, was zusätzliche Änderungen kosten würden.

▶ **Was kosten zusätzliche Optionen und spätere Änderungen?**
Manche Leistungen wie Recherchen, besondere Stile oder Übersetzungen werden nicht Teil des Basispreises sein. Sie sollten die Kosten dafür erfragen, genau wie für spätere Änderungen. Denn wenn Sie ein Erklärvideo länger einsetzen, werden Sie sehr wahrscheinlich Änderungen vornehmen müssen, zum Beispiel weil sich Ihr Produkt oder die Preise geändert haben.

▶ **Gibt es eine Zufriedenheitsgarantie?**
Manche Anbieter bieten eine Zufriedenheitsgarantie, eine solche kann natürlich die Sicherheit bei der Produktion erhöhen. So wird garantiert, dass das Erklärvideo am Ende auch Ihren Erwartungen entspricht.

▶ **Passt die Produktionsdauer zu Ihrem Zeitplan?**
Nicht nur der Preis muss zu Ihrem Budget passen, auch der Termin der Fertigstellung kann für Sie sehr wichtig sein. Manche Agenturen nehmen Aufschläge, wenn das Video besonders schnell produziert werden soll.

▶ **Welche Nutzungsrechte erhalten Sie?**
Stellen Sie sicher, dass Ihnen der Anbieter die zeitlich und räumlich unlimitierten Nutzungsrechte einräumt. Die Nutzung im Fernsehen ist teilweise nur gegen Aufpreis möglich. Klären Sie, dass Sie Grafiken aus dem Video auch für andere Zwecke nutzen dürfen. Fragen Sie in diesem Zusammenhang auch nach dem Versicherungsschutz des Anbieters.

7. Unternehmen

Sicherlich wollen Sie mit einem vertrauenswürdigen Unternehmen zusammenarbeiten, das Ihnen nicht nur eine gewisse Sicherheit vermittelt, sondern diese auch gewährleisten kann. Dazu sollten Sie die folgenden Fragen stellen:

▶ **Ist der Anbieter auf die Erstellung von Erklärvideos spezialisiert?**
Sollten Sie nicht aus den oben genannten Gründen mit einer klassischen Marketingagentur arbeiten wollen, sollten Sie einen Anbieter auswählen, der auf Erklärvideos spezialisiert ist. Durch diesen Fokus wird die Produktion nicht nur schneller und problemloser ablaufen, auch die Qualität des Ergebnisses wird von der Spezialisierung profitieren.

▶ **Wie lange ist der Anbieter schon am Markt?**
Die Historie der Agentur ist nicht nur ein Indiz für die Erfahrung mit Erklärvideos, sie ist auch ein Hinweis auf die Kontinuität. Wenn Sie in zwei Jahren Ihr Video aktualisieren wollen, dann möchten Sie dies wahrscheinlich wieder mit der gleichen Agentur machen, sie sollte also langfristig bestehen bleiben.

▶ **Wo ist der Sitz des Anbieters?**
Vielleicht sind Ihnen persönliche Treffen zur Abstimmung wichtig, dann sollte der Anbieter in Ihrer räumlichen Nähe sein. Aber selbst wenn Sie den Prozess komplett virtuell gestalten, kann der Betreuungsfokus (regional, national, international) für Sie relevant sein, zum Beispiel bei der Übersetzung.

▶ **Wie viele Mitarbeiter hat der Anbieter?**
Viele Gewerke sind nötig, um ein Erklärvideo zu erstellen. Stellen Sie sicher, dass der Anbieter die dafür notwendigen Ressourcen hat.

▶ **Wie viele Erklärvideos hat der Anbieter bereits produziert?**
Ein guter Indikator für die Erfahrung des Anbieters ist die Anzahl der bereits produzierten Erklärvideos, denn wahrscheinlich wollen Sie nicht das Testkaninchen sein, mit dem der Anbieter übt. Meiner Meinung nach sollten es mindestens hundert Projekte sein, tausend wären natürlich besser.

▶ **Wie wird die Erfahrung des Anbieters außerdem aufgezeigt?**
Neben der Anzahl der produzierten Erklärvideos können auch Artikel in Fachzeitschriften, Fallstudien auf der Webseite sowie Zertifizierungen oder Verbandsmitgliedschaften ein Hinweis auf die Erfahrung des Anbieters sein.

▶ **Welche Kunden hat der Anbieter?**
Nicht nur die Anzahl, sondern auch die Größe und Branchenzugehörigkeit der Kunden sind interessant. Passt die Kundenstruktur zu Ihnen und sind dort vielleicht sogar Unternehmen dabei, zu denen Sie einen Kontakt haben?

▶ **Welche Referenzen kann Ihnen der Anbieter liefern?**
Vertrauen Sie nicht nur dem Anbieter selbst, sprechen Sie auf jeden Fall mit mehreren Kunden persönlich. Darüber hinaus können Ihnen positive und kritische Bewertungen auf unabhängigen Plattformen helfen. Im Idealfall sind Sie sogar durch eine Empfehlung auf den Anbieter gestoßen.

8. Eindruck

Nicht alles lässt sich mit harten Zahlen und Fakten bewerten. Mit den folgenden Fragen können Sie auch Ihren Eindruck in die Auswahl einbeziehen:

▶ **Wie präsentiert sich der Anbieter im Internet?**
Wie sich ein Unternehmen auf der Webseite und in Sozialen Netzen präsentiert sagt viel über das Selbstverständnis, über die Professionalität und auch die Qualität der Arbeit aus. Wenn das Unternehmen sich selbst nicht ordentlich darstellt, wird es kaum in der Lage sein, Sie ordentlich zu präsentieren.

▶ **Welchen Eindruck hat die Präsentation/das Erstgespräch hinterlassen?**
Für viele ist der erste Eindruck entscheidend, bewerten Sie also, wie Ihnen die erste Kontaktaufnahme und der erste Termin, egal ob als Onlinekonferenz oder Präsenzgespräch, gefallen hat.

▶ **Haben Sie das Gefühl, dass der Anbieter Ihr Thema versteht?**
Das Erklärvideo soll Ihr Thema der Zielgruppe schnell und auf den Punkt gebracht nahebringen. Haben Sie das Gefühl, dass der Anbieter Ihre Herausforderung verstanden hat und dazu in der Lage ist?

▶ **Wurde im Verlauf der Gespräche auf Ihre Wünsche eingegangen?**
Der Anbieter sollte den Auswahlprozess professionell gemanagt und dabei Ihre Anforderungen in den Vordergrund gestellt haben.

▶ **Haben Sie den Eindruck, dass der Anbieter von der Idee begeistert ist?**
Wenn Anbieter Hunderte von Videos jedes Jahr erstellen, dann kann sich schon eine gewissen Langeweile einstellen. Umso wichtiger wäre es, wenn er sein Interesse an Ihrem Auftrag wirklich zeigt!

▶ **Machen die Mitarbeiter einen engagierten Eindruck?**
Die Kultur des Anbieters und die Zufriedenheit der Arbeitnehmer haben einen nur indirekten, aber enormen Einfluss auf das Arbeitsergebnis!

▶ **Wie ist Ihr Gesamteindruck?**
Versuchen Sie dem Anbieter auf Basis aller Zahlen, Daten und Fakten eine Schulnote zu geben. Wenn Sie schlechter als 2 ist, suchen Sie weiter!

▶ **Was sagt Ihr Bauchgefühl?**
Nun geben Sie dem Anbieter auf Basis Ihres Bauchgefühls eine Schulnote. Ist er Ihnen sympathisch? Stimmt die Chemie? Passt er zu Ihnen? Wiederum gilt: Bei Schulnoten schlechter als 2 suchen Sie sich lieber einen anderen Anbieter. Denn „befriedigend" sollte für Sie nicht ausreichen.

CHECKLISTE ANBIETERAUSWAHL

https://buch.nitsche.info/go/check-auswahl

Checkliste Anbieterauswahl: Kreativität

Wie beurteilen Sie die kreative Leistung?
Welche Erklärvideo-Stile werden angeboten?
Gibt es für jeden angebotenen Stil beispielhafte Videos?
Wie originell sind die erzählten Geschichten?
Wie gut ist die kreative Umsetzung der Storylines?
Wie ist die Produktionsqualität der Beispielvideos?
Wie gut wird das Corporate Design in die Erklärvideos integriert?
Werden die Grafiken und Charaktere für Ihr Video individuell erstellt?
Passt die kreative Handschrift des Anbieters zum Unternehmen?

Checkliste Anbieterauswahl: Kompetenz

Wie beurteilen Sie die Kompetenz des Anbieters?
Welche Erfahrungen hat der Anbieter in Ihrer Branche?
Welche Erfahrungen hat der Anbieter mit Ihrem Thema?
Welche Kompetenz haben die Mitarbeiter in Konzeption und Text?
Wie ist es um die grafische Kompetenz der Mitarbeiter bestellt?
Wie gut ist die Audio-Kompetenz des Anbieters und der Mitarbeiter?
Hat der Anbieter internationale Erfahrung?
Welche technische Kompetenz hat der Anbieter?
Welche soziale Kompetenz haben die Mitarbeiter?

Checkliste Anbieterauswahl: Beratung

Wie schätzen Sie die Beratungsqualität des Anbieters ein?
Wie gut ist die Beratung während der Auswahlphase?
Wie unterstützt der Anbieter Sie beim Briefing?
Werden Sie bei der Auswahl des richtigen Stils beraten?
Wird die Erstellung der Storyline interaktiv durchgeführt?
Hilft Ihnen der Anbieter, die optimalen Kreationsentscheidungen zu treffen?
Berät Sie der Anbieter auch beim Einsatz des Erklärvideos?
Haben die Mitarbeiter ausreichend Zeit für die persönliche Beratung?
Erhalten Sie auch strategische Unterstützung von dem Anbieter?

Checkliste Anbieterauswahl: Prozess

Wie bewerten Sie die Prozessqualität des Anbieters?
Gibt es einen klar strukturierten Erstellungsprozess für Ihr Erklärvideo?
Werden Sie von einem festen Ansprechpartner (Projektmanager) betreut?
Wie lange dauert die Produktion und wird der Termin garantiert?
Werden Absprachen und Termine zuverlässig eingehalten?
Wird Ihr Feedback zeitnah und vollständig umgesetzt?
Was wird von Ihnen erwartet und wie viel Zeit müssen Sie investieren?
Wie flexibel reagiert der Anbieter auf spezielle Wünsche von Ihnen?
Wie reagiert der Anbieter, wenn die Zeit für die Fertigstellung knapp wird?

Checkliste Anbieterauswahl: Kommunikation

Wie ist Ihre Einschätzung des Anbieters hinsichtlich der Kommunikation?
Wie gut ist der Projektmanager erreichbar (Zeitraum, Kanäle)?
Wie schnell reagiert der Anbieter auf Ihre Anfragen?
Wie erfolgen die Statusberichte?
Wird die Kommunikation durch eine Online-Plattform unterstützt?
Wie wird die interne Abstimmung im Projektteam sichergestellt?
Wie werden die Sprachbarrieren bei Übersetzungen vermindert?
Wie hält es der Anbieter mit dem Datenschutz und der Datensicherheit?
Wen können Sie kontaktieren, wenn mal etwas nicht klappt?

Checkliste Anbieterauswahl: Konditionen

Wie beurteilen Sie die Konditionen des Anbieters?
Wie viel soll die Erstellung des Erklärvideos kosten?
Handelt es sich um einen Festpreis und welche Bestandteile sind enthalten?
Ist der Preis von der Länge des Erklärvideos abhängig?
Wie viele Korrekturschleifen sind im Preis enthalten?
Was kosten zusätzliche Optionen und spätere Änderungen?
Gibt es eine Zufriedenheitsgarantie?
Passt die Produktionsdauer zu Ihrem Zeitplan?
Welche Nutzungsrechte erhalten Sie?

Checkliste Anbieterauswahl: Unternehmen

Wie beurteilen Sie das Unternehmen des Anbieters?
Ist der Anbieter auf die Erstellung von Erklärvideos spezialisiert?
Wie lange ist der Anbieter schon am Markt?
Wo ist der Sitz des Anbieters?
Wie viele Mitarbeiter hat der Anbieter?
Wie viele Erklärvideos hat der Anbieter bereits produziert?
Wie wird die Erfahrung des Anbieters außerdem aufgezeigt?
Welche Kunden hat der Anbieter?
Welche Referenzen kann Ihnen der Anbieter liefern?

Checkliste Anbieterauswahl: Eindruck

Wie ist Ihr Eindruck von dem Anbieters?
Wie präsentiert sich der Anbieter im Internet?
Welchen Eindruck hat die Präsentation/das Erstgespräch hinterlassen?
Haben Sie das Gefühl, dass der Anbieter Ihre Herausforderung versteht?
Wurde im Verlauf der Gespräche auf Ihre Wünsche eingegangen?
Haben Sie den Eindruck, dass der Anbieter von Ihrem Projekt begeistert ist?
Machen die Mitarbeiter einen engagierten Eindruck?
Wie ist Ihr Gesamteindruck?
Was sagt Ihr Bauchgefühl?

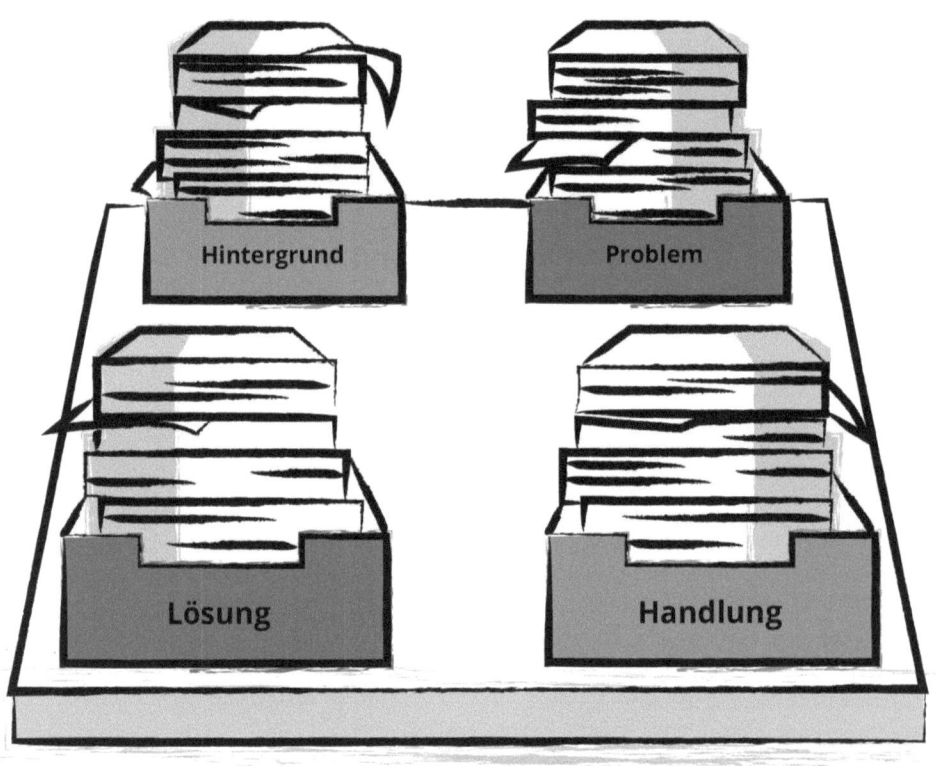

35 | DAS THEMA RECHERCHIEREN UND STRUKTURIEREN

Nach dem Briefing und vor der Erstellung der Storyline sollten die vorhandenen Dokumente gesichtet, gegebenenfalls zusätzliche Informationen recherchiert und dann die Inhalte strukturiert und für die weitere Arbeit vorbereitet werden. Dieser Zwischenschritt wird häufig unterschätzt, manchmal sogar ausgelassen, er ist aus meiner Sicht für den Erfolg des Videos aber sehr wichtig. Denn so stellen Sie sicher, dass wirklich alle notwendigen Informationen für die Storyline vorhanden sind. Und in manchen Fällen findet man sogar heraus, dass die Informationsmenge, die kommuniziert werden soll, für ein einzelnes Erklärvideo zu umfangreich ist. Aber auch dafür gibt es Lösungen, wie Sie am Ende dieses Kapitels entdecken werden.

Ausgangslage für die Recherche ist das Briefing, in dem das Thema, das Problem der Empfänger, die wesentlichen Inhalte und Kernbotschaften sowie mögliche Einwände und Bedenken der Zielgruppe enthalten sein sollten. Wahrscheinlich werden auch weitere Dokumente bereitgestellt, zum Beispiel Broschüren, PowerPoint-Präsentationen, Links zur Webseite etc. Sie sind der eigentliche Experte, niemand kennt Ihr Thema besser als Sie. Daher wird ein Dienstleister Sie bitten, so viele Informationen wie möglich zur Verfügung zu stellen.

Doch vielleicht reichen die Informationen zur Erstellung einer Storyline noch nicht aus. Nehmen wir einmal an, es soll ein Erklärvideo zum Verkauf einer privaten Rentenversicherung erstellt werden. Das eigentliche Problem, die Rentenlücke, ist den potenziellen Kunden gar nicht bekannt oder sie haben es bewusst verdrängt. Bevor in dem Erklärvideo also die Vorzüge des Produkts gepriesen werden, muss den Empfängern dieses Problem möglichst eindrucksvoll, um nicht zu sagen bedrohlich, vor Augen geführt werden. Bei einer zusätzlichen Recherche könnte man herausfinden, dass im Jahr 2014 fast drei Arbeitnehmer auf einen Rentner kamen, während im Jahr 2050 anderthalb Arbeitnehmer einen Rentner finanzieren müssen. Das könnte doch der perfekte Einstieg in das Erklärvideo sein, oder?

Man sollte also umfassendes Material zu dem Thema des Erklärvideos sammeln, dabei aber auf zuverlässige Quellen achten. Die Inhalte sollten aus ganz unterschiedlichen Bereichen kommen, man kann nach Definitionen von Begriffen suchen sowie die Geschichte beziehungsweise den Hintergrund des Themas erforschen. Außerdem Fakten und Statistiken, manchmal kann es sogar sinnvoll sein, wissenschaftliche Quellen heranzuziehen. Auf jeden Fall sollten man nach Fallstudien suchen, die nicht nur viel praktisches Wissen enthalten, sondern eventuell sogar Zitate von Experten oder der Zielgruppe. Sogar witzige oder bizarre Informationen können helfen, das gesamte Thema wirklich zu durchdringen. Letztlich gehört auch eine Wettbewerbsrecherche dazu, um zu erfahren, wie diese das Thema angegangen sind.

Die aus meiner Sicht wichtigste Frage ist aber, wie die Zielgruppe über das Thema denkt. Um eine wirklich gute Storyline zu entwickeln, muss man selbst anfangen, aus Sicht der Empfänger zu denken. Und dafür braucht man die Kommentare, Meinungen und Erfahrungen der potenziellen Nutzer. Hier kann es sogar sinnvoll sein, eine Befragung durchzuführen. Im Beispiel der Rentenversicherung könnte man die potenziellen Nutzer befragen, wie sie zu dem Thema stehen, was sie vom Kauf abhält und was sie überzeugen könnte, die Versicherung abzuschließen.

Wenn man alles Material gesammelt hat, sollten die Inhalte strukturiert werden. In der Praxis haben sich dafür vier Kategorien bewährt:

▶ Die **Hintergrundinformationen** zum Thema

▶ Alles rund um das **Problem** der Zielgruppe

▶ Die Ansätze zur **Lösung** des Problems inklusive **Einwandbehandlung**

▶ Informationen zum **Auslösen der Handlung**

Damit hat man alles perfekt für die Erstellung der Storyline vorbereitet. Doch was macht man, wenn man im Laufe der Recherche feststellt, dass die Informationsmenge zu groß wird, um in einem Erklärvideo in wenigen Minuten transportiert zu werden? Oder, in der Praxis noch häufiger der Fall, dass die Zielgruppe nicht homogen ist, und man eigentlich zwei oder mehr unterschiedliche Probleme ansprechen oder unterschiedliche Handlungen auslösen müsste? Vielleicht stellen man auch fest, dass der Einsatz auf unterschiedlichen Kanälen nicht mit dem gleichen Erklärvideo erfolgen kann, weil ein anderer Tiefgang an Information benötigt wird.

Die Lösung liegt auf der Hand, es wird nicht ein Erklärvideo benötigt, sondern zwei oder sogar noch mehr Videos. Es können Varianten eines Themas sein, die Aufteilung eines Themas in eine Serie oder eine Hierarchie von Erklärvideos:

▶ **Zielgruppen-Varianten**: Die Bildung von Zielgruppen-Varianten ist immer dann nötig, wenn die Empfänger zu divers sind, also sehr inhomogene Erwartungen oder Bedürfnisse haben. Bei dem Beispiel der privaten Rentenversicherung könnte es zum Beispiel sein, dass sowohl die Kunden als auch die Vertriebspartner der Versicherung, beispielsweise Makler, angesprochen werden sollen. Den potenziellen Kunden muss erklärt werden, warum sie das Produkt kaufen sollen. Die Vertriebspartner brauchen hingegen Informationen, wie sie das Produkt verkaufen können. Viele Inhalte werden ähnlich sein, aber die Perspektive und der Call-To-Action sind unterschiedlich.

▶ **Kanal-Varianten**: Wenn Sie das Erklärvideo auf unterschiedlichen Kanälen einsetzen wollen, kann die Bildung von Kanal-Varianten sinnvoll sein. Im einfachsten Fall könnte dies zum Beispiel eine Version mit Untertiteln für eine Messe sein, auf der kein Ton abgespielt werden darf. In anderen Fällen benötigen Sie vielleicht eine Kurzversion mit 15-30 Sekunden für die Sozialen Netzwerke und eine Langversion mit 90 Sekunden für die Landingpage.

▶ **Serien & Hierarchien**: Wenn bei der Aufbereitung der Inhalte klar wird, dass der Informationsgehalt zu hoch wird, um alles in einem Erklärvideo unterzubringen, dann hat dies die Aufteilung in mehrere Videos zur Konsequenz. Dies kann zum Beispiel in Form einer Serie passieren, die das Thema in mehrere Folgen unterteilt. Eine andere Möglichkeit ist eine Baum-Struktur: Man kann zum Beispiel in einem Erklärvideo das Leitbild des Unternehmens als Ganzes vorstellen, dann aber die Unternehmenswerte jeweils noch in einem eigenen Erklärvideo vertieft präsentieren.

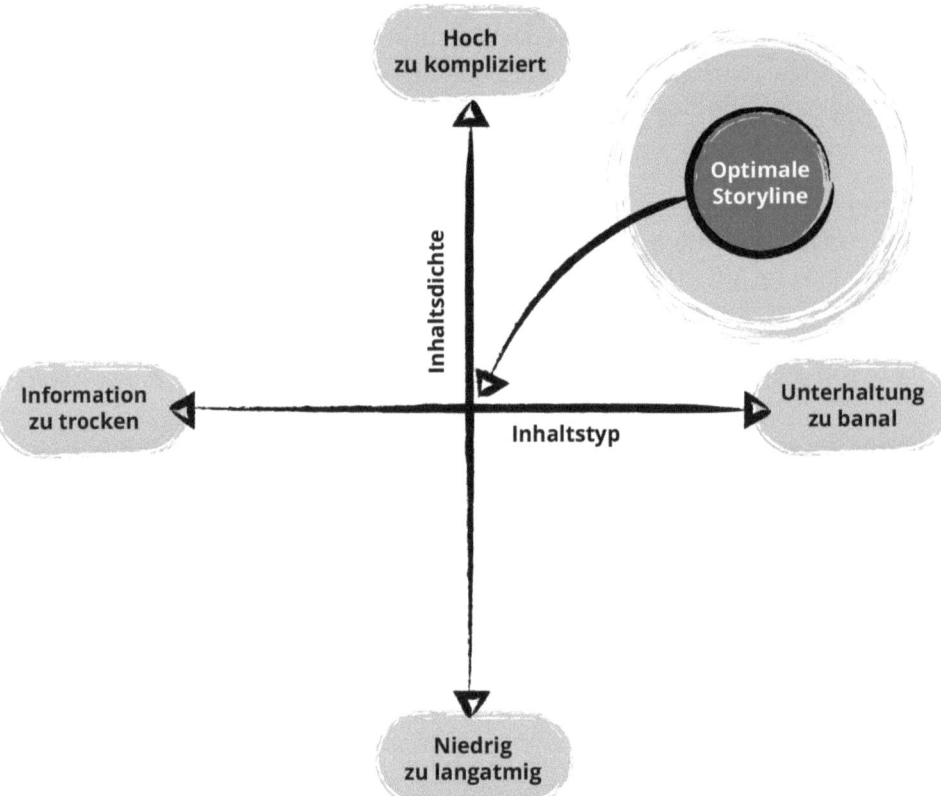

36 DIE PERFEKTE STORYLINE ENTWICKELN

Nachdem alle Informationen gesammelt und aufbereitet wurden, startet nun die wahrscheinlich wichtigste Phase in der Produktion eines Erklärvideos: Die Erstellung der Storyline. Es ist der Dreh- und Angelpunkt für die weitere Arbeit. Eine mittelmäßige oder gar schlechte Storyline wird auch mit dem schönsten Design, dem tollsten Sprecher und den besten Animationen nicht mehr zu einem Hit. Wie das Drehbuch bei einem Spielfilm kann eine einzigartig konzipierte Storyline aber zu einem herausragenden Erklärvideo führen. Aufgrund dieser Bedeutung sollte die Storyline genau zwischen Auftraggeber und Auftragnehmer abgestimmt werden. Erst nach der formalen Freigabe durch den Auftraggeber beginnt die eigentliche Kreation des Videos.

Unterschiedliche Vorgehensweise

Die Storyline wird, je nach Anbieter, auch Storyboard, Drehbuch oder Skript genannt. Dabei gibt es zwei unterschiedliche Arbeitsweisen: Manche Anbieter starten mit dem gesprochenen Wort, sie entwickeln zu diesem Zeitpunkt das fertige Voice-Over-Script, das später vom Sprecher aufgenommen wird. Andere Anbieter folgen eher einem visuellen Ansatz und beschreiben die Geschichte der Storyline in Bildern.

Beide Ansätze können je nach Stil des Erklärvideos sinnvoll sein. Beim Kinetic-Typography-Stil steht das gesprochene Wort im Vordergrund, ganz klar sollte also die Storyline auf dem Voice-Over basieren. Genau umgekehrt zum Beispiel beim Animated-Infographic-Stil, hier stehen die Bildelemente im Vordergrund.

Ich meine: Man sollte nicht mit Worten beschreiben, was man mit Bildern besser zeigen kann. Man sollte aber auch nicht die Kraft der Worte unterschätzen. Am besten sind Storylines, die die Geschichte sowohl mit Bildern als auch mit Sprache beschreiben.

Eindeutige Beschreibung der Szenen

Eine gute Storyline wird jede Szene des späteren Erklärvideos mit den folgenden Elementen definieren:

▶ Ein **eindeutige Nummer** der Szene, um darauf verweisen zu können

▶ Ein **Titel** der Szene, auch wenn dieser nachher nicht gezeigt oder gesagt wird

▶ Die Nennung der **Funktion** der Szene, zum Beispiel „Call-To-Action"

▶ Die ungefähr geplante **Dauer** der Szene in Sekunden

▶ Eine Beschreibung der **Inhalte**, entweder verbal oder durch Skizzen

▶ Erste Ideen zur **Animation** der visuellen Inhalte bei Animationsstilen

▶ Alternativ **Regiehinweise** zu Requisiten, Licht etc. beim Live-Action-Stil

▶ Der **Voice-Over-Text**, entweder fertig formuliert oder als Beschreibung

▶ Hinweise zu möglichen **Audio-Effekten** im Verlauf der Szene

▶ Anhaltspunkte für den **Übergang** von der vorherigen/zur nächsten Szene

Alles zusammen muss die Storyline so gut beschreiben, dass der Leser sich das fertige Erklärvideo wirklich vorstellen kann. Nur so ist eine ehrliche Diskussion über die Storyline und letztlich die Freigabe möglich.

Die richtige Balance finden

Die Herausforderung bei der Erstellung der Storyline ist es, die richtige Balance hinsichtlich zweier unterschiedlicher Dimensionen zu finden. Auf der einen Achse steht ein Erklärvideo immer zwischen den Extremen Information und Unterhaltung [Hutter 2015:19]. Die reine Information ist zu trocken. Um Beschäftigung der Empfänger mit dem Inhalt zu erreichen, müssen emotionale Reaktionen ausgelöst werden. Liegt der Schwerpunkt zu sehr auf der Unterhaltung, ist hingegen der Informationsgehalt zu niedrig, das Erklärvideo wird banal.

Die andere Achse wird durch die Dichte des Inhalts geprägt: Werden in einer vorgegebenen Zeit zu viele Inhalte, vor allen Dingen Informationen, in das Erklärvideo gepackt, dann wird es für den Empfänger zu kompliziert und er ist nicht mehr in der Lage, die Menge der Informationen in der durch das Video vorgegebenen Geschwindigkeit aufzunehmen. Umgekehrt kenne ich auch viele Erklärvideos, gerade im Bereich der Software-Tutorials, wo ich mir die ganze Zeit wünsche, dass der Erzähler endlich zum Punkt kommen möge. Hier ist die Informationsdichte zu niedrig, das Erklärvideo wird zu langatmig.

Die optimale Storyline hält also die richtige Balance sowohl hinsichtlich des Typs als auch der Dichte der Inhalte ein. Die Krux dabei: Dies hängt stark von der Zielgruppe, vielfach sogar vom einzelnen Empfänger ab. Was für den einen zu langsam ist, überfordert andere maßlos. Der eine bevorzugt die pure Information, der andere möchte auch unterhalten werden. Ein erfahrener Konzeptioner wird dieses in der Storyline berücksichtigen und die richtige Balance finden.

Typische Elemente einer Storyline

Unabhängig vom Thema, der Länge und der konkreten Storyline eines Erklärvideos gibt es vier Elemente, die immer auftauchen (müssen):

▶ **Problem**: Typischerweise gleich zu Beginn des Videos wird der Zuschauer mit einem Problem konfrontiert, das er möglichst selbst hat oder zumindest gut nachvollziehen kann. Nur wenn er sich mit dem Problem identifizieren kann, wird er das Video weiter anschauen. Deswegen neigen manche Erklärvideos dazu, eine Vielzahl von Herausforderungen zu nennen, in der Hoffnung, dass für jeden Zuschauer das Geeignete dabei ist. Hier gilt: „Weniger ist mehr". Man sollte sich auf maximal drei Probleme konzentrieren.

▶ **Lösung**: Die Antwort auf das Problem der Zielgruppe ist dann eine klare und überzeugende Lösung. Hier ist die Reduktion auf das Wesentliche noch wichtiger: Es gibt nur eine Lösung. Die Lösung muss, je nach Thema unterschiedlich detailliert erläutert werden. Bei einem Produkt reicht es vielleicht schon, den Namen zu nennen und parallel dazu das Produkt und gegebenenfalls einige Funktionen zu zeigen. In einem Erklärvideo im Bildungsbereich muss hingegen vielleicht eine ganze Methode erläutert werden.

▶ **Vorteile**: Außerdem müssen die Vorteile der Lösung gegenüber anderen möglichen Lösungen herausgestellt werden. In diesem Zusammenhang sollte auf mögliche Einwände und Bedenken eingegangen werden und eventuell sogar mittels Referenzen oder einem Siegel der Nachweis geführt werden, dass diese Lösung optimal ist.

▶ **Handlungsaufruf**: Das letzte Element in einer Storyline ist der Call-To-Action, der Aufruf zu einer Handlung. Bei einem vertrieblich orientierten Erklärvideo könnte dies der Aufruf zum Kauf sein, während ein Erklärvideo in der Personalentwicklung vielleicht zur Umsetzung des gelernten animieren möchte. Meine Empfehlung ist auf jeden Fall, nur einen einzigen Aufruf im Video unterzubringen, alles andere verwirrt die Empfänger und verringert damit die Reaktionsraten. Im Idealfall ist die Umsetzung für den Zuschauer sofort möglich, d. h., der „Jetzt kaufen!"-Knopf ist direkt neben dem Video zu finden oder, wenn technisch möglich, sogar in das Video eingebettet.

Natürlich könnte man nun, ganz im Stile einer PowerPoint-Präsentation vier Folien mit den Überschriften Problem, Lösung, Vorteile und Handlungsaufruf bauen und am besten in Form von Bulletpoints die jeweiligen Inhalte aufzählen. Auf der Achse zwischen Information und Unterhaltung wären diese dann aber sicherlich ganz links angesiedelt. Und genau an dieser Stelle kommt die Stärke guter Erklärvideos ins Spiel: Geschichten. Nicht umsonst heißt es Storyline und nicht Inhaltsbeschreibung. Gute Vertriebsmitarbeiter, exzellente Redner und Blockbuster im Kino haben genau dies gemein: Sie erzählen außergewöhnliche Geschichten. Sie wollen mehr wissen? Lesen Sie den folgenden Exkurs zum Storytelling. Vorher finden Sie auf der nächsten Seite noch die Checkliste.

CHECKLISTE STORYLINE

https://buch.nitsche.info/go/check-storyline

Checkliste: Formale Bestandteile einer Storyline

Wird jede Szene der Storyline mit folgenden Elementen beschrieben?
Ein eindeutige Nummer der Szene, um darauf verweisen zu können
Ein Titel der Szene, auch wenn dieser nachher nicht gezeigt oder gesagt wird
Die Nennung der Funktion der Szene, zum Beispiel „Call-To-Action"
Die ungefähr geplante Dauer der Szene in Sekunden
Eine Beschreibung der Inhalte, entweder verbal oder durch Skizzen
Erste Ideen zur Animation der visuellen Inhalte bei Animationsstilen
Alternativ Regiehinweise zu Requisiten, Licht etc. beim Live-Action-Stil
Der Voice-Over-Text, entweder fertig formuliert oder als Beschreibung
Hinweise zu möglichen Audio-Effekten im Verlauf der Szene
Anhaltspunkte für den Übergang von der vorherigen/zur nächsten Szene

Checkliste: Inhaltliche Bestandteile einer Storyline

Sind folgende inhaltliche Elemente in der Storyline enthalten?
Wird das Problem des Empfängers dargestellt?
Werden nicht zu viele unterschiedliche Probleme aufgezeigt?
Wird die Lösung für das Problem präsentiert?
Werden die Vorteile der Lösung gezeigt?
Wird auf mögliche Bedenken eingegangen?
Gibt es genau einen Handlungsaufruf am Schluss der Storyline?

37 EXKURS: DIE DRAMATURGIE DES STORY-TELLINGS

Seit Jahrtausenden ist das Erzählen von Geschichten die grundlegende Form zum Austausch von Konzepten, Wissen und Ideen. Mit den Worten „Es begab sich aber zu der Zeit, dass ein Gebot vom Kaiser Augustus aus ging," beginnt im Lukas-Evangelium die Weihnachtsgeschichte. Woran haben Sie eben gedacht, als Sie diese Worte gelesen haben? Wir alle verbinden Erinnerungen und Emotionen mit Geschichten, und das macht sie so wirkungsvoll.

Ffion Lindsay beschreibt in ihrem Buch „The seven pillars of storytelling" wie Jennifer Aaker von der Stanford University ihre Studenten bat, in jeweils sechzig Sekunden ein Produkt zu beschreiben. Einen einzigen Studenten bat sie heimlich, sich auf eine Geschichte statt auf die Fakten zu konzentrieren. Am Ende konnten sich nur 5 % der Studenten an die Fakten erinnern, aber 63 % kannten die Geschichte [Lindsay 2015].

Jedes Mal, wenn Sie eine Geschichte erzählen, nehmen Sie Ihre Zuhörer mit auf eine Reise. Wenn sich umgekehrt jemand neben Sie setzt und sagt, „Lass mich dir eine Geschichte erzählen ..." beginnt bereits die Reise in Ihrem Kopf. Sie wollen mehr erfahren und bevor Sie sich versehen, sind Sie mittendrin. Sie hören nicht nur zu, Sie werden zum Teil der Geschichte, indem Sie sich mit der Erzählung oder einem Protagonisten identifizieren.

Durch diese Identifikation wird Engagement erzeugt, Sie setzen sich mit den Inhalten intensiver auseinander. Gute Erklärvideos nutzen diese natürliche menschliche Tendenz aus, indem sie mit „Es war einmal" beginnen und uns zum Beispiel durch den Kauf des Produkts bis zu dem Ort führen, an dem „wir alle glücklich bis ans Ende unserer Tage leben".

Das Erzählen der Geschichte im Erklärvideo hat damit drei Aufgaben:

1. **Aufmerksamkeit der Zuschauer erlangen**
   Die Geschichte muss zunächst die Aufmerksamkeit der Zuschauer erlangen. Ob sie schockt, verärgert, zum Lachen anregt oder ein Problem aufzeigt, mit dem auch die Empfänger der Botschaft gerade kämpfen: Es muss auf jeden Fall in den ersten Sekunden passieren, sonst sehen sich die Zuschauer die weitere Geschichte überhaupt nicht an.

2. **Aufmerksamkeit der Zuschauer erhalten**
   Im weiteren Verlauf muss die Geschichte die Aufmerksamkeit der Zuschauer fesseln. Zu jedem Zeitpunkt muss der Zuschauer das Gefühl haben, wissen zu wollen, wie es weitergeht. Sobald das Engagement geringer wird, wendet er sich vom Video ab.

3. **Zuschauer zu einer Handlung anregen**
   Schließlich und letztendlich muss die Geschichte den Zuschauer zu einer Handlung anregen. Er muss verstanden haben, dass ihm ein relevanter Vorteil geboten wird. Danach muss man ihm nur noch erklären, was er tun muss, um diesen zu bekommen.

Bleibt die Frage, mit welchen Storylines diese Aufgaben bewältigt werden können. Nun, ich bin mir fast sicher, dass Sie auch diese Geschichte sofort erkennen: „Es war einmal vor langer Zeit in einer weit, weit entfernten Galaxis. Es herrscht Bürgerkrieg. Die Rebellen, …". Ein Klassiker im Storytelling ist der Handlungsfaden, der auch als „Die Überwindung des Monsters" bezeichnet wird. Die Hauptfigur (natürlich Luke Skywalker) versucht einen mächtigen Bösewicht (in Form des Imperiums, personifiziert durch Darth Vader) zu besiegen. Was das mit Erklärvideos zu tun hat? Nun, stellen Sie sich ein Erklärvideo von einem kleinen Start-up vor, das gegen die großen übermächtigen Konzerne kämpft, um Sie als Konsumenten zu befreien. Der Dollar Shave-Club, der Ihnen für einen US-Dollar statt 20 US-Dollar pro Monat Rasierklingen liefert (vgl. Kapitel 8).

Haben Sie als Jugendlicher die Bücher von Jules Vernes verschlungen? Ich lese heute noch gerne mal ab und zu einen seiner Romane. Fast alle folgen dem Handlungsfaden der als „Reise und Rückkehr" bezeichnet wird. Der Protagonist reist an einen unbekannten Ort, überwindet eine Reihe von Hindernissen, während er versucht, nach Hause zu kommen. Schließlich kehrt er glücklich und weiser wieder zurück. Auch diese Geschichte könnte Ihnen bekannt vorkommen, wenn Sie sich an Steve Ells von Chipotle erinnern (vgl. Kapitel 8). Der Archetyp des Helden, der auf eine Reise gesendet wird, steht im Mittelpunkt vieler Erklärvideos (und vieler Western-Filme).

Dieser kleine Exkurs kann und soll kein Buch über Storytelling ersetzen, aber wenn Sie nach diesem Buch ein anderes Werk lesen wollen, warum nicht einmal eines über die Kunst des Storytellings. Vielleicht erzählen Sie dann demnächst die Geschichte eines Helden, der auszog, um den Einsatz von Erklärvideos in seinem Unternehmen durchzusetzen. Gegen viel Unkenntnis in der Chefetage und viele Widerstände bei den Vetomächten in der Marken- und Rechtsabteilung setzte er sich schließlich durch und bereits das erste Erklärvideo wurde ein Riesenerfolg und brachte dem Unternehmen viele neue Kunden!

38 EXKURS: DIE OPTIMALE LÄNGE FÜR IHR ERKLÄRVIDEO

Neben der Frage nach dem richtigen Stil wird mir die Frage nach der optimalen Länge eines Erklärvideos am häufigsten gestellt. Nun, die Antwort lautet, wie so oft: „Es kommt darauf an." Oder anders formuliert: Aus meiner Sicht kann ein Erklärvideo sowohl zu kurz als auch zu lang sein, die Länge hängt, genau wie der Stil, vom Kommunikationsziel, der Zielgruppe, der Botschaft und dem Einsatzkanal ab. Schauen Sie sich zur Verdeutlichung dieses Beispiel an:

EVERYTHING ORGO - ALLES HAT SEINEN PLATZ, AUCH AUF REISEN!

Everything ORGO ist ein Anbieter von Mehrzwecktaschen für die Reise. In diesem nur sechs (!) Sekunden kurzen Erklärvideo wird das Organisationsproblem vieler Reisenden in drei Schritten gelöst: Öffnen, Aufklappen und mit Inhalten füllen. Fertig ist die Ordnung. Ohne ein Voice-Over und ohne Musikuntermalung, einfach mit der Kraft von Bildern im Stop-Motion-Stil.

https://buch.nitsche.info/go/everything-orgo

Dass ein Erklärvideo nicht lang sein muss, hat ORGO bewiesen. Dass ein Erklärvideo nicht kurz sein muss, beweist Hornbach:

HORNBACH MEISTERSCHMIEDE - EIN EIGENES ANKLEIDEZIMMER

Die Hornbach Baumarkt AG zählt zu den größten Betreibern von Bau- und Gartenmärkten in Europa. Die Hornbach Meisterschmiede ist dabei mehr als eine Serie reiner Gebrauchsanleitungen im Live-Action-Stil. Die Erklärvideos mit überwiegend mehreren hunderttausend Aufrufen dienen auch als Inspiration. Diese Ausgabe gehört mit fast zwei Stunden zu den längsten Erklärvideos, nicht nur in dieser Serie, sondern überhaupt. Ein Kommentar unter dem Video auf YouTube fasst das Geschehen wie folgt zusammen: „Bald brauchen wir den Tatort nicht mehr ."

https://buch.nitsche.info/go/hornbach

Hornbach vertraut darauf, dass ein relevanter Inhalt unabhängig von der Länge sein Publikum findet. „Wir haben die Erfahrung gemacht, dass bei einem Format, das einen Bedarf deckt und nicht nur unterhalten soll, die Zuschauer sogar auf YouTube dazu bereit sind, sich einen 2-Stunden-Film anzuschauen", heißt es dazu von Jeanette Settelmeier [Campillo-Lundbeck 2020].

Neben diesen Extremen gibt es natürlich ein paar Statistiken, die Sie bei der Bestimmung der optimalen Länge eines Erklärvideos unterstützen. Im „2019 Video in Business Benchmark Report" wurde festgestellt, dass rund die Hälfte aller Marketing-Videos unter sechzig Sekunden lang sind, insgesamt 73 % bleiben unter zwei Minuten. Nur 6 % der eingesetzten Videos sind länger als 20 Minuten. Dazu gehören aber auch zum Beispiel Webinare, da in dieser Untersuchung alle Arten von Videos im Marketing untersucht wurden [Vidyard 2019:20].

Es gibt also wenig lange Videos und die meisten Videos sind kürzer als zwei Minuten. Den Grund dafür liefert der US-amerikanische Video-Hoster Wistia im Jahr 2016 in einer Untersuchung von über 1,3 Milliarden Videoaufrufen von über 564710 Videos. Er fand dabei heraus, dass das Engagement der Zuschauer innerhalb der ersten 120 Sekunden relativ konstant bei 70 % liegt. Zwischen zwei und sieben Minuten fällt das Engagement relativ stark auf 50 % ab, danach bleibt es bis zu zwanzig Minuten fast konstant [Wistia 2016]. Was kann man daraus ableiten? Wenn das Engagement innerhalb der ersten zwei Minuten kaum sinkt, dann können Sie diesen Zeitraum komplett nutzen. Auf der anderen Seite: Auch längere Videos, in dieser Analyse bis zu 20 Minuten, haben scheinbar durchaus Ihre Berechtigung, wenn denn der Inhalt fesselt.

Die dritte Statistik gibt eine Einschätzung darüber, wann die Zuschauer ein Video abbrechen. Durchschnittlich schaut nur rund jeder zweite Betrachter ein Video mit geschäftlichem Bezug bis zum Ende [Vidyard 2019:23]. Dieser Wert hängt jedoch stark von der Länge des Videos ab, bei einem Ein-Minuten-Video sind es immerhin 68 %, während ein Video oberhalb der 20 Minuten nur noch von 25 % der Zuschauer bis zum Ende angeschaut wird. Bedeutet das nun, dass man unbedingt unterhalb einer Minute bleiben sollte? Man kann auch eine ganz andere Rechnung aufmachen: Wenn von 100 Zuschauern 68 ein Ein-Minuten-Video bis zum Ende anschauen, sind das, wenn man die Abbrecher vernachlässigt, 68 Minuten Aufmerksamkeit. Wenn von den gleichen 100 Zuschauern 25 ein 20-Minuten-Video zum Ende anschauen, dann sind das in der Summe 500 Minuten Aufmerksamkeit (wieder die Abbrecher vernachlässigt). Je nach Ziel können also kurze Videos (wenig Abbrecher) oder lange Videos (intensiver Kontakt mit dem Thema) sinnvoll sein.

Einschränkend muss für alle diese Untersuchungen noch gesagt werden, dass es sich ausschließlich um Marketing-Videos auf bestimmten Plattformen handelt. Benutzer in Sozialen Netzwerken werden vielleicht nur viel kürzere Videos anschauen, während ein Mitarbeiter in der Weiterbildung bei guter Aufbereitung und einem interessanten Thema auch fünf Minuten dabei bleibt. Ganz am Rande bemerkt: Besser als in der Verpackungsindustrie haben Sie es bezüglich Erklärvideos allemal, denn dort bleiben nur 2,6 Sekunden, um die Kaufentscheidung zu beeinflussen [Packaging Innovation 2014].

Die beste Regel hat aus meiner Sicht immer noch Ben Marvazi formuliert: „Einige sagen Ihnen vielleicht, dass es eine Regel ist, ein Erklärvideo nicht länger als sechzig Sekunden, neunzig Sekunden oder zwei Minuten zu machen. Die einzige wirkliche Regel für die Entscheidung über die Länge lautet: Nehmen Sie sich so viel Zeit wie nötig, aber nicht mehr." [Marvazi 2017]. Wenn das Interesse der Zielgruppe groß genug ist, dann kann das Erklärvideo, wie das Beispiel von Hornbach zeigt, auch zwei Stunden lang sein.

39 | EINDRUCKS-VOLLE KREATIONEN GESTALTEN

Nachdem die Storyline fertig und freigegeben ist, beginnt die eigentliche Produktion des Erklärvideos. Die Arbeitsweise hängt hier natürlich stark vom gewählten Stil ab, das Produzieren von Live-Action erfordert einen völlig anderen Prozess als ein animiertes Erklärvideo. Sie benötigen für Live-Action nicht nur die richtigen Schauspieler, sondern auch ein geeignetes Set, passende Garderobe und Requisiten sowie Beleuchter, Kameraleute, Tontechniker und vieles mehr. Auch die Nachbearbeitung erfordert spezifisches Know-how. Da die meisten Erklärvideos in einem der vielen Animationsstile produziert werden und es für die Produktion von Realfilmen hervorragende Literatur gibt, konzentriere ich mich im Folgenden auf animierte Erklärvideos.

Zunächst muss, im Rahmen des gewählten Stils, die visuelle Strategie festlegt werden. Einige Stile, insbesondere der Whiteboard- und der Cut-Out-Stil, haben eine ausgeprägte eigene Identität. Andere Stile sind sehr vielseitig und bei der Umsetzung sind der Fantasie kaum Grenzen gesetzt. Doch auch hier gilt „Weniger ist mehr": Das Erklärvideo soll die Aufmerksamkeit der Zuschauer erlangen, sie fesseln und diese dann zu einer Handlung anregen. Dabei soll es möglichst einfach sein. Und das Design muss genau das unterstützen.

Spätestens jetzt muss geklärt werden, ob und wie Ihr Corporate Design im Video verwendet werden soll. Wenn man die Farben, Schriftarten, Symbolik etc. in das Erklärvideo übernimmt, hat dies den Vorteil, dass sich das Erklärvideo später nahtlos in Ihr Marketing integriert. Auf der anderen Seite engt man damit die kreativen Optionen im Erklärvideo stark ein. Viele Corporate Designs sind sehr klar, einfach und seriös gehalten. In diesem Rahmen Emotionen in einem Erklärvideo zu erzeugen, kann schwierig bis unmöglich sein. Zumeist sollte eine gute Balance zwischen strikten Regeln einerseits und flexiblen Anforderungen andererseits gefunden werden.

Sechs Komponenten bestimmen das Design des Erklärvideos: Das Format, der Hintergrund, die Elemente, die Animation der Elemente sowie die Kamerabewegungen und die Übergänge. Bitte schauen Sie sich dieses Erklärvideo an, bevor Sie weiterlesen. Es lohnt sich wirklich:

MEN'S HEALTH MAGAZINE - WIE AUS EINER BOHNE EIN FURZ WIRD

 Das Men's Health Magazine ist mit 35 Editionen in 59 Ländern die weltweit größte Marke für Männermagazine. In diesem ziemlich genau eine Minute langen Erklärvideo erklärt die Zeitschrift, warum wir Blähungen haben. Im 2D-Animation-Stil verfolgen Sie den Weg einer Bohne aus der Dose bis zum Darmausgang. Sie finden das unappetitlich? Schauen Sie es sich an!

https://buch.nitsche.info/go/bohne-furz

1. Format

Das Video ist, wie die meisten Videos, im Querformat produziert, mit einem Seitenverhältnis von 16:9. Dies ist das gebräuchlichste Format in dem heute die meisten Videos produziert werden. Trotzdem sollten Sie sich vor Beginn des Designs überlegen, ob dieses Format auch für Ihre Zwecke optimal ist, denn seitdem die mobile Nutzung des Internets über Mobiltelefone stark steigt, ist dieses Format nicht mehr immer geeignet. Mobiltelefone werden normalerweise hochkant gehalten und mobile Werbevideos im Hochformat werden bis zu 90 % öfter bis zum Ende angeschaut als Werbevideos im Querformat [Breadnbeyond 2018]. Inzwischen werden laut einer Befragung von fast 5000 Marketingmanagern nur noch 68 % der Marketingvideos im Querformat produziert. 18 % der Videos werden im Hochformat produziert, 14 % als Quadrat [Stelzner 2019:29]. Auch wenn sich diese Analysen nicht direkt auf Erklärvideos beziehen, sollten Sie eine junge Zielgruppe mit stark mobiler Nutzung haben, sollten Sie über das Format nachdenken. Ein weitere Grund könnte die Verwendung des Videos auf Hochformat-Displays im Handel sein.

2. Hintergrund

Der Hintergrund dieses Videos ist sehr schlicht in einem, sagen wir mal, etwas ungünstigen Grüngelb gehalten. Wahrscheinlich gibt es nur wenige Gebiete, wo diese Farbe Verwendung finden könnte, aber für dieses Thema finde ich sie sehr passend ... Schlichte einfarbige Hintergründe lenken den Blick nicht vom Inhalt ab und werden daher bei vielen Erklärvideos genutzt. Beim Whiteboard, dem Namen folgend, sogar häufig in Weiß. Gerade bei der 2D-Animation wird allerdings oftmals auch mit komplexeren Hintergründen gearbeitet, dort werden teilweise ganze Landschaften oder auch Innenansichten von Büros dargestellt. Diese dienen dazu, die Charaktere in einer Szenerie einzubetten und so das Storytelling zu unterstützen.

3. Elemente:

Mit den Elementen wird die eigentliche Geschichte des Erklärvideos erzählt. Dafür kommen ganz unterschiedliche Typen von Elementen zum Einsatz:

▶ **Text**: Gleich zu Beginn wird mit dem Titel des Videos Interesse erzeugt. Im weiteren Verlauf wird Text eingesetzt, um visuell schwer verständliche Elemente wie Proteine zu erklären und um, wie in einem Comic, Aussagen von Charakteren in Sprechblasen zu visualisieren. Die Typographie, also die Art und Weise wie der Text durch Schriftarten, Schriftgrößen und -auszeichnungen, Abstände und vieles mehr gestaltet wird, ist für die Aussage und die beim Betrachter erzielte Wirkung entscheidend. Ein großes fettes Schlagwort hat eine andere Aussage als ein handgeschriebener oder kursiver Text.

▶ **Charaktere**: Die Hauptdarsteller in diesem Video sind, wie sollte es auch anders sein, die Bohnen, aber auch die Enzyme und die Oligosaccharide haben Rollen bekommen. Die Storyline wird durch die Charaktere visualisiert, diese erzählen quasi die Geschichte. In diesem Fall handelt es sich um einfache Zeichnungen im Outline-Stil. Häufiger findet man in Erklärvideos detaillierter ausgearbeitete Charaktere, die im Normalfall Menschen darstellen, die ja zumeist auch im Mittelpunkt der Storylines stehen. Wichtig ist, dass die Charaktere zu Ihrer Zielgruppe passen, um eine Identifikation zu ermöglichen. Ausnahmen, wie in diesem Fall die Bohnen, bestätigen die Regel ...

▶ **Requisiten**: Natürlich benötigen die Charaktere Requisiten, um Handlungen auszuführen, im Beispielvideo sehen Sie beispielsweise verschiedene Werkzeuge und Besteck. In vielen Erklärvideos im geschäftlichen Bereich werden natürlich andere Requisiten wie Computer, Autos etc. verwendet und entsprechend des Videostils gestaltet. Als Herausforderung stellt sich hier oft die Vereinfachung dar: Soll man zum Beispiel ein Kontaktformular auf einer Webseite als Screenshot zeigen oder diesen symbolisiert aber stark vereinfacht visualisieren. Letzteres ist aufwendiger, aber meist der richtige Weg.

▶ **Symbole**: Häufig wird in Erklärvideos auch mit Symbolen gearbeitet. Diese haben nicht nur eine direkte, sondern auch eine übertragene Bedeutung. Ein Ausrufungszeichen in einem Dreieck steht, nicht nur im Straßenverkehr, für „Achtung!". Schauen Sie sich an, wie im Beispielvideo Rohre, Benzinkanister und am Schluss die Trompete eine symbolhafte Bedeutung haben.

Wichtig ist, dass nicht zu viele Elemente gleichzeitig in einer Szene vorkommen, denn dann weiß der Zuschauer nicht mehr, auf welches Element er sich konzentrieren soll. Ähnliches gilt für die Farben: Selektiv eingesetzt können sie die Aufmerksamkeit lenken.

4. Animation

Die Animationen erwecken das Erklärvideo zum Leben. Dabei gibt es drei unterschiedliche Formen von Animation, die unterschiedlich eingesetzt werden:

▶ **Bewegung**: Dies ist die häufigste Form der Animation, mit der die Charaktere durch das Video gehen, fahren, schwimmen etc. Aber nicht nur die Charaktere sind in Bewegung, auch andere Elemente werden in das Video hinein- oder herausbewegt oder tauchen einfach auf oder verschwinden wieder. Meist erfolgt die animierte Bewegung „von Geisterhand", im Whiteboard- und Cut-Out-Stil ist es eine „echte" Hand, die die Bewegung vollzieht.

▶ **Handlungen**: Die Charaktere bewegen sich nicht nur durch die Szenen, sie führen auch Handlungen aus. Im Beispiel zersägen, zerhacken und zerschneiden die Zähne und Enzyme die Bohnen. Durch die Handlungen wird die Geschichte erzählt, ohne diese Bewegungen würden die Charaktere starr und langweilig wirken.

▶ **Gestik und Mimik**: Noch mehr Lebendigkeit, und vor allen Dingen Emotionen, werden über die Gestik und Mimik der Charaktere erzeugt. Die dadurch ausgedrückten Gefühle sind durch die Evolution tief in unserem Inneren verankert. Schauen Sie sich mal das Enzym ab Sekunde 18 an, wie es zunächst Anweisungen gibt, glücklich die Umsetzung beobachtet und dann von den Oligosacchariden überrascht wird, die ein Problem darstellen.

Genau wie die Elemente bewusst und in nicht zu großer Anzahl eingesetzt werden sollten, muss auch die Animation themen- und aussagegerecht gestaltet werden. Bei einer jungen Zielgruppe kann sicherlich mehr animiert werden als wenn im Firmenkundengeschäft einer Bank Seriosität ausgestrahlt werden soll.

5. Kamerabewegungen

Doch nicht nur die Elemente können sich bewegen, auch die (virtuelle) Kamera wird bewegt. Man kann zum Beispiel den Ausschnitt durch verkleinern und vergrößern (Zoom) oder durch Schwenken (Pan) verändern. Außerdem kann die Kamera die Position wechseln. Achten Sie im Beispielvideo mal darauf, wie die Kamera die Bohnen bei der Reise durch den menschlichen Körper begleitet: Aus der Dose über den Mund und Magen bis, na ja, zum Ausgang. Durch eine geschickte Kameraführung entsteht nicht nur Bewegung, es können auch Emotionen erzeugt werden. Beim Vergrößern des Bildausschnitts wird beispielsweise Spannung erzeugt und der Fokus des Betrachters auf ein Detail gelenkt.

6. Übergänge

Schließlich gibt es noch die Übergänge zwischen den Szenen. Sie haben eine ähnliche Funktion wie der Wechsel zwischen Folien bei PowerPoint - und manchmal auch eine ganz ähnliche Gestaltung. Teilweise werden Übergänge sehr deutlich gestaltet, zum Beispiel wenn eine Hand im Cut-Out-Stil alle Elemente vom Tisch wischt. Im Beispielvideo gibt es einen harten, aber nahezu unsichtbaren Schnitt zum Schluss, direkt bevor das Logo von Men's Health auftaucht. Die anderen Szenen werden in diesem Fall durch Kamerabewegungen miteinander verbunden, was das Video sehr elegant erscheinen lässt.

Der Mix macht es!

Das perfekte Zusammenspiel der sechs Komponenten macht eine hervorragende Kreation aus. Und damit können auch unappetitliche Dinge nicht nur interessant und lehrreich, sondern sogar ästhetisch zum Genuss werden.

40 ÜBERZEUGENDE VOICE-OVER-SKRIPTE TEXTEN

Vielleicht ist Ihr Voice-Over-Skript schon fertig, denn je nach Produktionsprozess beginnen manche Anbieter mit dem Voice-Over-Skript. Andere erstellen, wie in Kapitel 36 erläutert, zunächst die Storyline, das finale Voice-Over-Skript wird dann erst parallel zum Design geschrieben. Völlig unabhängig von dieser Glaubensfrage gibt es aber natürlich eine erhebliche Überschneidung zwischen der Handlung der Storyline und dem Voice-Over-Skript. Letzteres folgt der Storyline, d. h. den Schritten Problem, Lösung, Vorteile und Handlungsaufruf und kleidet sie in Worte.

Die Storyline im Erklärvideo hat, wie beim Storytelling erläutert (vgl. Kapitel 37), drei Aufgaben: Sie soll zunächst die Aufmerksamkeit der Zuschauer erlangen, diese dann fesseln und schließlich zu einer Handlung anregen. Im Folgenden können Sie herausfinden, wie ein Voice-Over-Skript diese Aufgaben erfüllen kann. Als Ergänzung erhalten Sie noch ein paar Praxis-Tipps, worauf man beim Schreiben achten sollte.

1. Aufmerksamkeit erlangen

Aller Anfang ist schwer, umso mehr, wenn er darüber entscheidet, ob der Empfänger sich das Erklärvideo überhaupt weiter ansieht oder nicht. Der erste Satz muss also „sitzen", oder noch besser: Er muss „mitreißen". Dafür gibt es unterschiedliche Techniken, die eines gemeinsam haben: Sie beziehen den Zuhörer ein, sie machen ihn sofort zum Teil des Geschehens:

▶ **Fragen**: „Haben auch Sie schon einmal erlebt, ..." oder „Suchen nicht auch Sie nach ...". Im Idealfall gibt der Zuhörer so bereits nach zwei oder drei Sekunden ein „Ja". Und wenn er damit erst mal angefangen hat, dann kann er, und da sind wir mitten in der Psychologie des Verkaufs, danach schlecht „Nein" sagen. Die große Gefahr bei einer Frage am Anfang ist allerdings, dass er „Nein" sagt. Und dann hat man einen Zuschauer verloren. Man sollte diesen Einstieg also nur nutzen, wenn man sich sicher ist, ein „Ja" zu bekommen.

▶ **Versprechen**: „In den nächsten 90 Sekunden erfahren Sie, wie ...". Mit diesem Versprechen schenkt man den Zuschauern zunächst einmal Zeit, denn man gelobt ja, dass es nicht lange dauern würde. Damit hat man schon einmal ein positives Sentiment erhalten. Und wenn dann der Inhalt des Versprechens auch noch interessant ist, bleiben die Zuschauer dabei.

▶ **Problem**: Am häufigsten starten Erklärvideos jedoch direkt mit der Beschreibung des Problems: „Die neuen gesetzlichen Regelungen zu XYZ sind kompliziert. Und wenn Sie nur einen Fehler machen, dann wird es für Ihr Unternehmen teuer!". Selbst wenn der Zuhörer noch nie von diesem Gesetz gehört hat, jetzt wird er dabei bleiben.

2. Aufmerksamkeit fesseln

Um Ihre Zuschauer auch anschließend bei der Stange zu halten, müssen Sie nicht nur ein visuelles Feuerwerk veranstalten, sondern auch alle Register der Rhetorik ziehen: Erinnern Sie sich noch an die drei Arten der Überzeugung nach Aristoteles? Logos (Kopf), Ethos (Hand) und Pathos (Herz)? Falls nicht, dann erhalten Sie hier eine kleine Auffrischung, speziell für Erklärvideos:

▶ **Logos** ist die Überzeugung durch rationale Argumentation. Der Zuschauer muss dabei implizit, durch eine nachvollziehbare Struktur des Erklärvideos, und explizit, durch die relevanten Zahlen, Daten und Fakten, von der Lösung überzeugt werden.

▶ Unter **Ethos** wird die Autorität und Glaubwürdigkeit des Absenders verstanden. Die fachliche Expertise kann durch die rationale Argumentation gestärkt werden, aber viel besser ist es doch, andere für sich sprechen zu lassen. Eine Kundenreferenz eines bekannten Unternehmens oder ein Siegel eines anerkannten Absenders wirken Wunder.

▶ Als drittes Element kommt dann noch **Pathos**, der emotionale Appell. Die Bedeutung der Emotionen habe ich schon vielfach erwähnt, aber für den Erfolg eines Erklärvideos sind diese nun einmal entscheidend.

Nicht nur gute Redner brauchen Ethos, Pathos und Logos um zu überzeugen, auch bei Erklärvideos ist die richtige Kombination dieser Zutaten im Voice-Over-Skript das Erfolgsrezept. Und ganz besonders relevant werden sie am Schluss, beim Call-To-Action.

3. Zur Handlung aufrufen

Man hat die Aufmerksamkeit des Zuschauers gewonnen und ihn die ganze Zeit gefesselt - die ganze Mühe war vergebens, wenn er dann nicht der Handlungsaufforderung folgt. Und auch hier kann Aristoteles wieder helfen, wie diese drei Beispiele verdeutlichen:

▶ **Logos**: Mit rationaler Argumentation zur Terminvereinbarung kommen: „XYZ kann Ihre monatlichen Kosten um 25 % senken, vereinbaren Sie jetzt ein kostenloses Beratungsgespräch!"

▶ **Ethos**: Die Glaubwürdigkeit zählt: „Tausende von Kunden haben sich bereits für XYZ entscheiden. Werden auch Sie noch heute Mitglied!"

▶ **Pathos**: Der emotionale Appell zum Abschluss: „Ihre Zeit ist gekommen. Nehmen Sie Ihr Leben in die eigene Hand und machen Sie den Abschluss zum XYZ. Jetzt anmelden!"

Wer hätte gedacht, dass die alten Griechen so viel von Erklärvideos verstanden haben ... Toppen kann ich das nicht, aber im Folgenden finden Sie noch 10 Praxis-Tipps aus meiner Erfahrung:

1. **Die Welt dreht sich nicht um Sie**
   In viel zu vielen Erklärvideos redet der Absender, typischerweise ein Unternehmen, über sich selbst. Verstehen Sie mich nicht falsch, natürlich sollen Sie Themen vertreten, also zum Beispiel Ihre Produkte anpreisen, aber bitte mit dem Nutzen für den Empfänger. Sie lösen sein Problem, und das müssen Sie ihm sagen.

2. **Sprechen Sie die Sprache der Fische**
   Eine Marketingweisheit lautet „Der Köder muss nicht dem Angler schmecken, sondern dem Fisch.". Auf Erklärvideos übertragen: Sie müssen in der Sprache der Empfänger reden. Der Empfänger muss denken: „Das hätte ich auch so gesagt.". Dafür ist es so wichtig, die Zielgruppe im Briefing genau zu beschreiben. Es ist aber keine Ausrede für Branchenjargon, komplizierte Sätze oder umständliche Formulierungen.

3. **Hören Sie auf Karl Popper**
   Von ihm, einem der größten Wissenschaftstheoretiker, stammt das Zitat: „Wer's nicht einfach und klar sagen kann, der soll schweigen und weiterarbeiten, bis er's klar sagen kann.". Das bedeutet für Sie: Kurze Hauptsätze. Kurze Worte mit wenigen Silben. Keine Fremdwörter.

4. **Behalten Sie die Wortzahl im Blick**
   Multiplizieren Sie die gewünschte Länge des Erklärvideos in Sekunden mit 2,3. Das Ergebnis ist die ungefähre Anzahl der Wörter, die Ihr Voice-Over-Skript haben darf. In der Statusleiste Ihrer Textverarbeitung wird Ihnen immer die aktuelle Zahl der Wörter angezeigt, behalten Sie diese im Blick!

5. **Lesen Sie das Skript laut vor**
   Sie mögen sich dabei etwas lächerlich vorkommen, aber es hilft Ihnen in zweierlei Hinsicht: Zum einen finden Sie heraus, ob es die richtige Länge hat. Zum anderen, und das ist noch wichtiger: Beim lauten Vorlesen finden Sie die Zungenbrecher und Stolpersteine. Und dann ändern Sie das Skript, bis es „flutscht"!

6. **Schlafen Sie eine Nacht darüber**
   Vielleicht ist der Zeitdruck zu groß und die Abgabefrist schon längst verstrichen. Aber wenn es irgendwie möglich ist: Drucken Sie das Skript aus, legen Sie es auf den Schreibtisch, gönnen Sie sich eine Nachtruhe und lesen Sie das Skript am nächsten Morgen mit frischen Augen. Und Sie finden garantiert Verbesserungspotenzial.

7. **Testen. Testen. Testen**
   Ein fertiges Erklärvideo zu testen und anschließend zu ändern ist sehr aufwendig. Aber ein Voice-Over-Skript zu sprechen und an der Zielgruppe zu testen, das ist machbar. Finden Sie heraus, welche Informationen sie behält, wie sie sich dabei fühlt und vor allen Dingen, ob Sie der Handlungsaufforderung folgen würde. Wenn das Skript schon ohne Bild funktioniert, dann wird es mit visueller Unterstützung erst recht klappen!

8. **Vertrauen ist gut. Kontrolle ist besser**
   Das wichtigste Element des Voice-Over-Skripts ist der Handlungsaufruf. Kontrollieren Sie, ob er umsetzbar ist. Nichts ist furchtbarer, als wenn der Zuschauer ein tolles Erklärvideo gesehen hat und sofort bestellen will, aber der Bestellbutton auf der Seite mit dem Video überhaupt nicht angezeigt wird.

9. **Alles ist nichts ohne Emotionen**

Erzählen Sie nicht nur eine Geschichte. Machen Sie die Geschichte für die Zuschauer lebendig. Nutzen Sie Symbole, Vergleiche und vor allen Dingen Metaphern und wecken Sie so die Emotionen der Zuschauer. Eine Prise Humor an der einen oder anderen Stelle schadet in den seltensten Fällen. Aber bleiben Sie dabei authentisch und passend zu Ihrer Marke beziehungsweise zu Ihrem Unternehmen.

Das Voice-Over-Skript muss gleichzeitig einfach, umfassend, präzise, emotional und aktivierend sein. Kein Wunder, dass es während des Schreibens viele Male geändert, und dabei jedes einzelne Wort auf die Goldwaage gelegt wird. Und für jeden, der an der Erstellung mitarbeitet oder das Skript schließlich beurteilen und freigeben muss, sind andere Inhalte besonders relevant. Häufig habe ich es erlebt, dass ein kurzes Voice-Over-Skript als Entwurf zum Kunden zur Freigabe ging und dann, einige Tage später, ein doppelt so langes Skript zurückkam. Mit dem Zusatz versehen, dass es noch zur Rechtsabteilung müsse und da noch ein paar Sätze hinzukommen würden. Daher mein wichtigster Tipp:

10. **Kennen Sie keine Gnade und fassen Sie sich kurz**

Thomas Jefferson sagte: „The most valuable of all talents is that of never using two words when one will do.". Dem ist nichts hinzuzufügen, streichen Sie jedes überflüssige Wort! Falls Sie ein passendes Beispiel für die Umsetzung dieser Regel sehen und hören wollen:

BOSTITCH - AKKUBETRIEBENE DRUCKLUFTNAGLER

Bostitch, ein US-amerikanisches Tochterunternehmen von Stanley Black & Decker hat sich auf die Entwicklung und Herstellung von Befestigungswerkzeugen spezialisiert. In diesem anderthalb Minuten langen Erklärvideo wird der Einsatz der akkubetriebenen Druckluftnagler mit dem passenden Zubehör erklärt. Ohne ein Wort mehr als nötig.

https://buch.nitsche.info/go/bostitch

41 EXKURS: DIE IDEALE STIMME FÜR IHR ERKLÄRVIDEO

Ist das Voice-Over-Skript fertig und final freigegeben, muss es gesprochen werden. In einem typischen Erklärvideo liest ein einzelner Sprecher das Skript, es kann jedoch auch Dialoge mit mehreren Akteuren einschließen. Sie müssen also zumindest den einen idealen Sprecher für Ihr Erklärvideo auswählen, eventuell sogar mehrere. Anschließend muss der Sprecher dann noch gebrieft werden, damit er das Voice-Over auch wirklich so spricht, wie Sie es wünschen.

Die Wahl des richtigen Sprechers ist dabei von erheblicher Bedeutung, denn die Stimme erzeugt die Stimmung, beachten Sie den gleichen Wortstamm. Eine sonore Stimme wäre für eine witzige Storyline genauso wenig geeignet wie eine jugendliche Stimme für ein ernsthaftes Erklärvideo. Apropos „jugendlich": Erschwerend kommt hinzu, dass die Stimme nicht nur für das Skript, sondern auch für die Zielgruppe geeignet sein muss. Bei Dialogen, bei denen Charaktere aus dem Erklärvideo sprechen, muss der Betrachter zudem glauben können, dass die Stimme tatsächlich zu dieser Figur passt. Schauen und vor allem hören Sie sich dieses englischsprachige Erklärvideo an:

BROWN BROTHERS HARRIMAN - DIE KRAFT DES UNTERSCHIEDS

 Brown Brothers Harriman & Co. (BBH) ist die älteste und eine der größten Privatbanken in den Vereinigten Staaten von Amerika. Mit diesem fast zweieinhalb Minuten langen Erklärvideo im Live-Action-Stil sucht BBH neue Mitarbeiter: Schwarze Schafe. Doch nicht die Bilder machen dieses Erklärvideo aus, es ist das Voice-Over-Skript: Geschrieben und gesprochen im Stile eines Poetry Slams wird eine wirklich außergewöhnliche Stimmung erzeugt. Über 150000 Aufrufe für ein Recruiting-Video sind der Lohn dafür.

https://buch.nitsche.info/go/bbh

Es ist nicht so einfach, wie es sich anhört, jedes Wort aus dem Voice-Over-Skript zum Leben zu erwecken. Nutzen Sie also bitte immer professionelle Sprecher mit entsprechender Ausrüstung und wählen Sie mit Bedacht aus. Das Ergebnis wird es Ihnen danken.

(Noch) keine Alternative: Künstliche Sprachsynthese

In Zeiten von Alexa & Co. stellt man zwangsläufig die Frage, ob nicht auch computergenerierte Voice-Over eine Alternative sein könnten. Während die Stimmen vor einigen Jahren noch sehr eindeutig nach Roboter klangen, hat die Sprachsynthese durch den Einsatz von Deep Learning in letzter Zeit riesige Fortschritte gemacht. Pausen werden an den richtigen Stellen eingefügt und die Modulation der Sprache wurde deutlich verbessert. Die Vorteile liegen auf der Hand: Die Sprachsynthese wäre nicht nur günstiger als ein Sprecher, die Tondateien wären auch sofort verfügbar, könnten jederzeit geändert und auch später wieder reproduziert werden. Für den Einsatz in einem professionellen Voice-Over fehlt aus meiner Sicht noch etwas, aber während der Produktion kann die Sprachsynthese hervorragend eingesetzt werden: Das komplette Erklärvideo wird mit einem künstlich erzeugten Voice-Over erstellt, dadurch wird es viel besser vorstellbar, wie das finale Video sein wird - gleichzeitig sind Änderungen am Text aber jederzeit kurzfristig und ohne Kosten möglich. Erst im letzten Produktionsschritt wird dann ein menschliches Voice-Over gesprochen und in das Video eingesetzt.

Kriterien für die Auswahl des richtigen Sprechers

Um den idealen menschlichen Sprecher zu finden, der die emotionale Nähe zu Ihren Zuschauern herstellt, sollten Sie sich Sprachproben von ganz unterschiedlichen Sprechern anhören. Dies sollten nicht nur einzelne Sätze sein, sondern am besten andere Erklärvideos, denen der Sprecher bereits seine Stimme gegeben hat. In der finalen Auswahl könnten Sie die Kandidaten Ihrer Shortlist sogar bitten, einen Absatz aus Ihrem Voice-Over-Skript zu sprechen, damit Sie sich wirklich ganz sicher bei der Auswahl sind. Die meisten Voice-Over-Sprecher erfüllen diesen Wunsch gerne - schließlich hoffen sie auf den Auftrag. Im Zweifelsfall fragen Sie die Zielgruppe, welche Stimme ihr besser gefällt. Selbst wenn Sie nur eine kleine Stichprobe befragen, ist dieses Feedback besser als nichts. Folgende Kriterien helfen Ihnen bei der Auswahl:

▶ **Geschlecht**: Diese grundsätzliche Entscheidung sollten Sie bereits ganz am Anfang des Auswahlprozesses treffen. In den meisten Erklärvideos sind die Sprecherstimmen männlich, vielleicht weil der klassische Geschichtenerzähler eine ältere, männliche Stimme hat. Doch gibt es einen Beweis, dass dies auch besser funktioniert? Nicht wirklich, denn in einer Befragung von 2194 US-Amerikanern wurde herausgefunden, dass männliche Stimmen eher kraftvoll und weibliche Stimmen eher beruhigend wirken. Dies hat allerdings keine Auswirkung auf die Überzeugungskraft: 19 % der Befragten fanden weibliche Stimmen überzeugender, 18 % männliche Stimmen. Die große Mehrheit gab allerdings an, dass sie keinen allgemeinen Unterschied in der Überzeugungskraft sieht. Nur unwesentlich klarer waren die Aussagen, wenn es sich um bestimmte Produkte wie Autos oder Computer handelt [Harris Interactive 2010]. Die Statistik hilft uns bei der Selektion also nur sehr begrenzt, wesentlich relevanter ist es wahrscheinlich, die Auswahl auf Basis der Zielgruppe und des Themas zu treffen: Wollen Sie zum Beispiel im Erklärvideo ein geschlechtsspezifisches Produkt anpreisen, dann ist eine Stimme des entsprechenden Geschlechts normalerweise die bessere Wahl. Ausnahmen bestimmen aber auch hier die Regel, wahrscheinlich muss auch Ihr Bauchgefühl bei der Entscheidung unterstützen.

▶ **Alter**: Im Gegensatz zum Geschlecht habe ich in der Recherche für dieses Buch keine wissenschaftlichen Erkenntnisse gefunden, die bei der Auswahl helfen könnten. Meiner Erfahrung nach gilt hier aber dasselbe, das Alter der Stimme muss grundsätzlich zur Zielgruppe und zum Thema passen. Eine junge Stimme wird sich schwer tun, einer konservativen, älteren Zielgruppe Finanzthemen in einem Erklärvideo näherzubringen. Umgekehrt wird eine weise ältere Stimme einer jugendlichen Zielgruppe kaum glaubhaft die Benutzung eines Smartphones erklären können.

► **Akzent**: Hier ist die Auswahl eigentlich sehr leicht: Der Akzent sollte der Zielregion entsprechen. Natürlich bedeutet dieses nicht, dass Sie ein deutschsprachiges Erklärvideo in Bayerisch, Sächsisch, Hessisch und Plattdeutsch sprechen lassen müssen. In einem solchen Fall sollten Sie ein neutrales Hochdeutsch wählen. Allerdings sollten Sie emotionale Befindlichkeiten beachten: Eine Studie im Journal of Global Marketing hat gezeigt, dass lokale Sprecher in Singapur zwar eine höhere Aufmerksamkeit bekamen, Sprecher mit einem britischen Akzent aber als glaubwürdiger wahrgenommen wurden und die Kaufabsicht steigerten [Lalwani/Lwin/Li 2005]. In der Praxis habe ich schon Sprachadaptionen für die DACH-Region vornehmen müssen, jeweils mit einem deutschen, einem österreichischen und einem schweizer Sprecher. Beim internationalen Einsatz von Erklärvideos auf Englisch versuche ich zum Beispiel möglichst neutrale Sprecher zu finden. Diese sollten weder einen starken amerikanischen oder gar australischen Akzent haben, noch nach der als hochnäsig empfundenen britischen Oberschicht klingen.

► **Sprachqualität**: Auch wenn es traurig ist, auf dem Markt bieten viele ihre Sprecherdienste an, die nicht im Entferntesten professionelle Qualität bieten können. Die richtige Betonung relevanter Wörter, Variationen in Tempo und Tonhöhe, um Monotonie zu vermeiden, die Kontrolle der Geschwindigkeit und die klare Aussprache: Zu einem guten Voice-Over gehört mehr als nur Vorlesen. Inzwischen kann die Qualität von Hervorhebungen, Abwechslung, Fluss und Diktion sogar mit Software überprüft und verbessert werden, wie diese Studie beweist [Rubin/Berthouzoz/Mysore/Agrawala 2015].

► **Technik**: Auch die technische Ausrüstung für eine gute Aufnahme ist nicht bei allen Sprechern vorhanden. Es wird nicht nur ein ordentliches Mikrofon, sondern auch ein Studio, das Nebengeräusche und Hall unterdrückt, benötigt. Letztlich muss der Sprecher die Aufnahme auch im gewünschten Dateiformat und der notwendigen technischen Qualität zur Verfügung stellen.

► **Verfügbarkeit**: Unterschätzt wird bei der Sprecherauswahl häufig die Frage, ob eine langfristige Verfügbarkeit gewährleistet ist. Wenn Sie die perfekte Stimme für Ihr Unternehmen gefunden haben, wollen Sie diese ja dauerhaft einsetzen. Und falls Sie ein Erklärvideo aktualisieren müssen, sollte es ja möglichst auch wieder der gleiche Sprecher sein. Klären Sie also nicht nur, ob die Stimme jetzt verfügbar ist, sondern auch in Zukunft.

► **Preis**: Last but not least spielt natürlich auch der Preis eine Rolle. Die Kosten für das Sprechen eines Voice-Over-Skripts von zwei Minuten starten bei unter hundert Euro, bei prominenten Sprechern können die Kosten aber auch in den vierstelligen Bereich gehen. Auch die geplanten Kanäle müssen dabei beachtet werden, viele Sprecher erwarten ein zusätzliches Honorar, sollte das Erklärvideo im Fernsehen verwendet werden. Und vielleicht ist es ja die zusätzlichen Kosten Wert, wenn Ihr Erklärvideo klingt, als sei Bruce Willis der Sprecher. Auf jeden Fall sollten Sie hier aber nicht auf den letzten Cent achten, denn, wie schon eingangs beschrieben: Die Stimme gibt den Ton an, nicht das Design.

Das Briefing für den Sprecher

Haben Sie den idealen Sprecher gefunden, müssen Sie ihn noch gut briefen, damit am Ende auch das perfekte Voice-Over entsteht, denn es kommt nicht nur darauf an, was er sagt, sondern auch wie er es sagt. Folgende Hinweise sollten Sie dem Sprecher auf jeden Fall geben:

▶ **Geschwindigkeit**: Hier muss der Sprecher die richtige Balance finden, denn die Empfänger müssen die Botschaft nicht nur verstehen, sondern auch verarbeiten können. Trotzdem darf er auch nicht zu langsam sprechen, denn das Erklärvideo soll fesseln und Sie wollen ja auch eine bestimmte Zeit nicht überschreiten. Notieren Sie im Skript außerdem, wenn Sie an bestimmten Stellen eine besondere Betonung oder auch eine Pause benötigen.

▶ **Tonfall**: Das vielleicht schwierigste ist es, den richtigen Tonfall zu beschreiben. Soll der Sprecher humorvoll, ernst, enthusiastisch, seriös, freundlich, energiegeladen, lässig oder optimistisch klingen? Sie sollten sich dabei nicht nur auf wohlklingende Adjektive verlassen, sondern den Sprecher mit Hintergrundwissen zum Video versorgen, zum Beispiel zur Zielgruppe und zum Zweck. Wenn das Design schon vorangeschritten ist, können Sie ihm auch das Erklärvideo im Entwurfsstadium zur Ansicht senden.

▶ **Besonderheiten**: In der praktischen Zusammenarbeit mit Sprechern hat es sich auch als Vorteil erwiesen, dem Sprecher alle außergewöhnlichen Worte im Voice-Over-Skript zusätzlich zu erklären: Wie werden Abkürzungen ausgesprochen, als Wort oder als Buchstaben? Wie soll er Eigennamen, zum Beispiel den Namen eines Unternehmens oder Produkts, aussprechen? Wollen Sie, dass Worte mit einem ausländischen Ursprung in „deutsch" oder näher an der Ursprungssprache ausgesprochen werden? Je detaillierter Sie briefen, desto weniger Änderungen werden nachträglich nötig sein. Am besten ist es, das betreffende Wort selbst wie gewünscht zu sprechen und dem Sprecher die Aufnahme zu senden.

42 EMOTIONALE SPANNUNG FÜR DAS OHR ARRANGIEREN

Auch wenn Video wörtlich übersetzt ja eigentlich nur „ich sehe" bedeutet: Der Ton ist für ein Video fast genauso wichtig wie die Bilder. Das Voice-Over wird dabei noch mit zwei weiteren Audio-Elementen ergänzt: Musik und Soundeffekte. Eine nette Musik wird aus einem schlechten Erklärvideo kein gutes Erklärvideo machen, aber die richtige Kombination aller drei Komponenten wird für eine exzellentes Erklärvideo benötigt. Ein großartiger Sound lässt Ihr Video in den Köpfen der Betrachter lebendig werden, wie dieses Erklärvideo von Spotify beweist:

SPOTIFY - ZUM START DES MUSIKSTREAMING-DIENSTES IN DEN USA

Spotify ist mit rund 270 Millionen Nutzern einer der größten Musikstreaming-Dienste. Über 50 Millionen Musiktitel können in fast 80 Ländern angehört werden. Dieses ungefähr eine Minute kurze Erklärvideo verbindet eine minimalistische 2D-Animation mit dem Kinetic-Typography- und dem Motion-Graphics-Stil. Das Außergewöhnliche ist aber der exzellente Einsatz der Musik, mit der die Zuschauer rasant durch das Spotify-Angebot geführt werden. Achten Sie auf den Einsatz der Soundeffekte ganz am Anfang.

https://buch.nitsche.info/go/spotify

Im Hintergrund, aber wichtig: Musik

Es ist die Musik, die manche Spielfilme unvergesslich macht, sie kann beruhigen oder die Dramaturgie einer Szene verstärken. Stellen Sie sich kurz die entscheidende Szene aus einem Horrorfilm ohne Musik vor, und Sie wissen was ich meine. Ein wissenschaftliche Studie aus dem Jahr 2009 beweist, dass die durch Musik ausgelösten Emotionen die Wahrnehmung von anschließend gezeigten Bildern verändern. Die Probanden hörten zunächst fröhliche oder traurige Musik. Anschließend wurden ihnen neutrale, glückliche oder traurige Geschichte gezeigt. Die zuvor gehörte Musik verstärkte dabei die Wahrnehmung vorhandener Emotionen in den Gesichtern und führte sogar dazu, dass neutrale Bilder als traurig oder glücklich wahrgenommen wurden.[Logeswaran/Bhattacharya 2009]. Über die Emotion hinaus sorgt die Musik zudem dafür, dass das Publikum bis zum Ende aufmerksam bleibt, ganz besonders wichtig für den Call-To-Action!

Natürlich benötigen Sie die entsprechenden Rechte und dürfen nicht einfach den „Imperial March" aus den Star-Wars-Filmen nutzen. Der günstigste und am häufigsten gewählte Weg ist sogenannte lizenzfreie Musik, die entweder Teil der genutzten Software ist oder die man auf entsprechenden Plattformen im Internet findet. Aber Achtung, lizenzfrei bedeutet nicht kostenlos, bis auf seltene Ausnahmen müssen Sie für die kommerzielle Nutzung natürlich Gebühren zahlen.

In vielen Erklärvideos wird „optimistische" oder „fröhliche" Musik genutzt, um eine positive, verkaufsfördernde Stimmung zu erzeugen (so ähnlich wie bei der Musik, mit der man im Einzelhandel berieselt wird). Tatsächlich wählt man Musikstücke auf den Plattformen mit solchen Adjektiven aus. Zusätzlich sollte man dabei immer darauf achten, ob die Länge des Stücks für das Erklärvideo ausreicht, wie die Geschwindigkeit ist und natürlich auch wie teuer der Song ist. Ich habe schon viele Stunden mit der Auswahl der richtigen Musik verbracht ...

Und die Kriterien für die Auswahl? Im Kern gilt das Gleiche wie für die Stimme des Voice-Overs: Sie sollte zum Unternehmen, zum Thema und zur Zielgruppe passen. Und sie sollte Ihnen gefallen. Die perfekte Musik haben Sie gefunden, wenn Sie das Erklärvideo ansehen können, ohne die Musik zu bemerken - gleichzeitig das Video ohne die Musik aber langweilig wirkt.

Soundeffekte

An Soundeffekten scheiden sich die Geister. Die einen verzichten gänzlich darauf, andere untermalen so gut wie jede Bewegung mit einem entsprechenden Sound. Meiner Meinung nach können gut gemachte Soundeffekte die Aussagen eines Erklärvideos unterstützen, viel zu häufig werden sie aber zu übertrieben eingesetzt. Meine Empfehlung ist daher, erst vor der Fertigstellung des Erklärvideos zu schauen, ob und wenn ja an welchen Stellen Soundeffekte eingesetzt werden sollen. Dabei kann man fünf Einsatzmöglichkeiten unterscheiden:

▶ **Soundeffekte** können die Elemente zum Leben erwecken. Wenn der Charakter im Video hämmert, dann kann es das Geschehen glaubwürdiger machen, wenn man das auch hören kann. Geräusche wie Schritte, das Zuschlagen einer Tür, das Quietschen von Autoreifen oder auch das Rascheln von Papier auf dem Schreibtisch: Sie bringen Realismus in das Video.

▶ Den gleichen Effekt hat die Nutzung von Soundeffekte als **Hintergrundgeräusche**. Ein Szene im Hamburger Hafen ohne das Tuten von Schiffen ist doch kaum vorstellbar. Ob im Bahnhof, auf dem Markt oder im Büro: Wir sind umgeben von Geräuschen und ohne sie wirkt die Szene künstlich.

▶ Außerdem können Soundeffekte **zentrale Botschaften** hervorheben. Die Überraschung durch den Soundeffekt führt zu mehr Aufmerksamkeit, lenkt auf die Szene, einen Charakter oder ein besonders relevantes Element.

▶ Soundeffekte können auch **Emotionen** hervorrufen. Denken Sie bitte nicht an das furchtbare Geräusch, wenn an einer Tafel gekratzt wird, sondern lieber an Wellen am Strand!

▶ Letztlich können Übergangseffekte auch den **Wechsel** zwischen zwei Szenen betonen, häufig wird zum Beispiel die Hand, die die Elemente im Cut-Out-Stil wegwischt von einem entsprechenden Geräusch begleitet.

Ganz wichtig aus meiner Sicht: Weniger ist mehr!

Mischen der Audio-Elemente zum finalen Soundtrack

Im letzten Schritt der Erstellung des Soundtracks müssen das Voice-Over, die Musik und die Soundeffekte gemischt werden. Ganz wichtig nach meiner Erfahrung ist es, die richtige Lautstärke zu treffen: Die Hintergrundmusik darf den Sprecher nicht übertönen, auf der anderen Seite haben einige Sprecher manchmal eine fast zu betonte Aussprache, die zu Spitzen in der Lautstärke führt.

Bitte bedenken Sie beim Soundtrack immer auch, dass viele Zuschauer die Videos ohne Ton anschauen. Einige sitzen im Büro und wollen die Kollegen nicht stören, vielleicht hat der Computer auch gar keine Lautsprecher. Oder aber sie schauen das Video auf dem Smartphone im Bus. Das Video sollte durch den Soundtrack gewinnen, es muss aber zunehmend auch ohne Ton funktionieren.

43 | HURRA, IHR ERKLÄRVIDEO IST FERTIG!

Ein langer Weg liegt hinter Ihnen: Vom Briefing über die Entwicklung der Storyline bis hin zum Design von Bild und Ton. Wenn jedes der rund 23000 Worte in diesem Abschnitt ein Meter wäre, hätten Sie schon fast einen Halbmarathon gelaufen, denn Sie haben es bald geschafft! Doch wie geht es nun weiter?

Zunächst einmal muss das fertige Erklärvideo in den richtigen Formaten produziert werden. Das kreierte Design wird mit dem Soundtrack unterlegt und ein letztes Mal überprüft. Sie erhalten das Video zur finalen Freigabe und werden diese sicherlich gerne erteilen, wenn denn alles perfekt ist. Das Video erhalten Sie dann typischerweise in Full-HD-Qualität mit einer Auflösung von 1920x1080 Pixeln, meist im MP4-Format. Damit sind Sie perfekt auf die Nutzung vorbereitet. Mehr über den Einsatz des Erklärvideos erfahren Sie im vierten Abschnitt

Bevor Sie jedoch mit dem Einsatz beginnen, sollten Sie noch feiern. Nicht nur sich selbst, weil Sie es bis hierhin im Buch geschafft haben, sondern auch im realen Leben. Mit dem tollen Team, mit dem Sie das Erklärvideo erstellt haben. Doch wie im Fußballspiel so gilt auch hier: Nach dem Erklärvideo ist vor dem Erklärvideo. Vielleicht weil Sie schon die Idee für das nächste Erklärvideo haben. Umso besser, legen Sie los! Vielleicht aber auch, weil Sie dieses Video in mehreren Ländern einsetzen wollen. Oder weil Sie während des Einsatzes feststellen, dass doch noch etwas geändert werden muss. Damit Sie auch dafür gut gerüstet sind, erfahren Sie in den letzten Kapiteln dieses Abschnitts noch etwas zur Internationalisierung und zur Aktualisierung von Erklärvideos.

44 ERKLÄRVIDEOS INTERNATIONAL ADAPTIEREN

Die zunehmende Globalisierung führt dazu, dass immer mehr Unternehmen, ihre Produkte auch international anbieten. Selbst kleine und mittlere Unternehmen sind häufig in verschiedenen Ländern innerhalb der Europäischen Union vertreten. Doch nicht nur das, auch innerhalb Deutschlands leben immer mehr Menschen, die wenig oder kein Deutsch sprechen. Und schließlich werden auch die Unternehmen selbst immer internationaler und daher werden immer häufiger auch in der internen Kommunikation mehrere Sprachen benötigt.

Diese Entwicklungen führen dazu, dass Erklärvideos internationalisiert werden müssen. Ich habe bewusst nicht „übersetzt", sondern „internationalisiert" geschrieben, denn wie Sie gleich feststellen werden, sind die Herausforderungen viel größer als bei einer reinen Übersetzung. Folgendes sollte bedacht werden:

▶ Zunächst einmal muss natürlich das **Voice-Over-Skript** übersetzt werden. Und auch wenn die Methoden der künstlichen Intelligenz in den letzten Jahren deutlich besser geworden sind, geht das nicht komplett automatisch. Zumindest nicht in der professionellen Qualität, die für das Skript benötigt wird. Hier benötigt man einen Muttersprachler, der die Nuancen des Originals versteht und dann in der Übersetzung die richtigen Wörter findet.

▶ Ebenfalls müssen alle im **Design** verwendeten **Texte** ebenfalls übersetzt werden. Dabei entstehen häufig grafische Herausforderungen, da die Texte in verschiedenen Sprachen unterschiedlich lang sind. Die deutsche Sprache ist zum Beispiel deutlich „länger" als die englische Sprache. Dies führt entweder zu Lücken im Design oder aber es ist nicht genug Platz, um die übersetzten Inhalte unterzubringen. Wenn Screenshots oder Produktabbildungen verwendet wurden, so müssen auch diese übersetzt werden - aber im Original, das heißt, die Bilder müssen neu erstellt werden. Besonders aufwendig wird die Anpassung, wenn sich die Schreibrichtung ändert, also statt von links nach rechts nun von rechts nach links geschrieben werden muss.

▶ Eine besondere Herausforderung bei der Übersetzung sind **Spezialbegriffe**, die branchen- oder gar unternehmensspezifisch übersetzt werden müssen. Hier ist es unbedingt notwendig, einen Mitarbeiter des Unternehmens aus dem Zielland mit der Überprüfung der Übersetzungen zu beauftragen, damit die richtige Wortwahl gefunden werden kann.

▶ Neben der Übersetzung muss dabei auch an die **Lokalisierung** gedacht werden, zum Beispiel müssen Währungen ersetzt und Uhrzeiten anders dargestellt werden. Vielfach sind die Preise unterschiedlich und auch Kontaktangaben und die Handlungsaufforderung müssen häufig angepasst werden.

▶ Nach der Übersetzung von Design und Skript muss das **Voice-Over** von einem Muttersprachler neu gesprochen werden. Neben der Wahl des richtigen Akzents ist dabei die Aussprache von Markennamen und ähnlichen nicht übersetzten Begriffen eine große Herausforderung. Aus eigenem Erleben heraus kann ich berichten, wie schwer es ist, einem ausländischen Sprecher die richtige Aussprache von Beiersdorf oder ERGO beizubringen.

▶ Anschließend wird man feststellen, dass die **Animation** komplett angepasst werden muss. Nicht nur die Zeiten sind unterschiedlich, auch die Reihenfolge der Animation kann sich durch einen anderen Satzbau ändern. Aus der anderen Länge des Videos und der geänderten Animation ergeben sich dann auch noch Anpassungen in der eingesetzten Hintergrundmusik und bei den gegebenenfalls genutzten Soundeffekten.

▶ Insbesondere wenn mit Charakteren gearbeitet wird, zum Beispiel im 2D-Animations-Stil, muss häufig das **Aussehen** geändert werden. Dies betrifft dann nicht nur die Hautfarbe und Gesichtszüge, sondern auch Kleidung und sogar Gegenstände, Gebäude oder die Landschaft. Bei einem Live-Action-Stil müsste dafür ein komplett neuer Film erschaffen werden, in der Animation sind Änderungen mit entsprechendem Aufwand möglich.

▶ Manchmal erfordern **sprachliche Probleme** auch grundlegende Änderungen. Nehmen Sie zum Beispiel das deutsche Wort „Bank", auf der man sowohl sitzen als zu der man auch sein Geld hinbringen kann. Wurde hier in der deutschen Version mit diesem Homonym auch im Design „gespielt", dann muss die Stelle in dem Erklärvideo komplett überarbeitet werden.

▶ Ebenso führen **kulturelle Unterschiede** oder Referenzen zu größerem Anpassungsbedarf. Verweise auf die Mythen oder die Kultur eines Landes werden in anderen Ländern überhaupt nicht verstanden. Und Inhalte oder Darstellungen, die in einem Kulturraum völlig unproblematisch sind, zum Beispiel ein Charakter in Badehose oder Bikini, können in einer anderen, vielleicht konservativeren Kultur, zu Problemen führen.

▶ Um weit mehr als eine Übersetzung geht es, wenn es **inhaltliche Unterschiede** zwischen den Videos gibt. Nicht nur, dass Produkte anders benannt sind, vielleicht hat das Unternehmen in einem anderen Land ein völlig anderes Produktangebot oder die Prozesse sind komplett anders gestaltet. Sowohl in der externen als auch in der internen Kommunikation kann dies dazu führen, dass das Video überhaupt nicht in einem anderen Land einsetzbar ist - oder aber mit sehr viel Aufwand angepasst werden muss.

Wenn Ihnen nach diesen Ausführungen der Aufwand zu hoch erscheint: Es gibt zwei mögliche Alternativen zur Internationalisierung des Erklärvideos:

▶ Sie können das Video bestehen lassen und es lediglich um **Untertitel** in der Zielsprache ergänzen. Natürlich ist dies deutlich günstiger als eine Internationalisierung, allerdings wird auch nur ein Teil der Herausforderungen damit gemeistert. Die Gefahr ist groß, dass die Empfänger im Zielland das Vorgehen als wenig professionell oder sogar respektlos empfinden. Wie würden Sie es finden, wenn eine koreanische Firma ein Video für den deutschen Markt nicht übersetzt, sondern lediglich deutsche Untertitel ergänzt?

▶ Die andere Möglichkeit ist es, nur ein **globales Erklärvideo** zu produzieren, dass ohne Änderungen weltweit eingesetzt wird. Wahrscheinlich würden Sie dieses Video auf Englisch produzieren. Dabei vergisst man schnell, dass nur rund 340 Millionen Menschen Englisch als Muttersprache haben. Und je nach Schätzung maximal 1,75 Milliarden Menschen überhaupt Englisch sprechen. Bei einem gebildeten Geschäftspublikum kann das funktionieren, im Geschäft mit Konsumenten ist auf jeden Fall davon abzuraten.

Bedenken Sie eine mögliche Internationalisierung bereits beim Briefing. Denn durch die Wahl des Stils und eine gute Konzeption kann der Aufwand begrenzt werden. Überlegen Sie dabei auch, in welcher Sprache Sie die Ausgangsbasis erstellen lassen, nicht immer ist die deutsche Version die beste Wahl.

45

EXKURS: DER EINSATZ VON UNTERTITELN

Untertitel bezeichnen Textzeilen unter dem Video oder am unteren Rand innerhalb des Videos, in denen das Voice-Over entweder in der Originalsprache oder aber übersetzt eingeblendet wird. Ähnlich wie bei den Soundeffekten gibt es Befürworter und Gegner. Die letzteren finden, dass die Untertitel die Schönheit des Designs stören und so den Betrachter am Genuss des Erklärvideos hindern. Und in der Tat, häufig sehen die Untertitel furchtbar aus.

Die Befürworter sind der Meinung, dass Untertitel in mehrfacher Hinsicht den Erfolg des Videos unterstützen und daher die Vorteile des Einsatzes überwiegen. Und wenn man sich die vielen Gründe für den Einsatz von Untertiteln ansieht, könnten sie recht haben:

▶ Viele **mobile Nutzer** schauen Videos ohne Ton, bei Facebook werden zum Beispiel rund 85 % der Videos ohne Ton abgespielt [Patel 2016]. Zunehmend gehen die Plattformbetreiber und auch die Browser dazu über, die Voreinstellung auf „ohne Ton" zu setzen.

▶ Auch im **geschäftlichen Bereich** werden viele Videos ohne Ton angeschaut. Manche Rechner sind nicht mit Lautsprechern ausgestattet, bei anderen Unternehmen verbieten die IT-Richtlinien die Nutzung von Ton. Und schließlich wird, ähnlich wie bei mobilen Nutzern, der Ton häufig ausgeschaltet, um Kollegen, zum Beispiel im Großraumbüro, nicht zu stören.

▶ Darüber hinaus gibt es weitere Anwendungen, wo Ton nicht gewünscht ist, zum Beispiel auf **Messen** oder auch bei **Displays** im Handel.

▶ Ein ganz anderer Grund für die Anwendung ist die **Inklusion** von Menschen mit einem teilweisen oder vollständigen Verlust des Hörvermögens. Alleine in Deutschland gibt es 80000 Gehörlose und rund 16 Millionen Schwerhörige. In manchen Bereichen ist die Barrierefreiheit sogar gesetzlich geregelt.

▶ Darüber hinaus können Untertitel in der Sprache des Videos auch Menschen helfen, die die Sprache schlecht verstehen, zum Beispiel weil es nicht ihre **Muttersprache** ist. Übersetzt in andere Sprachen können sie sogar die unterstützen, die die Originalsprache gar nicht verstehen. So können Sie ein viel größeres Publikum erreichen!

▶ Nach einer Untersuchung von PLYMedia werden Videos mit Untertiteln mit 40 % höherer Wahrscheinlichkeit zu **Ende** geschaut als Videos ohne Untertitel [PLYMedia 2009]. Die Untersuchung ist allerdings schon über 10 Jahre her, ob diese Zahlen so noch gelten, ist zu bezweifeln. Trotzdem ist der Gedanke interessant so die Anzeigezeit zu verlängern!

▶ Letztlich können Untertitel auch bei der **Suchmaschinenoptimierung** (SEO) helfen. Suchmaschinen können den Ton in Videos nicht interpretieren, die Dateien mit den zusätzlichen Untertiteln können sie allerdings lesen und den Inhalt des Videos so für die Suche zugänglich machen.

Falls Sie sich für den Einsatz von Untertiteln entscheiden, gibt es zwei grundsätzliche Möglichkeiten, die Untertitel bereitzustellen. Sie können Sie entweder fest in das Design integrieren oder aber als zusätzliche Datei bereitstellen. Die feste Integration hat den Vorteil, dass die Untertitel so besser in das Design integriert werden können. Die zusätzliche Datei hingegen bietet die flexiblere Nutzung, der Zuschauer kann so entscheiden, ob er die Untertitel sieht und er kann sogar die Sprache auswählen.

Auch zur Erzeugung der Untertitel gibt es zwei Möglichkeiten: Entweder erstellen Sie die Untertitel selbst, indem Sie das Voice-Over-Skript in der gewählten Sprache mit den entsprechenden Zeitmarkierungen versehen. Oder aber Sie wählen die automatische Erstellung der Untertitel, die zum Beispiel YouTube anbietet. Diese maschinelle Transkription der Texte ist zwar fehlerbehaftet, aber mit ein wenig Nacharbeit durchaus brauchbar.

46 WENN DAS ERKLÄRVIDEO AKTUALISIERT WERDEN MUSS

In unserer schnelllebigen Zeit hält nichts für die Ewigkeit. Auch Erklärvideos sind davon betroffen und müssen aus verschiedenen Gründen aktualisiert werden:

▶ Einer der häufigsten Anlässe für Aktualisierungen ist die Änderungen oder Ergänzung von **Inhalten** des Erklärvideos. Regelmäßig werden zum Beispiel Preise für Produkte geändert oder neue Funktionen ergänzt - und prompt muss auch das dazugehörige Erklärvideo geändert werden. Ein Sonderfall ist die Änderung der Rahmenbedingungen, zum Beispiel gesetzliche Modifikationen, die einen Einfluss auf die Inhalte haben.

▶ Auch die Änderung von im Erklärvideo genutzten visuellen Elementen wie Screenshots von **Webseiten** oder **Softwareprodukten** hat die Aktualisierung des Videos zur Folge. Da heute fast jeder Prozess und jedes Produkt durch Software unterstützt wird, und diese Elemente in den Erklärvideos abgebildet werden, ist das ein alltäglicher Änderungsgrund.

▶ Seltener, aber in meiner Praxis auch schon mehrfach vorgekommen, ist die Änderung des **Corporate Designs**. Wenn Bestandteile des CDs, wie zum Beispiel Schriftarten und Farben, in den Erklärvideos genutzt wurden, müssen diese überarbeitet werden. Dies ist deswegen aufwendig, weil es sich dann typischerweise nicht um ein einzelnes Video, sondern um alle genutzten Videos handelt. Zwar kann man dies zum Anlass nehmen, auch andere Änderungen gleich mit zu erledigen, trotzdem kann der Aufwand erheblich sein.

▶ Ein ganz anderer Anlass zur Änderung ist eine geänderte oder ergänzte **Nutzung** des Erklärvideos. Wurde zum Beispiel ein Erklärvideo bisher auf der Webseite eingesetzt und soll es nun auch in Sozialen Netzwerken veröffentlicht werden, dann wird häufig eine Kurzversion benötigt. Auch für neue Zielgruppen werden häufig Adaptionen benötigt: Wurde ein Erklärvideo für den Endkunden erstellt und soll es jetzt auch für Mitarbeiter oder Vertriebspartner genutzt werden, macht die geänderte Perspektive Änderungen nötig.

▶ Es könnte auch sein, dass man bei der Nutzung festgestellt hat, dass das Erklärvideo noch nicht so gut **funktioniert**, wie es soll. So könnte man erkannt haben, dass häufig an einer bestimmten Stelle abgebrochen oder nach dem Anschauen häufig eine ganz bestimmte Frage gestellt wird. Auch dann sollte man Hand anlegen, um eine optimale Leistung zu erreichen.

▶ Viel zu oft gibt es aus meiner Erfahrung noch einen ganz anderen Grund für Änderungen: **Geschmäcklerische** Änderungswünsche. Da ist das Video gerade freigegeben und fertiggestellt, es wird das erste Mal in einer Führungsrunde gezeigt und ...

Leider sind Änderungen bei Erklärvideos, aus welchen Gründen auch immer induziert, deutlich aufwendiger als Änderungen an Broschüren oder der Webseite. Gehen wir zum Beispiel davon aus, dass Sie ein Erklärvideo für Ihr wichtigstes Produkt auf einer Landingpage einsetzen. Nun fügen Sie diesem Produkt eine ganz wesentliche neue Funktion hinzu. Auf der Landingpage selbst müssen Sie vielleicht einen Punkt in der Aufzählung der Eigenschaften ergänzen. Im Erklärvideo hingegen muss nicht nur die eine Funktion im Design hinzugefügt werden, sondern es ändert sich wahrscheinlich auch das Voice-Over-Skript. Dieses muss neu gesprochen werden, das hat aber zur Folge, dass auch die Animationen und die Sound-Effekte justiert werden müssen, damit sie wieder synchron zum Voice-Over und zum geänderten Design sind.

Wahrscheinlich hat sich auch die Gesamtlänge des Erklärvideos geändert, das wiederum bedeutet, dass auch die Hintergrundmusik angepasst werden muss. Viel Aufwand, und das alles noch unter der Voraussetzung, dass es sich nicht um einen Live-Action-Stil handelt, dann müssten Sie das Erklärvideo komplett neu produzieren. Bitte stellen Sie sich jetzt nicht vor, dass Sie das Video in zehn Sprachvarianten einsetzen, dann vervielfacht sich der Aufwand noch.

Deutlich weniger Aufwand hätte es zur Folge, wenn Sie nur im Design eine kleine Änderung oder Ergänzung vornehmen müssten. Deswegen sollten Sie Stellen mit einer hohen Wahrscheinlichkeit für Änderungen bereits im Briefing erwähnen. Nehmen wir an, der Preis Ihres Produkts wird jedes Jahr neu kalkuliert, dies ist bei Versicherungsprodukten typisch. Wenn man das vor der Produktion des Videos weiß, dann kann man entweder den genauen Preis im Video nicht nennen oder aber zumindest nur im Design anzeigen und im Voice-Over vorsichtiger formulieren. Statt „kostet Sie nur 4,37 Euro pro Monat" sagt der Sprecher dann „kostet Sie weniger als 5 Euro pro Monat". Diese kleine Änderung im Skript führt zu deutlich weniger Anpassungsaufwand im Video, zumindest solange der Preis die 5 Euro nicht übersteigt.

Nahezu unmöglich sind Änderungen dann, wenn der Anbieter des ursprünglichen Erklärvideos nicht mehr existiert. Natürlich kann man versuchen, in einer Art Notfall-Operation im fertigen Design oder Voice-Over kleine Anpassungen vorzunehmen, aber in den meisten Fällen wird eine komplette Neuproduktion notwendig. Die Frage „Wie lange ist der Anbieter schon am Markt?" in der Checkliste der Anbieterauswahl hat ihre Berechtigung. Und mit etwas Vorausschau statt Nachsicht und einem erfahrenen Dienstleister kann der Aufwand bei Aktualisierungen in Grenzen gehalten werden.

AUF EINEN BLICK

29 ▶ Die Produktion eines Erklärvideos umfasst eine ganze Reihe von Arbeitsschritten, vom Briefing bis zur Fertigstellung, und dauert im Normalfall rund drei Wochen.

30 ▶ Im Briefing fassen Sie als Auftraggeber Ihre Ziele, Anforderungen und Rahmenbedingungen zusammen. Weil es das Fundament für alle weiteren Arbeiten bildet, ist es besonders wichtig.

31 ▶ Die Kosten für ein Erklärvideo können sehr unterschiedlich sein, sie fangen bei 0 Euro an und hören bei 100000 Euro noch nicht auf. Ein „normales" Erklärvideo kostet rund 5000 Euro.

32 ▶ Zur Produktion wird eine Vielzahl unterschiedlicher Fähigkeiten, von Strategie über Kreation, Text und Ton-Design bis hin zur Animation benötigt. Deswegen kommt es auf gute Teamarbeit an.

33 ▶ Sie können das Video selbst produzieren, mit Dienstleistern zusammenarbeiten oder fertige Erklärvideos einkaufen. Der Normalfall ist die Beauftragung eines spezialisierten Dienstleisters.

34 Bei der Auswahl des richtigen Dienstleisters sollte nicht nur auf den Preis, sondern eine breite Palette von Kriterien geachtet werden, dazu gehören auch Kreativität, Prozesse und Bauchgefühl.

35 Eine ausführliche Recherche zum gewählten Thema hilft beim weiteren Prozess. Die Strukturierung der Informationen kann zu einer Aufteilung in mehrere Erklärvideos führen.

36 In der Storyline wird das spätere Erklärvideo detailliert beschrieben. Sie darf weder zu kompliziert, noch zu langatmig werden, weder zu trocken, noch zu banal.

37 Das Storytelling zum Erzählen Ihrer Geschichte ist der Kern jeder Storyline. Diese muss die Aufmerksamkeit der Zuschauer erlangen, sie fesseln und am Schluss zur Handlung anregen.

38 Die wichtigste Regel für die Länge von Erklärvideos lautet: „So lang wie nötig, aber keine Sekunde mehr.". Die meisten Erklärvideos bleiben unter zwei Minuten.

39 Ein gutes Design erfordert viel Kreativität: Vom richtigen Format über den Hintergrund und die Elemente bis hin zur Animation und zur Kameraführung und den Übergängen.

40 Das Voice-Over-Skript ist die verbale Umsetzung der Storyline und folgt den Regeln des Storytellings. Zumeist umfasst es die Schritte: Problem, Lösung, Vorteile und Handlungsaufruf.

41 Die Auswahl der richtigen Stimme ist insbesondere von der Zielgruppe und vom Thema des Erklärvideos abhängig. Wichtig ist neben der Auswahl auch das richtige Briefing des Sprechers.

42 Dem Voice-Over werden Musik und Soundeffekte hinzugefügt. Obwohl sie nur eine Ergänzung sind, können sie einen erheblichen Einfluss auf die Wirkung des Videos haben.

43 Zum Abschluss wird das Design mit dem Voice-Over, der Musik und den Soundeffekten zusammengeführt. Das Video ist fertig und wird typischerweise in Full-HD-Qualität ausgeliefert. Hurra!

44 Für den internationalen Einsatz des Videos müssen die Inhalte nicht nur übersetzt, sondern eine Vielzahl von kulturellen, inhaltlichen und sprachlichen Herausforderungen gemeistert werden.

45 Untertitel sind eine Möglichkeit zur Übersetzung von Erklärvideos. Vor allem aber ermöglichen sie es, auch ohne Ton dem Video zu folgen und unterstützen so die Verbreitung.

46 ▶ Für die Änderung von Erklärvideos gibt es eine ganze Reihe von Anlässen, sie sind häufiger nötig als gedacht. Bei frühzeitiger Planung kann der Aufwand aber in Grenzen gehalten werden.

„Video is an effective form of communication that needs to be integrated into each and every aspect of your existing marketing efforts.“

James Wedmore
Video Marketing Advocate

WIE VERMARKTEN
SIE IHR ERKLÄRVIDEO?

47

VERBREITEN SIE IHR ERKLÄR-VIDEO AUF ALLEN KANÄLEN

Ihr Erklärvideo ist endlich fertig, wahrscheinlich haben Sie viel Schweiß und Herzblut in die Produktion investiert. Sicherlich sind Sie stolz auf das Ergebnis Ihrer Arbeit und Sie wollen, dass so viele Empfänger wie möglich das Video anschauen. Ihre neue Herausforderung liegt also darin, das Erklärvideo entsprechend der im Briefing festgelegten Ziele optimal zu nutzen. Eines der eindrücklichsten Erfolgsbeispiele ist, auch wenn es schon ein paar Jahre alt ist, CrazyEgg:

CRAZYEGG - OPTIMIERUNG VON WEBSEITEN

CrazyEgg ist ein Unternehmen, das eine Software zur Optimierung von Webseiten anbietet. Die Kunden können das Verhalten der Benutzer mit sogenannten Heatmaps beobachten und dann die Webseite optimieren. Als das Unternehmen noch ein kleines Start-up war, musste es die eigene Webseite verbessern. Dieses mehr als zweieinhalb Minuten lange Erklärvideo im 2D-Animation-Stil half, die Umwandlungsrate um 64 % zu verbessern. Der Gründer, Neil Patel, sagte dazu: „The explainer video helped me drive an extra $ 21,000 a month in new income!". Heute würde man das Video sicherlich moderner gestalten und auf maximal zwei Minuten begrenzen. Meiner Meinung nach könnte die Handlungsaufforderung am Schluss auch noch visuell zu sehen sein, anstatt nur im Voice-Over gesprochen zu werden. Aber der Erfolg ist unbestritten!

https://buch.nitsche.info/go/crazyegg

CrazyEgg setzte das Erklärvideo direkt auf der Webseite ein und dieses ist, wenn auch knapp, der mit 85 % am häufigsten gewählte Kanal. Darüber hinaus werden Erklärvideos im Marketing in Sozialen Netzwerken (84 %), auf Videoplattformen wie YouTube (67 %), auf Landingpages (57 %) und in E-Mails (55 %) sowie im Vertrieb und auf Messen (24 %) eingesetzt [Vidyard 2019]. Doch natürlich gibt es auch Einsatzmöglichkeiten im Unternehmen, zum Beispiel im Intranet oder im Lernmanagementsystem.

Die wichtigste Regel lautet: Nutzen Sie alle Möglichkeiten, Ihr Erklärvideo zu verbreiten. Je mehr Empfänger es sehen, desto besser ist es! In den folgenden Kapiteln finden Sie zu all diesen Möglichkeiten Beispiele und viele Tipps und Tricks, um Ihr Erklärvideo optimal zu vermarkten. Und zum Abschluss erfahren Sie auch noch, wie Sie mit dem richtigen Controlling den Erfolg Ihres Erklärvideos noch steigern können.

48 | ERHÖHEN SIE DIE ATTRAKTIVITÄT IHRER WEBSEITE

War es Ihr erster Gedanke, das Video auf der Webseite Ihres Unternehmens zu veröffentlichen? Es ist naheliegend, und es ist vor allen Dingen richtig. So müssen sich Ihre Besucher nicht durch lange Texte quälen. Stattdessen können sie sich ein oder mehrere Erklärvideos über Ihr Unternehmen sowie die Produkte und Dienstleistungen anschauen. Bevor Sie mehr über die Gründe und die optimale Platzierung des Videos erfahren, können Sie anhand von Dropbox entdecken, wie erfolgreich diese Strategie sein kann:

DROPBOX - WARUM DIE MITARBEITER DROPBOX LIEBEN

 Dropbox ist ein 2008 eingeführter Onlinedienst zur Datenspeicherung in der Cloud. Noch vor dem offiziellen Start erstellte einer der beiden Gründer ein Erklärvideo im Screencast-Stil. Das fast fünf Minuten lange Video zeigt Dropbox als Minimum Viable Product und ist keine Augenweide, aber es besticht durch einige witzige virale Elemente, achten Sie zum Beispiel mal auf das Foto von Steve Ballmer von Microsoft. Und es hat einen klaren Call-To-Action: Die Zuschauer konnten sich als Tester für die Beta-Version anmelden. Der Erfolg? Drew Houston sagte dazu „It drove hundreds of thousands of people to the website. Our beta waiting list went from 5000 people to 75000 people literally overnight. It totally blew us away." [Ries 2011]

https://buch.nitsche.info/go/dropbox-screencast

 Um den Dienst nach dem Start noch bekannter zu machen, schaltete Dropbox Anzeigen in Suchmaschinen. Ein neuer Kunde kostete zwischen 233 und 388 US-Dollar [Houston 2010]. Zu viel für ein Produkt, das nur 99 US-Dollar Umsatz einbrachte. Dropbox änderte die Strategie und lies 2009 für kolportierte 50000 US-Dollar ein Erklärvideo erstellen. Heute wäre die Erstellung des gut zwei Minuten langen Videos im Cut-Out-Stil deutlich günstiger. Die um 10 % verbesserte Umwandlung von Besuchern der Webseite zu Kunden soll 48 Millionen US-Dollar Ertrag gebracht haben.

https://buch.nitsche.info/go/dropbox-original

 Inzwischen gibt es von dem Erklärvideo übrigens eine aktualisierte Version im Motion-Graphics-Stil, die nur noch gut eine Minute lang ist. Allerdings wird sie zur Zeit nicht auf der Webseite genutzt:

https://buch.nitsche.info/go/dropbox-motion

Das Beispiel von Dropbox ist eindrucksvoll, doch man stellt sich die Frage, wie realistisch ein solcher Erfolg ist. Zumal das Fallbeispiel über zehn Jahre alt ist. Doch auch heute scheint das Rezept von Dropbox zu funktionieren:

▶ Über 87 % der Marketing-Manager geben an, dass der Einsatz Videos die **Anzahl der Besucher** auf ihrer Webseite erhöht hat [Wyzowl 2020].

▶ Diese Besucher verbringen durch Videos durchschnittlich mehr **Zeit auf der Webseite**, bestätigen 81 % der Marketing-Fachleute [Wyzowl 2020]. Wie viel mehr? Eine andere Quelle spricht von einer Verdopplung, nämlich eine 105 % längere Verweildauer [Childs 2015].

▶ Und schließlich **kaufen die Besucher** auf der Webseite mehr ein. Werden sie durch Produktvideos angelockt und überzeugt, steigen die Absatzzahlen, je nach Unternehmen, zwischen 25 % und 400 %. Gleichzeitig sinkt, wahrscheinlich durch die gezieltere Produktauswahl durch die Videos, die Anzahl der Rücksendungen um bis zu 25 % [Kapper 2013].

Also alles, was das Marketing-Herz begehrt: Mehr Besucher auf der Webseite, die länger bleiben, mehr kaufen und weniger zurücksenden. Außerdem können Erklärvideos die Markenbekanntheit und das Vertrauen in das Unternehmen steigern und zu mehr Weiterempfehlungen durch das Teilen der Videos führen.

Darüber hinaus unterstützen Videos auch bei der Suchmaschinenoptimierung (SEO), denn nicht nur die Kunden, sondern auch Google, Bing & Co. lieben Videos. Konkrete Zahlen sind schwer zu erhalten, aber es wird von einem Anstieg des organischen Verkehrs durch Suchmaschinen von 157 % berichtet [Childs 2015]. Für diesen Anstieg gibt es zwei Gründe:

▶ Die **längere Verweildauer** der Besucher wird durch die Suchmaschinen erkannt und positiv bewertet, da eine Korrelation mit der Qualität der Inhalte vermutet wird. Diese positive Bewertung führt zu einer besseren Position in den Suchergebnissen und damit zu mehr Besuchen auf der Webseite.

▶ Durch die Verwendung der Videos mit **Untertiteln** kann die Suchmaschine das komplette Voice-Over-Skript auswerten. Dadurch ist mehr relevanter Text auf der Webseite, der dann wiederum auch bei der Suche gefunden werden kann.

Bleibt noch die Frage, wo auf der Webseite die Erklärvideos zum Einsatz kommen sollten. Sie ahnen es wahrscheinlich schon, die Antwort lautet, vereinfacht gesagt, überall:

▶ Zunächst einmal sollte ein Video auf der **Startseite** das Unternehmen beziehungsweise das Produkt oder die Dienstleistung vorstellen. Am besten im sichtbaren Bereich, d. h., das Video sollte ohne scrollen direkt im Blickfeld des Besuchers sein („Above the fold"). Bei einer Analyse von 95000 Webseiten wurde festgestellt, dass dann rund 54 % der Besucher das Video abspielten. Wurde es weiter unten platziert, dann schauten nur noch 27 % (mittlerer Bereich) bis 18 % (unterer Bereich) die Videos [Henry 2015].

▶ Dann sollten auf den **Produktseiten** Videos eingebettet werden, die die Produkte und/oder Dienstleistungen des Unternehmens beschreiben. Dies gilt sowohl für Webshops als auch für Webseiten, auf denen die Produkte nicht direkt zu erwerben sind. Je komplexer ein Produkt oder eine Dienstleistung ist, desto eher kann das Erklärvideo helfen.

▶ Darüber hinaus gibt es viele weitere Einsatzmöglichkeiten, zum Beispiel im Bereich **Karriere**, zur Vorstellung der vorhandenen oder zur Gewinnung neuer Mitarbeiter. Auch in **Blog-Beiträgen** oder auf der Seite „Über das Unternehmen" können Erklärvideos unterstützen.

Last but not least kommen Erklärvideos häufig auch auf speziellen Landingpages zum Einsatz. Mehr über diese Möglichkeit zum Einsatz der Videos erfahren Sie im nächsten Kapitel.

49 GEWINNEN SIE MEHR INTERESSENTEN AUF DER LANDINGPAGE

Neue Kunden zu gewinnen gehört seit jeher zu den wichtigsten Aufgaben jedes Unternehmens, oder wie Peppers und Rogers es ausdrückten: „If you don't have customers, you don't have a business. You have a hobby." [Peppers/Rogers 2016]. Nach Aussage von 83 % der Marketingverantwortlichen helfen Videos genau bei dieser Aufgabe, der Gewinnung von Interessenten für die Produkte oder Dienstleistungen [Wyzowl 2020]. Im Online-Bereich, dessen Bedeutung für die Kundengewinnung immer weiter steigt, wird dabei typischerweise ein zwei- oder dreistufiger Prozess genutzt, den Erklärvideos optimal unterstützen können:

1. Zunächst wird das Produkt oder die Dienstleistung im Internet beworben, zum Beispiel über **Banner** auf Webseiten, über **Textanzeigen** in Suchmaschinen oder über **Anzeigen** in Sozialen Netzwerken. Hier kommen, insbesondere in Sozialen Netzwerken , sehr kurze Erklärvideos zum Einsatz, die das Interesse an dem Angebot wecken.

2. Diejenigen, die auf die Anzeige klicken, werden auf eine **Landingpage** weitergeleitet, wo sie vertiefende Informationen über das Angebot erhalten, zumeist verbunden mit einem Test- oder Kaufaufruf. Bei komplexen Produkten oder Dienstleistungen, gerade im B2B-Geschäft, wird auf der Landingpage noch kein Abschluss erzeugt, sondern es wird versucht, die Reagierer mit Inhalten, zum Beispiel einem Whitepaper, dazu zu bringen, sich zu identifizieren. Erklärvideos helfen hier, das Angebot einfach zu erklären und die Besucher über den Call-To-Action zur gewünschten Handlung zu aktivieren.

3. Im dritten Schritt werden die so gewonnenen Interessenten dann weiter qualifiziert und schließlich dem **Vertrieb** zugeführt. Auch hier können Erklärvideos zum Einsatz kommen, die, zumeist als E-Mails versendet (vgl. Kapitel 50), den Interessenten über weitere Vorteile des Produkts oder der Dienstleistung informieren und so Schritt für Schritt dem Kauf näherbringen.

Der Dreh- und Angelpunkt dieses Prozesses ist die Landingpage, eine sehr fokussierte Webseite, die das Angebot möglichst einfach darstellt und Interesse weckt, mehr zu erfahren oder sogar gleich zu bestellen. Ein speziell dafür erstelltes Erklärvideo hilft, die Komplexität der Informationen zu reduzieren und den Besuchern das Angebot nahezubringen. Statt lange Texte lesen zu müssen, schaut sich der Interessent einfach das Video an und folgt dann, hoffentlich, der Handlungsaufforderung am Ende des Erklärvideos.

Verschiedene Studien zeigen, dass der Erfolg von Landingpages durch Erklärvideos deutlich gesteigert werden kann. Ein Anbieter hat bereits 2010 gezeigt, dass die Umwandlungsrate, d. h., die Anzahl der Besucher, die zu Interessenten werden, sich um 20 % bis 86 % steigern lässt [Eyeview 2010]. Ein Unternehmen, das genau das mit Erfolg ausprobiert hat, ist RankWatch. Hier das Video dazu:

RANKWATCH - SUCHMASCHINENOPTIMIERUNG EINFACH GEMACHT

RankWatch ist ein indisches Unternehmen, das eine Cloud-Lösung zur Suchmaschinenoptimierung anbietet. Mit diesem 97 Sekunden langen Erklärvideo im 2D-Animation-Stil sollte die Gewinnung von Interessenten optimiert werden. Durch den Einsatz des Videos stiegen die Kundenanmeldungen um 27 %, eine Anzeige mit dem Video auf Facebook erhielt 48000 Likes an einem einzigen Tag. Meiner Meinung nach hat das Video eine gute Storyline und eine sehr klare Handlungsaufforderung. Noch besser wäre es aber gewesen, das Video in zwei Varianten, für Endkunden und für Agenturen, zu erstellen, da so die Vorteile noch besser herausgearbeitet worden wären.

https://buch.nitsche.info/go/rankwatch

Ähnliche Ergebnisse ergab auch eine weitere Studie, bei der die Umwandlungsrate um 66 % von 2,9 % auf 4,8 % gesteigert werden konnte [Aberdeen 2014]. Was bedeutet das in harten Euro? Wenn Sie, zum Beispiel über Google Adwords, 5 Euro pro Besucher der Landingpage investieren müssen, dann betragen die Kosten bei einer Umwandlungsrate von 2,9 % pro Interessent 172 Euro. Wenn diese Rate auf 4,8 % steigt, dann kostet ein Interessent nur noch 104 Euro. Ein gewaltiger Unterschied für die Profitabilität der Kundengewinnung.

Die Landingpage sollte so einfach wie möglich gehalten werden, um den Besuchern wenig Ablenkung zu bieten und sie auf das Wesentliche zu steuern: Den Call-To-Action. Im ohne Scrollen sichtbaren Bereich sollten die folgenden vier Elemente untergebracht werden:

▶ Wichtig ist zunächst die Überschrift mit dem **Namen** des Produkts, damit der Besucher auf den ersten Blick sieht, um was es geht.

▶ Das Video sollte **nicht zu groß** sein, damit daneben noch Platz für die weiteren Elemente ist. Vor allen Dingen aber sollte es kurz sein, maximal zwei Minuten, optimal nur 60 Sekunden. Mit einem guten **Miniaturbild** wird der Benutzer zum Abspielen des Videos angeregt.

▶ Der **Call-To-Action**, im einfachsten Fall der „Jetzt kaufen!"-Knopf, im Normalfall ein Kontaktformular mit möglichst wenigen Feldern, am besten nur Name und E-Mail-Adresse.

▶ Die **Vorteilsargumentation**, am besten mit den drei wesentlichen Gründen, warum der Benutzer der Handlungsaufforderung folgen sollte. Inhaltlich identisch mit dem Video.

Die Seite sollte selbstverständlich für die mobile Nutzung optimiert sein, dort ist der Zugriff ohne Scrollen natürlich eine besondere Herausforderung. Im unteren Bereich der Seite können weitere Elemente, zum Beispiel Testimonials oder Referenzen die Aussagen des Videos unterstützen. Ergänzend können unauffällige Hinweise den Erfolg der Seite unterstützen, die subtil die Aufmerksamkeit der Besucher auf die wesentlichen Elemente lenken. Ein Beispiel für ein solches Element wäre ein Pfeil, der auf das Video oder den Call-To-Action zeigt. Ganz wichtig ist es, die Seite intensiv zu testen, um herauszufinden, welche Inhalte und welche Anordnung der Elemente die optimalen Umwandlungsraten erzielen (vgl. Kapitel 55).

50 | OPTIMIEREN SIE IHR E-MAIL-MARKETING

Wussten Sie, dass jeden Tag weltweit über 300 Milliarden E-Mails [Radicati 2019] versendet werden? Das sind bei viereinhalb Milliarden Internet-Nutzern [WeAre-Social 2020] rund 67 Emails pro Benutzer! Auch im Marketing sind E-Mails hochgradig relevant, so sagen 91 % der Marketingverantwortlichen, dass E-Mails für sie wichtig sind [DMA 2019:6]. Kein Wunder, wenn E-Mails einen Return on Investment von 42 haben, d. h., für jeden Euro, der investiert wurde, erhält das Unternehmen 42 Euro zurück [DMA 2019:12]. Erklärvideos können Ihnen dabei helfen, das E-Mail-Marketing noch erfolgreicher zu machen:

▶ Die **Öffnungsraten** von E-Mails steigen alleine dann schon um 19 %, wenn nur das Wort „Video" im Betreff verwendet wird [Syndacast 2015].

▶ Doch auch das Engagement zeigt: Die **Klickraten** steigen mit Erklärvideos deutlich, je nach Quelle zwischen 65 % [Syndacast 2015] und 250 % [Videoexplainers 2019].

▶ Darüber hinaus kann die Anzahl der **Abmeldungen** von Newslettern sinken, laut einer Quelle um 26 % [Syndacast 2015].

Bei der Nutzung von Videos in E-Mails gibt es allerdings ein paar technische Hürden, die man überwinden muss. Es gibt drei grundsätzliche Wege, Videos in E-Mails zu integrieren:

▶ Sie können das Video **direkt** in die E-Mail integrieren. Allerdings hat diese Option den Nachteil, dass viele E-Mail-Programme das direkte Abspielen des Videos in der E-Mail nicht unterstützen. Deswegen ist diese Möglichkeit leider nicht empfehlenswert.

▶ Sie platzieren ein **Miniaturbild** des Videos in der E-Mail und verbinden dieses mit einem Link auf eine Webseite, auf der die Benutzer dann das Erklärvideo anschauen können. Dies kann Ihre Webseite, eine Landingpage oder auch eine Video-Plattform sein. Dies ist der am häufigsten gewählte Weg, da er keine technischen Probleme verursacht und über die Klicks auf den Link ein gutes Controlling ermöglicht.

▶ Die dritte Möglichkeit ist die Umwandlung des Videos in ein **GIF**, ein Grafikformat, das Animationen zulässt. Die meisten E-Mail-Programme unterstützen dieses Format, allerdings ist dies nur für sehr kurze Videos möglich, da die Datenmengen sehr groß werden. Ein weiterer Nachteil ist es, dass Sie so keine Rückmeldung darüber bekommen, ob der Empfänger das Video auch wirklich angeschaut hat.

In der Praxis wird fast ausschließlich mit einem Link auf das Video gearbeitet. Beim Einsatz sollten Sie ein paar Hinweise beachten, damit Ihre E-Mail den optimalen Erfolg erzielt:

▶ Verwenden Sie das Wort „Video" bereits im **Betreff** der E-Mail. Es mag Ihnen seltsam erscheinen, aber es wirkt, weil es die Öffnungsrate deutlich erhöht. Am besten ist es sogar, wenn Sie das Wort hervorheben, zum Beispiel durch Großschreibung oder indem Sie es an den Anfang oder in Klammern setzen.

▶ Das verwendete **Miniaturbild** sollte auffällig sein und zum Klicken anregen. Ein typischer Weg ist es, eine relevante Szene aus dem Erklärvideo zu verkleinern und dann mit einem „Play-Button" als Wasserzeichen zu überlagern. Dadurch wird dem Empfänger der E-Mail sofort klar, dass es sich um einen Video-Link handelt.

▶ Das Video sollte relativ weit **oben** in der E-Mail platziert und textlich mit einer klaren Handlungsaufforderung versehen werden. Nennen Sie zum Beispiel Ihr Thema, führen Sie ein oder zwei Vorteile auf und schreiben Sie dann „Um mehr zu erfahren, schauen Sie sich dieses 60-Sekunden-Erklärvideo an!".

Sie sollten übrigens nicht nur über den Einsatz in Marketing-E-Mails nachdenken. Auch nach dem Kauf können über E-Mail versandte Erklärvideos unterstützen. Manche Käufer bereuen ihre Entscheidung, verursacht durch die sogenannte kognitive Dissonanz. In einer Umfrage in Großbritannien wurde festgestellt, dass dies 82 % der Käufer betrifft [Skelton/Alwood 2017]. Idealerweise begrüßen Sie einen neuen Kunden mit einer E-Mail mit einem Video, in der der Kunde begrüßt und ihm zum Kauf gratuliert wird. Vielleicht zeigen Sie ihm sogar, wie er das Produkt in Betrieb nimmt oder mit welchen Tipps er es noch erfolgreicher einsetzen kann. Dies wird nicht nur die Kundenzufriedenheit steigern, sondern auch die Rückgabequoten senken.

Darüber hinaus gibt es noch einen ganz anderen Ansatz, Erklärvideos in E-Mails zu integrieren: Nutzen Sie die Signatur in Ihren normalen geschäftlichen E-Mails und verweisen Sie dort auf ein relevantes Erklärvideo Ihres Unternehmens. Bereits 2015 versendete jeder Angestellte im Durchschnitt pro Tag 34 geschäftliche E-Mails an rund 76 Empfänger [Radicati 2015]. Bei 100 Mitarbeitern und 220 Arbeitstagen sind das knapp 1,7 Millionen Kontaktmöglichkeiten pro Jahr. So wird sich das Video sowohl intern bei den Mitarbeitern als auch extern bei Kunden und Partnern schnell verbreiten. Und das Beste ist: Es kostet Sie keinen Cent.

Last but not least noch eine Idee für einen ganz anderen Kanal: Wenn Sie neben E-Mails auch klassische Mailings per Post versenden, so kann auch hier der Verweis auf ein Erklärvideo die Antwortrate erhöhen. Nutzen Sie dafür einen sehr kurzen Link und zusätzlich einen QR-Code, der ebenfalls auf das Video verweist. So überwinden Ihre Leser den Medienbruch und werden durch das Erklärvideo aktiviert, zu reagieren. Falls Sie individuelle Links je Brief nutzen, können Sie die Reaktion sogar einzelnen Empfängern zuordnen.

51

STEIGERN SIE DIE REICHWEITE MIT VIDEO-PLATTFORMEN

Wenn Sie eine große Reichweite für Ihr Erklärvideo erhalten wollen, dann sollten Sie es nicht nur auf der eigenen Webseite, sondern auch auf fremden Plattformen veröffentlichen. Neben den Sozialen Netzwerken (vgl. Kapitel 52) sind dies bei Videos, wie sollte es anders sein, natürlich insbesondere die Videoplattformen, allen voran YouTube. So sehen nicht nur die Besucher Ihrer Webseite oder Landingpage das Video, auch die Nutzer der Plattform finden es aufgrund einer Suche nach einem Schlagwort oder einfach beim Surfen.

Technisch hat dies auch den Vorteil, dass Sie das Video auf Ihren eigenen Webseiten nur einbinden, d. h., das Video liegt nicht wirklich auf Ihrem Server, sondern auf dem Server der Videoplattform. Dadurch muss Ihr eigener Server viel weniger Daten übertragen und wird auch unter Last nicht zusammenbrechen. Die Benutzer sehen das Video auf Ihrer Webseite als ob es dort lokal gespeichert wäre und finden es gleichzeitig auch auf der Videoplattform. Und zwar im Wesentlichen bei DER Videoplattform: YouTube.

Der Platzhirsch der Videoplattformen: YouTube

Über zwei Milliarden angemeldete Nutzer besuchen jeden Monat YouTube und jeden Tag sehen sie sich über eine Milliarde Stunden Video an [YouTube 2020]. Dies macht YouTube zur zweitbeliebtesten Webseite der Welt, direkt nach der Suchmaschine Google [Alexa 2020]. Die Bekanntheit und die Reichweite von YouTube sind im Vergleich zu anderen Videoplattformen bedeutend höher. In

Deutschland schauen 40 % der Bevölkerung mindestens einmal pro Woche ein Video auf YouTube, bei den 14-29-Jährigen sind es 82 % [ARD 2019]. Der Erfolg von YouTube ist erklärbar, denn die Plattform bietet für Anbieter und Besucher gleichermaßen eine Reihe von Vorteilen:

► Das Hosting von Videos auf YouTube ist für die Anbieter der Videos **kostenlos**. Auch für die Besucher ist YouTube kostenlos, denn das Unternehmen finanziert sich im Wesentlichen über Werbung. Nur wenn man die Videos werbefrei betrachten möchte, muss man für YouTube Premium bezahlen.

► Die **Bedienung** ist einfach, es gibt eine leistungsfähige Suche, die Möglichkeit, Kanäle zu abonnieren und auch das Teilen von Videos in Sozialen Netzwerken ist problemlos.

► Auch für die **Anbieter** von Videos, also Sie, ist die Benutzung von YouTube einfach. Sie können die Videos wie oben beschrieben auf Ihren eigenen Webseiten einbinden. Auf der Plattform selbst können Sie die Videos mit Wiedergabelisten strukturieren. Sie haben sogar die Option, am Werbeerfolg Ihres Videos finanziell zu partizipieren - umgekehrt können Sie die Werbung vor Ihren Videos aber auch komplett unterbinden. Sogar für die Suchmaschinenoptimierung soll die Platzierung der Videos bei YouTube vorteilhaft sein, da YouTube zum gleichen Konzern wie die Suchmaschine Google gehört.

Es gibt aber auch einige Nachteile für Sie als Anbieter von Videos. Vor und im Umfeld der Videos wird Werbung angezeigt, deren Inhalt man nicht beeinflussen kann. Darüber hinaus werden dort den Benutzern auch andere Videos mit einer thematischen Nähe empfohlen, dies kann den potenziellen Kunden ganz schnell zum Wettbewerber führen. Und es ist für die Besucher ohne großen Aufwand möglich, die Videos herunterzuladen und so auch unabhängig von der Plattform zu nutzen. Falls Sie Ihr Erklärvideo zusätzlich bewerben wollen, so ist natürlich auch das auf YouTube möglich, Sie können es sogar als Werbung vor andere Videos schalten - wie einen Werbeblock im Fernsehen. Dies ist allerdings natürlich mit zusätzlichen, eventuell hohen, Kosten verbunden. Folgende Tipps sollten Sie beachten, wenn Sie Ihre Videos auf YouTube hochladen:

► Wählen Sie einen aussagekräftigen **Titel** mit rund 70 Zeichen, das Maximum liegt bei 100 Buchstaben. Die wichtigsten Suchbegriffe sollten im Titel enthalten sein.

► Ergänzen Sie eine überzeugende **Beschreibung**, in der wiederum die wichtigsten Suchbegriffe enthalten sein sollten. Die ersten 150 Zeichen werden direkt angezeigt, den weiteren Text sieht der Benutzer erst, wenn er auf

„Mehr ansehen" geklickt hat. Sie können und sollten auch Links, zum Beispiel auf Ihre Webseite, aufnehmen und die Benutzer auffordern, Kommentare abzugeben. Auf letztere müssen Sie allerdings auch reagieren!

▶ Wichtig ist darüber hinaus ein attraktives **Vorschaubild** in hoher Auflösung. Eine gute Möglichkeit ist es, dort auch Ihr Logo einzufügen. Ganz wichtig ist auch die Angabe von weiteren Information zum Video, sogenannten Metadaten, zum Beispiel Schlagworte, die das Auffinden des Videos vereinfachen.

▶ Möglichst sollten auch noch die **Untertitel**, d. h., das Voice-Over-Skript, mit hochgeladen werden, denn dieses kann von Suchmaschinen gelesen werden und führt so zu einer noch besseren Auffindbarkeit des Erklärvideos.

Die alternative Videoplattform: Vimeo

Der minimal ältere Bruder ist die im November 2004, drei Monate vor YouTube, gestartete Videoplattform Vimeo. Die Ausrichtung von Vimeo auf hochwertige Inhalte und ein kreatives, künstlerisches Publikum haben dazu geführt, dass es nie die Verbreitung von YouTube erreicht hat.

Im Jahr 2018 hatte Vimeo 170 Millionen Benutzer und etwas über 700 Millionen Videoaufrufe pro Monat - ein Bruchteil der Milliarden von Videos, die jeden Tag auf YouTube aufgerufen werden [ExpandedRamblings 2020]. Ein weiterer Nachteil neben der geringeren Reichweite: Um Vimeo nutzen zu können, müssen Sie als Anbieter in ein kostenpflichtiges Konto mit einer monatlichen Gebühr investieren. Dafür gibt es keine Werbung vor den Videos, sehr hohe Standards, sowohl im Design als auch in der Technik, und eine professionelle Community. Die Qualität der Videos ist im Durchschnitt ebenfalls höher als bei YouTube.

Eine weitere Alternative: Video-Hosting-Anbieter

Wenn Sie keine Videoplattform für Konsumenten suchen, sondern einen professionellen Anbieter für das Hosting Ihrer Videos, dann gibt es eine Reihe weiterer Alternativen, unter anderem sind dies Wistia, Vidyard und Brightcove. Diese bieten neben dem stabilen Streaming des Videos auch eine Reihe von zusätzlichen Funktionen, insbesondere detaillierte Analysen über das Sehverhalten Ihrer Benutzer, die direkte Integration in Marketing-Automation- und CRM-Systeme und sogar die Möglichkeit, die Videos um interaktive Elemente zu erweitern. Bei einer professionellen Nutzung ist allerdings auch mit hohen Kosten zu rechnen.

52 ZEIGEN SIE PRÄSENZ IN DEN SOZIALEN NETZWERKEN

Neben YouTube und anderen Videoplattformen (vgl. Kapitel 51) bieten sich natürlich auch die Sozialen Netzwerke zur Veröffentlichung Ihrer Erklärvideos an. Im weltweiten Durchschnitt sind die Benutzer täglich fast zweieinhalb Stunden in Sozialen Netzwerken unterwegs [WeAreSocial 2020], genügend Zeit also, um auch ein paar Erklärvideos anzuschauen. Die Nutzer bevorzugen Videos dabei sogar: Mit 45 % sind diese, weit vor Fotos, Links und Texten, der beliebteste Medientyp [Animoto 2018]. Doch nicht nur das, bei einer Analyse von 12 Millionen Facebook- und Instagram-Posts wurde auch herausgefunden, dass Videos rund doppelt so viele Interaktionen wie Fotos und fast viermal so viele Interaktionen wie Texte erhalten [Allfacebook 2018].

Folgende Tipps sollten Sie beachten, wenn Sie Ihre Videos als Posts oder auch als Story auf Facebook, Instagram, Snapchat, Twitter etc. veröffentlichen:

▶ Sie sollten, soweit möglich, die Videos **direkt** auf der jeweiligen Plattform **hochladen** und nicht nur über YouTube oder eine andere Videoplattform teilen. Verschiedene Analysen deuten darauf hin, dass die Algorithmen der Sozialen Netzwerke direkt hochgeladene Inhalte gegenüber geteilten Inhalten bevorzugen.

▶ Beachten Sie dabei auch die **Längenbeschränkungen**, die in den einzelnen Netzwerken sehr unterschiedlich sind. Während Facebook generell vier Stunden erlaubt, sind es in Facebook Storys nur zwei Minuten. Auf Twitter sind es 140 Sekunden, auf Instagram und Snapchat nur 60 Sekunden. Eventuell benötigen Sie also eine gekürzte Version Ihres Erklärvideos.

▶ Ebenso schalten die meisten Netzwerke die Videos automatisch **stumm** - oder aber die mobilen Benutzer haben den Ton an ihren Geräten ausgeschaltet. Dieser Effekt sollte entweder bereits im Design berücksichtigt oder aber durch das Hochladen von **Untertiteln** zumindest abgemildert werden.

▶ Natürlich sollten Sie auch die Sozialen Netzwerke hinsichtlich Ihrer **Zielgruppe** und Ihrer **Themen** auswählen. Und auch in den Sozialen Netzwerken gilt, genau wie auf YouTube, dass Sie die Benutzer zum Teilen und Kommentieren auffordern sollten.

▶ Last but not least könnte es sinnvoll sein, auch über **quadratische Videos** nachzudenken, denn dieses Format scheint zu mehr Abrufen und höherem Engagement zu führen [Buffer 2017].

Neben den Sozialen Netzwerken im B2C-Bereich können, je nach Zielgruppe, auch die B2B-Netzwerke für die Verbreitung Ihrer Erklärvideos geeignet sein. 87 % der Marketingverantwortlichen bewerten LinkedIn als sehr effektiv, damit ist dies der effektivste Kanal überhaupt [Wyzowl 2020]. Im deutschsprachigen Raum sollte neben dem weltweit verfügbaren LinkedIn auch Xing beachtet werden. Die Tipps für das Hochladen und Beschreiben der Erklärvideos unterscheiden sich dabei nicht von den B2C-Plattformen.

Genau wie auf YouTube ist die Wahrscheinlichkeit für einen viralen Hit, der von selbst Tausende oder gar Millionen von Aufrufen erzeugt, eher gering. Deswegen kann eine zusätzliche Bewerbung der Erklärvideos auf den Plattformen notwendig werden oder zumindest unterstützend sinnvoll sein. Der Vorteil ist, dass diese Plattformen über relativ detaillierte Informationen über die Benutzer und deren Interessen verfügen, so dass eine zielgenaue Selektion möglich ist. Teilweise ist die Länge für Videoanzeigen aber beschränkt, so dass hierfür eine noch kürzere Version, zum Beispiel 15 Sekunden, produziert werden muss. Die Bewerbung funktioniert natürlich auch auf den B2B-Plattformen und letztlich natürlich auf Suchmaschinen.

53

UNTERSTÜTZEN
SIE MESSEN
UND VERTRIEBS-
GESPRÄCHE

Neben dem Online-Einsatz auf Webseiten und Plattformen und per E-Mail kommen Erklärvideo aber auch offline, im Gespräch und auf Veranstaltungen zum Einsatz. Eine Umfrage unter 218 B2B-Marketing- und Vertriebsverantwortlichen hat zum Beispiel ergeben, dass Erklärvideos nach der Webseite das zweitwichtigste Inhaltsformat sind. Und 40 % der Unternehmen setzen die Erklärvideos auch im persönlichen Vertriebsgespräch ein [Heinz 2019].

Einsatz im persönlichen Vertriebsgespräch

Ein Erklärvideo kann einen hervorragenden Einstieg in ein Vertriebsgespräch bilden und in wenigen Minuten die zentralen Vorteile des Angebots für den Kunden deutlich machen. Eine gut erzählte Storyline, unterlegt mit den richtigen Bildern, führt zu einer erhöhten Aufmerksamkeit. Diese kann dann vom Vertriebsmitarbeiter genutzt werden, um individuell auf den Kunden einzugehen und mit den richtigen Argumenten zum Abschluss zu kommen.

Doch auch im Laufe eines Gesprächs können Erklärvideos ergänzend oder vertiefend eingesetzt werden. Stellen Sie sich zum Beispiel einen Termin im Versicherungsbereich vor. Zunächst wird der Mitarbeiter versuchen, den Bedarf für die unterschiedlichen Versicherungen abzuklopfen. Im weiteren Verlauf wird vielleicht klar, dass eine ganz bestimmte Versicherung für den Kunden relevant sein könnte. Zu diesem Zeitpunkt kann der Vertriebsmitarbeiter dann mit einem Erklärvideo zu genau diesem Thema gut punkten. Der Einsatz von Erklärvideos

im persönlichen Gespräch hat also drei wesentliche Vorteile:

▶ Die Nutzung zu Beginn oder im Verlauf des Gesprächs wirkt auf den Kunden **professionell**, das Unternehmen kann hier seine **Kompetenz** verdeutlichen.

▶ Die Erklärvideos ermöglichen eine durchgängige **Qualität** im Vertriebsprozess und einheitliche Aussagen, zum Beispiel über die Vorteile eines Produkts oder einer Dienstleistung.

▶ Weniger erfahrenen Vertriebsmitarbeitern wird der **Gesprächseinstieg** erleichtert, aber alle, auch erfahrene Kräfte, können seltener verkaufte Produkte durch das Erklärvideo professionell mit allen Vorteilen erläutern. Und lernen sogar selber noch etwas dabei.

Präsentation auf Messen & Veranstaltungen

Doch nicht nur im persönlichen Gespräch auch auf Messen und Veranstaltungen können Erklärvideos eingesetzt werden. Und genau wie im Online-Einsatz dienen sie hier vor allen Dingen dazu, die Aufmerksamkeit der Besucher zu wecken. Dementsprechend müssen sie auffällig animiert und auch aus größerer Entfernung gut lesbar sein. Und sie müssen, genau wie in Sozialen Netzwerken und bei der mobilen Nutzung, ohne Ton funktionieren, denn der ist auf den meisten Messeständen nicht erlaubt. Und selbst wenn ein Besucher nicht anhält, sondern nur vorbeigeht, sollte er die Chance haben, etwas über Ihr Unternehmen oder die Produkte zu erfahren, wie in diesem Beispiel von Acomos:

ACOMOS - HEBEN SIE IHR HOTEL AUF DIE NÄCHSTE STUFE

Acomos ist ein Hersteller von Software für die Hotellerie. Dieses einminütige Erklärvideo wurde in einer Mischung aus dem Motion-Graphics- und dem Kinetic-Typography-Stil erstellt. Dadurch ist das Voice-Over auch ohne Untertitel im Bild sichtbar. Die Texte sind dynamisch animiert und werden mit kleinen Illustrationen zusätzlich verstärkt. Viele Themen werden nur angerissen, auf diese Art und Weise bietet das Erklärvideo auch gute Ansatzpunkte, den Besucher anzusprechen und die Themen dann mit ihm im persönlichen Gespräch zu vertiefen.

https://buch.nitsche.info/go/acomos

Wichtig ist, bei der Produktion darauf zu achten, dass das Video in einer Endlosschleife laufen kann. Achten Sie einmal darauf, wie in dem Video von Acomos der Anfang und das Ende des Videos identisch sind. Neben dem Einsatz von Erklärvideos zur Gewinnung der Aufmerksamkeit können auf dem Stand natürlich auch weitere Videos zum Einsatz kommen, die dann mehr ins Detail gehen. Häufig warten Besucher auf einer Messe auf einen freien Mitarbeiter oder einen Termin - diese Zeit lässt sich, für den Besucher angenehm und für das Unternehmen sinnvoll, mit einem oder mehreren Erklärvideos überbrücken.

Erklärvideos im stationären Handel und im Filialvertrieb

Auch im Einzelhandel oder zum Beispiel in Bankfilialen und Versicherungsagenturen lassen sich Erklärvideos in unterschiedlicher Art und Weise einsetzen. Dabei ergeben sich vier Ansatzpunkte:

▶ In der **Außenwerbung** werden zunehmend digitale Plakate eingesetzt. Auf diesen können natürlich auch Erklärvideos gezeigt werden. Über Bluetooth oder QR-Codes können die Betrachter sogar reagieren.

▶ Im **Schaufenster** können über entsprechende Monitore Themen angerissen werden, die Passanten dazu aktivieren, die Geschäftsräume zu betreten. Dabei kann sich sogar die Nutzung während der Öffnungszeiten mit kürzeren Videos und klarer Aktivierung von der Nutzung nach Ladenschluss unterscheiden. Hier können Themen länger erklärt werden und die Handlungsaufforderung kann dann, ähnlich wie bei der Außenwerbung mit einem QR-Code, auf andere Kanäle geleitet werden.

▶ In den **Verkaufsräumen**, vor allen Dingen in Wartebereichen, können den Besuchern nützliche Informationen geboten werden, die von diesen als positiv, die Wartezeit vertreibend, wahrgenommen werden. Eine gute Möglichkeit ist es auch, bewegliche Monitore neben bestimmten Waren, die gerade besonders hervorgehoben werden sollen, anzubringen und dann ein Erklärvideo zu den Vorteilen und Einsatzmöglichkeiten genau für diese Produkte dauerhaft in einer Schleife laufen zu lassen.

▶ Und in den **Beratungsbereichen** können natürlich wieder Videos im persönlichen Vertriebsgespräch genutzt werden, wie oben bereits beschrieben.

54 NUTZEN SIE AUCH INTERNE KANÄLE FÜR ERKLÄRVIDEOS

Der Schwerpunkt dieses Abschnitts konzentriert sich auf den externen Einsatz der Erklärvideos und die Vermarktung in Richtung Kunde. Doch natürlich werden Erklärvideos auch auf internen Kanälen mit den Mitarbeitern als Zielgruppe vielfach und erfolgreich eingesetzt. Einige der Kanäle korrespondieren dabei stark mit den vergleichbaren externen Kanälen, andere, wie zum Beispiel Lernmanagementsysteme, werden nur hier eingesetzt. Im Folgenden finden Sie ein paar Tipps für die Einsatz:

▶ Natürlich sollten die Erklärvideos im **Intranet** des Unternehmens in den entsprechenden Bereichen zu sehen sein. Von der Unternehmensstrategie über die Markenpositionierung, von der Erklärung der Produkte bis zur Erläuterung der Aufgaben von Abteilungen, die Möglichkeiten sind vielfältig. Häufig können dafür sogar bereits vorhandene Erklärvideos, eventuell leicht angepasst, genutzt werden.

▶ Zunehmend nutzen Unternehmen auch **interne Soziale Netzwerke** und **Apps** für die Kommunikation mit Mitarbeitern. Dort können die Erklärvideos einen ganz besonderen Mehrwert liefern, da sie nicht nur inhaltlich unterstützen, sondern über das beliebte Format Video auch die Attraktivität der Plattform bei den Mitarbeitern steigern und für mehr Nutzung sorgen.

▶ Auch die Attraktivität von **internen E-Mail-Newslettern** kann durch Video-Inhalte gesteigert werden. Jedes Erklärvideo für Kunden sollte so mindestens auch einmal dem internen Publikum gezeigt werden, am besten sogar, bevor es extern eingesetzt wird. Und auch hier gilt: Warum ergänzen Sie nicht einen Link zu Ihrem ganz persönlichen Erklärvideo in Ihrer E-Mail-Signatur. Internes Marketing schadet nicht ...

▶ Sollte das Unternehmen mit Vertriebspartnern zusammenarbeiten, bietet sich auch der Einsatz im **Extranet** an. Die Partner des Unternehmens können so zum Beispiel auf Produkt- oder Service-Videos zugreifen und diese nicht nur selbst anschauen, sondern gegebenenfalls sogar an Kunden weiterleiten oder auf eigenen Online-Präsenzen einsetzen. Klare Spielregeln für die Nutzung sind natürlich unabdingbar.

▶ Auf **Veranstaltungen** und **Hausmessen** können Erklärvideos Abwechslung bringen und die vielen, teilweise etwas langatmigen, Reden attraktiver gestalten. Warum nicht den Vertriebsplan auf der Jahresauftaktveranstaltung mal mit einem Erklärvideo vorstellen? Auch in kleineren **Sitzungen** können Erklärvideos genutzt werden, da immer mehr Konferenzräume mit der entsprechenden Technik ausgestattet sind.

▶ Genau wie in den Kundenbereichen der Geschäftsräume, zum Beispiel den Filialen, können Erklärvideos auch intern auf **Monitoren** oder sogar als **Bildschirmschoner** genutzt werden. Natürlich in einer Variante ohne Ton.

▶ Im Personalbereich bietet sich der Einsatz von Erklärvideos in **Lernmanagementsystemen** an. Diese können zum einen längere Kurse im E-Learning abwechslungsreich unterstützen, zum anderen auch als Microlearning die Attraktivität des Systems steigern. Das Einsatzspektrum reicht dabei vom Onboarding über regulatorische notwendige Kurse bis hin zur Mitarbeiter- und Führungskräfte-Entwicklung.

55

Nachdem Ihr Erklärvideo fertig produziert und auf den unterschiedlichen Kanälen veröffentlicht wurde, ist es an der Zeit herauszufinden, wie erfolgreich das Video ist. Der US-amerikanische Ökonom Peter Drucker wird mit den Worten zitiert: „You can't manage what you can't measure.". Bei einer Befragung gaben 89 % der Marketingverantwortlichen an, dass der Einsatz von Videos ein gutes Investment sei. Eine Zahl, die Mut zum Einsatz von Erklärvideos machen sollte!

Kennzahlen zur Messung des Erfolgs

Den Erfolg von Erklärvideos kann man glücklicherweise sehr gut messen, je nach dem Kanal auf dem sie publiziert wurden, gibt es dabei aber unterschiedliche Kennzahlen und Möglichkeiten:

► Wenn Sie das Erklärvideo auf Ihrer Webseite oder einer Landingpage einsetzen, sollten Sie auf jeden Fall ermitteln, wie viele **Besucher** das Video abspielen. Darüber hinaus ist die **Umwandlungsrate**, also wie viele Besucher letztlich zu Interessenten oder sogar Kunden werden, eine wichtige Kennzahl für den Erfolg des Videos.

► Die Plattform, auf der Sie das Video hosten lassen, wird Ihnen weitere Informationen über die Nutzung zur Verfügung stellen. Besonders wichtig sind dabei zwei Kennzahlen, zum einen die durchschnittliche **Wiedergabedauer** und zum anderen die **Abbruchzeitpunkte**. So können Sie nicht nur erfahren, wie viel von dem Video angesehen wird und ob die Zuschauer es komplett ansehen, sondern auch, zu welchen Zeitpunkten die Wiedergabe beendet wird. Sollte dieses häufig an einer bestimmten Stelle passieren, wäre dies ein klarer Hinweis auf Optimierungspotenzial. Wenn hingegen viele Besucher das Video nicht bis zum Ende anschauen, ist es vielleicht zu lang und sollte gestrafft werden.

▶ Weiterhin interessant ist sowohl auf Videoplattformen wie YouTube als auch in den Sozialen Netzwerken die Anzahl der **Interaktionen** mit dem Video. Dies sind zum einen die Kommentare, aber auch die Likes oder Dislikes und wie häufig das Video geteilt wurde.

▶ Darüber hinaus gibt es für **wissensbasierte Ziele** weitere Möglichkeiten: Bei der Nutzung im Kundenservice könnten Sie zum Beispiel messen, ob die Hilfeanfragen für ein Thema nach der Veröffentlichung des Erklärvideos gesunken sind. Bei der Nutzung in der Weiterbildung bietet sich auch ein Quiz nach dem Anschauen des Videos an.

Wichtig ist es auf jeden Fall, dass Sie sich bereits vor der Produktion des Videos über die gewünschten Handlungen und Ihre Ziele im Klaren sind. Im Briefing (vgl. Kapitel 30) sollten Sie nicht nur die Ziele niederschreiben, sondern auch bereits festlegen, wie Sie das Erreichen der Ziele messen können („das M in Smart"). Denn nur dann können Sie den Erfolg beim Einsatz des Erklärvideos auch wirklich messen, so wie CaseComplete in diesem Beispiel:

CASECOMPLETE - ANFORDERUNGSDOKUMENTE FÜR SOFTWARE

CaseComplete bietet eine Lösung an, mit der Anforderungsdokumente für Software erstellt und aktuell gehalten werden können. Auf der Webseite gab es genug Besucher, aber die Anzahl derjenigen, die sich dann auch bei CaseComplete meldeten, war sehr gering, weil die Besucher nicht verstanden, wie CaseComplete ihnen helfen konnte. Das anderthalb Minuten lange Erklärvideo im Motion-Graphics-Stil wirkt im Design veraltet, aber die relevanten Inhalte und die klare Handlungsaufforderung haben die Umwandlungsrate um 23 % erhöht. Und es wird auch heute noch auf der Webseite genutzt!

https://buch.nitsche.info/go/casecomplete

Der Vergleich zwischen „Ohne Video" und „Mit Video" zeigt in diesem Fallbeispiel zu einer deutlichen Verbesserung der Umwandlungsrate. Die Frage ist jedoch: Könnte ein moderneres Video vielleicht noch bessere Ergebnisse bringen? Oder eine Version, die nur 60 Sekunden lang ist? Auch diese Fragen können beantwortet werden, das Mittel der Wahl sind A/B-Tests.

Den Erfolg von Erklärvideos mit A/B-Tests optimieren

Mit A/B-Tests werden zwei Varianten des Videos (oder der gesamten Landing-page) gegeneinander getestet und geschaut, ob die eine Version zu besseren Ergebnissen als die andere führt. So helfen empirische Daten in mehreren Zyklen, das Erklärvideo weiter zu optimieren, dabei sollten Sie die folgenden drei Schritte durchlaufen:

1. Zunächst müssen Sie festlegen, was Sie erreichen wollen, welches also Ihr **Zielwert** ist. Im Fall von CaseComplete war es die Umwandlungsrate auf der Landingpage, ein sehr typischer Zielwert. Sie könnten aber auch die Wiedergabedauer, die Anzahl der Interaktionen oder den Lerneffekt als Zielwert definieren. Wichtig ist: Nur ein Ziel.

2. Im zweiten Schritt überlegen Sie, welchen Aspekt des Videos Sie verändern, um zu testen, ob die **Veränderung** den gewünschten Erfolg hinsichtlich des Zielwerts bringt. Wichtig ist auch hier wieder: Nur eine Veränderung pro Durchlauf, denn sonst wissen Sie nachher nicht, welche Veränderung den gewünschten Erfolg gebracht hat, oder noch schlimmer: Zwei zeitgleich vorgenommene Veränderungen heben sich im Effekt gegenseitig auf. Typische Veränderung beim A/B-Test von Erklärvideos sind:

   ▶ Die **Videolänge**, denn das Video könnte zu lang sein und die Besucher schauen es sich nicht komplett an und gelangen daher auch nicht zur Handlungsaufforderung. Es könnte aber auch zu kurz sein und nicht alle wesentlichen Informationen enthalten.

   ▶ Die **Storyline** des Videos könnte nicht optimal sein. Eventuell haben Sie bei der Entwicklung auch zwei komplett unterschiedliche Storylines zur Auswahl gehabt und können diese gegeneinander testen. Da hier zwei sehr unterschiedliche Videos erstellt werden müssen, ist der Aufwand zum A/B-Test der Storyline sehr hoch und lohnt sich nur, wenn der mögliche Erfolg auch sehr groß sein könnte.

   ▶ Die **Gestaltung** des Videos, sowohl das Design als auch die Musik und die Soundeffekte können sicherlich optimiert werden. Kleine Änderungen können schon große Effekte haben, zum Beispiel weil die Besucher durch eine andere Musik angeregt werden, das Video aufmerksamer oder länger anzuschauen.

▶ Die **Handlungsaufforderung** im Erklärvideo und/oder auf der Landingpage könnte nicht optimal sein. Manchmal macht schon die Reduktion des Antwortformulars um ein Feld einen großen Unterschied in der Umwandlungsrate. Die Platzierung der Schaltfläche, die Schriftart, die Farbe, es gibt viele Möglichkeiten zur Optimierung.

▶ Der **Titel** des Videos und das verwendete **Miniaturbild** können einen hohen Einfluss darauf haben, ob die Besucher das Video überhaupt abspielen - also testen Sie auch hier verschiedene Varianten.

▶ Die Gestaltung der **Landingpage** und insbesondere die Platzierung des Videos sollten (Größe & Position) ebenfalls getestet werden

3. Im dritten und letzten Schritt **testen** Sie dann die beiden Varianten live auf Ihrer Webseite oder Landingpage aus, entweder parallel (der Besucher wird zufällig auf eine der beiden Versionen geführt) oder hintereinander. Wichtig sind dabei genügend große Fallzahlen, um eine ausreichende Signifikanz der Ergebnisse gewährleisten zu können. Nachdem Sie einen A/B-Test abgeschlossen haben, nehmen Sie die besser funktionierende Version und führen die nächste Veränderung (Schritt 2) durch.

Die saubere Durchführung von A/B-Test benötigt nicht nur viel Erfahrung und eine große Anzahl von Besuchern, sondern auch finanzielle Ressourcen, um das Video immer wieder zu verändern und zu optimieren. Manche Änderungen werden keinen Erfolg zeigen, daher brauchen Sie auch Durchhaltevermögen. Konsequent umgesetzt werden Sie aber den Erfolg des Erklärvideos deutlich steigern können, und damit auch den Return on Investment für Ihr Video.

Zu guter Letzt: Berechnen Sie den ROI für Ihr Erklärvideo

Erinnern Sie sich an das Rechenbeispiel beim Einsatz von Erklärvideos auf Landingpages (vgl. Kapitel 49)? Die Umwandlungsrate stieg durch den Einsatz des Erklärvideos von 2,9 % auf 4,8 %, die Kosten pro Interessent sanken damit von 172 Euro auf 104 Euro. Ein toller Erfolg, doch war das auch wirtschaftlich?

Der Return on Investment wird als Erfolg durch Kapitaleinsatz definiert. Gehen wir zum Beispiel davon aus, das Unternehmen würde 250 Interessenten pro Jahr wünschen, von denn jeder zehnte Kunde wird und dann zu einem Ertrag von 1500 Euro führt. Das wäre dann ein Ertrag von 25 * 1500 Euro = 37500 Euro. Der Kapitaleinsatz für die Vermarktung läge ohne Erklärvideo bei 250 * 172 Euro = 43000 Euro. Mit Erklärvideo werden 250 * 104 Euro = 26000 Euro Kosten für die Gewinnung der Interessenten benötigt. Dazu kommen vielleicht 5000 Euro für das Erklärvideo, das nur dieses eine Jahr eingesetzt wird. Insgesamt also Kosten von 31000 Euro.

Setzt man beide Werte in die ROI-Formel ein, ergibt sich ohne Erklärvideo ein ROI von 0,87. Für jeden eingesetzten Euro erhält das Unternehmen nur 87 Cent zurück - eine schlechte Investition. Mit Erklärvideo steigt der ROI auf 1,2. Kein hervorragender Wert, aber zumindest ergibt die Investition jetzt einen Sinn, denn jeder in der Vermarktung investierte Euro bringt eine Rendite von 20 Cent.

AUF EINEN BLICK

47 Es gibt viele unterschiedliche Möglichkeiten, Erklärvideos zu verbreiten, von der eigenen Webseite bis hin zu Sozialen Netzwerken. Nutzen Sie die ganze Bandbreite aus!

48 Zeigen Sie Ihr Erklärvideo auf der eigenen Webseite und gewinnen Sie so mehr Besucher, die länger auf Ihrer Seite verweilen und dort mit höherer Wahrscheinlichkeit kaufen werden.

49 Auf Landingpages können Erklärvideos die Umwandlungsraten deutlich steigern. Halten Sie die Seite so einfach wie möglich und testen Sie immer wieder auf Optimierungspotenziale.

50 Im E-Mail-Marketing können durch den Einsatz von Erklärvideos die Öffnungsraten und die Klickraten gesteigert und die Abmeldezahlen verringert werden.

51 Das größte Publikum für Ihr Erklärvideo finden Sie mit zwei Milliarden Nutzern pro Monat bei YouTube. Sie müssen dort aber optimal agieren, um in der Masse nicht unterzugehen.

52 Auch die Sozialen Netzwerke bieten sowohl im B2C- als auch im B2B-Marketing interessante Möglichkeiten, insbesondere auch, wenn Sie bereit sind, die Videos dort zusätzlich zu bewerben.

53 Nicht nur online, sondern auch offline können Erklärvideos erfolgreich eingesetzt werden, zum Beispiel auf Messen, in Ihren Verkaufsräumen und natürlich im persönlichen Kundengespräch.

54 Die Mitarbeiter können ebenfalls über viele unterschiedliche Kanäle mit Erklärvideos informiert und aktiviert werden, vom Intranet bis zu Lernmanagementsystemen.

55 Sie sollten den Erfolg Ihrer Erklärvideos mit geeigneten Kennzahlen messen und mit A/B-Tests den Einsatz laufend weiter optimieren, damit der Return on Investment gesteigert wird.

„*Wer Visionen hat,
soll zum Arzt gehen.*"

Helmut Schmidt, Politiker

ZU GUTER LETZT

AUSBLICK: WIE GEHT ES WEITER MIT ERKLÄRVIDEOS?

Innerhalb von nicht einmal fünfzehn Jahren haben sich Erklärvideos von einer originellen Idee zur täglichen Normalität im Internet entwickelt. Und es gibt keinen Grund, warum die Dynamik in den nächsten fünfzehn Jahren geringer sein sollte. Kreative Revolutionen kann man nicht prognostizieren, aber es gibt, aus meiner Sicht, fünf Bereiche, auf die sich die Evolution der Erklärvideos in den nächsten Jahren konzentrieren wird:

1. Innovative Designs überraschen die Zuschauer noch mehr

Die Vielfalt der unterschiedlichen Stile von Erklärvideos begeistert mich immer wieder. Diese Diversität wird weiter steigen weil die technische Entwicklung neue Möglichkeiten schafft und weil Kunden und Konsumenten immer wieder Abwechslung begehren. Und kreative Designer werden sie jeden Tag mit neuen, kreativen Ideen überraschen.

Manche Stile, wie der Whiteboard- und der Cut-Out-Stil, haben ihren Höhepunkt erreicht. Sie werden nicht verschwinden, aber ihre Bedeutung wird auch nicht weiter steigen. Andere Stile, wie der Kinetic-Typography- und der Stop-Motion-Stil haben ihre Berechtigung, werden aber in ihren Nischen verbleiben. Der 2D-Animation- und der Motion-Graphics-Stil werden die Basis für die meisten Erklärvideos in den nächsten Jahren sein. Sie bieten vielfältige Gestaltungsmöglichkeiten und es wird innerhalb dieser Stile immer wieder neue Moden, wie zum Beispiel das minimalistische Flat-Design der letzten Jahre, geben.

Die leistungsfähigere Technik ermöglicht die einfachere und damit auch günstigere Produktion von Erklärvideos im 3D-Animation-Stil. Dieser wird daher aus seiner Nische herauskommen, und immer mehr Unternehmen werden ihn sowohl für technische Darstellungen als auch für Geschichten mit virtuellen Figuren einsetzen. Auch die Kombination unterschiedlicher Stile wird durch die technische Entwicklung einfacher, davon wird insbesondere der Live-Action-Stil profitieren, der um virtuelle Elemente angereichert werden wird.

Die wirkliche Innovation sehe ich persönlich jedoch im Cinematic-Animation-Stil, der bisher nur sehr selten und dann auch noch sehr eingeschränkt verwendet wurde. In vielen Computer-Spielen können wir alle erleben, zu welch unglaublichen Grafikleistungen aktuelle Hardware in der Lage ist. Viele Szenen sind so realistisch geworden, dass sie von der echten Welt kaum noch unterschieden werden können. Wenn es gelingt, diese Technologie noch etwas leistungsfähiger zu machen, dann können Live-Action-Erklärvideos komplett virtuell erstellt werden - die Schauspieler, die Requisiten und die Szenerie, alles vom Computer generiert. Alle Nachteile, wie die langwierige Produktion und die aufwendige bis unmögliche Aktualisierung, werden so verschwinden. Gleichzeitig können die Vorteile bei der Erzeugung von Emotionen genutzt werden. Cinematic-Animation wird Hollywood von Grund auf verändern und auf mittlere Sicht auch die Produktion von Erklärvideos revolutionieren.

2. Imaginäre Welten fesseln die Zuschauer noch mehr

Mehr als nur ein neues Design, eher eine ganz neue Erfahrung, bieten die Möglichkeiten der Rundumsicht („360-degree Video"), der erweiterten Realität („Augmented Reality") und der Künstlichen Realität („Virtual Reality"). Auch diese Entwicklungen kommen stark aus dem Bereich der Computer-Spiele, bieten aber spannende neue Möglichkeiten auch für Erklärvideos. Das Eintauchen in eine Welt schafft nicht nur eine stärkere Emotionalität, sondern ermöglicht sogar Haptik. Statt in einem Erklärvideo anzuschauen, wie jemand anderes einen Gegenstand repariert, können Sie es nun selbst erleben: Mittendrin statt nur dabei.

Diese Technologien bergen neue Möglichkeiten für Erklärvideos, im Marketing, im Service und auch in der Weiterbildung. Zur Zeit ist die Technik allerdings noch in den Anfängen: Die Geräte sind teuer und unpraktisch. Auch die Programmierung der Software ist aufwendig und häufig muss für ein ganz bestimmtes Endgerät entwickelt werden. Dies erinnert stark an die Anfangszeit des mobilen Marketings, als die Webseiten für jedes Mobiltelefon individuell erstellt werden mussten. Doch mit dem Fortschreiten der Technologie wird die Komplexität für Anbieter und Kunden sinken - zusammen mit den Kosten.

3. Individuelle Varianten begeistern die Zuschauer noch mehr

Immer wieder habe ich im Buch betont, dass ein Erklärvideo nur ein Thema, eine Zielgruppe und eine Handlungsaufforderung haben sollte, um wirklich gut zu funktionieren. In der Praxis jedoch ist dies ein Kompromiss: Zielgruppen sind nicht homogen und der Einsatz in unterschiedlichen Kanälen erfordert nicht nur angepasste Handlungsaufforderungen, sondern sogar Variationen in der Länge und dem Format. Die Einheitsgröße passt schon nicht in der Modeindustrie, warum sollte sie dann bei Erklärvideos funktionieren? Deswegen werden Erklärvideos den Weg des Autos gehen und es wird immer mehr Varianten geben:

▶ **Längenvarianten**: Auf manchen Kanälen, gerade in Sozialen Netzwerken, werden immer noch kürzere Videos verlangt, bei TikTok sind es zum Beispiel nur noch 15 Sekunden. Viele Themen kann man in wenigen Sekunden vielleicht anreißen, aber keinesfalls erklären. Und es gibt durchaus auch Bedarf für die intensivere Beschäftigung mit Themen. Dies wird dazu führen, dass Erklärvideos zunehmend in mehreren Längenvarianten für unterschiedliche Kanäle und Nutzungsszenarien produziert werden.

▶ **Formatvarianten**: Die mobile Nutzung des Internets steigt weiterhin rasant. Und da Mobiltelefone im Normalfall senkrecht gehalten werden, erzielen vertikale oder quadratische Videos mobil bessere Ergebnisse. Auf der anderen Seite wird die horizontale Nutzung, insbesondere auf Fernsehern, auch zunehmen. Dies führt dazu, dass immer mehr Formatvarianten des gleichen Erklärvideos im horizontalen, vertikalen und teilweise sogar quadratischen Format produziert werden.

▶ **Größenvarianten**: Ein weiterer Grund für unterschiedliche Varianten des gleichen Videos liegt in der Größe der Bildschirme. Auf dem Bildschirm eines Mobiltelefons können nun einmal weniger Details erkannt werden als auf einem Tablet, einem Computer oder gar einem riesigen Fernseher. Deswegen wird die Darstellung der Inhalte zunehmend auf die unterschiedlichen Größen von Bildschirmen angepasst werden.

▶ **Inhaltsvarianten**: Doch nicht nur die Länge, das Format und die Größe, auch der Inhalt wird differenzierter ausgestaltet werden. Divergierende Zielgruppen und Einsatzszenarien benötigen für das gleiche Thema unterschiedliche Erklärungen, unterschiedliche Argumente und auch unterschiedliche Handlungsaufforderungen. Es wird zur Normalität werden, Mitarbeiter, Partner und Kunden eines Unternehmens nicht mit einem Video, sondern mit drei Varianten desselben Videos zielgenauer anzusprechen.

Doch alle diese Varianten sind aus meiner Sicher nur ein erster Schritt auf einer viel längeren Reise zu wirklich individuellen Erklärvideos. Im Marketing ist seit vielen Jahren bekannt, dass jede Form von Personalisierung und Individualisierung die Reaktionsraten und damit den ROI von Maßnahmen antreibt. Und auch in der Weiterbildung ist lange bekannt, dass es unterschiedliche Lerntypen gibt und ein individueller Ansatz den Lernerfolg deutlich steigert. Doch Videos sind bisher nicht individuell oder gar persönlich, sie sind anonym. In der Vergangenheit war dies auch nicht anders machbar, aber nun sind die technischen Möglichkeiten vorhanden und wir werden in den nächsten Jahren erleben, wie es immer mehr Videos für Zielgruppen gibt, die genau eine Person umfassen, mit direkter Ansprache und auf den Empfänger individualisierten Inhalten.

4. Interaktive Optionen aktivieren die Zuschauer noch mehr

Bei aller Freude über das hohe Engagement der Zuschauer von Erklärvideos bleiben diese bisher doch eines: Zuschauer. Sie starten das Video und sie sehen es sich an. Werden sie überfordert, springen sie zurück. Werden sie gelangweilt, brechen sie ab oder springen vor. Doch wirklich interaktiv sind Videos bisher nicht, und dies wird sich in den nächsten Jahren ändern.

Zunächst werden interaktive Elemente zum Beispiel Links für weiterführende Informationen oder zu Webseiten, über das Video gelegt werden, so wie das beispielsweise bei YouTube möglich ist. In einem zweiten Schritt wird es dann möglich sein diese interaktiven Elemente bereits bei der Produktion des Videos zu integrieren. Gerade im Verkauf lässt sich so das angepriesene Produkt im Video direkt verlinken und der Zuschauer kann dieses sofort, im Video, bestellen. Das Erklärvideo wird so zum Shopping-Kanal, ohne Ablenkung oder Medienbruch.

Doch auch dieses sind wiederum nur erste Schritte, richtig spannend wird echte Interaktivität. Stellen Sie sich vor, die wesentlichen Eigenschaften eines Produkts werden kurz vorgestellt. Eines der Merkmale interessiert Sie ganz besonders: Wie wäre es, wenn Sie jetzt darauf klicken könnten und eine detailliertere Beschreibung erhalten würden? Auch in der Weiterbildung wird echte Interaktivität der Videos neue Einsatzmöglichkeiten eröffnen und vor allen Dingen den Lerneffekt stark steigern. Die Wissenschaft hat den Effekt schon längst bewiesen [Zhang 2005], jetzt muss die Praxis endlich nachziehen.

5. Intelligentere Produktion schafft neue Möglichkeiten

Bei den ersten Cut-Out-Videos wurden die Grafiken manuell gezeichnet oder am Computer illustriert und ausgedruckt. Dann wurden sie von Hand ausgeschnitten und mit einer realen Videokamera, oben über einem Tisch angebracht, wurde das Video aufgezeichnet: Reale Hände legten die Elemente auf den Tisch und parallel sprach der Sprecher dazu. Ein kleiner Fehler in der Bewegung oder beim Sprechen und es ging von vorne los. Und heute? Die Illustrationen werden auf dem Computer animiert, virtuelle Hände bewegen die virtuell ausgeschnittenen und mit Schatten versehenen Elemente. Änderungen sind einfach möglich, was für ein Fortschritt!

Auch in den nächsten Jahren wird die Produktion weiter optimiert und automatisiert werden. Die steigende Computerleistung, insbesondere im Grafikbereich, und verbesserte Programme werden die Produktion einer 3D-Animation oder gar eines Cinematic-Animation-Erklärvideos, möglicherweise in 360° in einem virtuellen Raum, in zehn oder fünfzehn Jahren so einfach machen, wie heute die Produktion eines Whiteboard-Videos. Auch erste Ansätze zur Erzeugung von Videos mit Künstlicher Intelligenz gibt es bereits, dort liegt aber noch ein weiter Weg vor uns. Im Bereich der Voice-Over könnte ich mir allerdings vorstellen, dass computergenerierte Stimmen in wenigen Jahren die Qualität von menschlichen Stimmen erreichen: mit einfacheren Möglichkeiten zur Optimierung und Änderung sowie zu geringeren Kosten.

Insgesamt werden die Kosten für ein Erklärvideo im Vergleich zu heute kaum sinken, aber die dafür gebotene Qualität wird massiv steigen. Der größte Teil der Kosten professioneller Produktionen entsteht bei der Recherche und der Erstellung der Storyline, der Betreuung der Kunden und der Entwicklung der wirklich kreativen Ideen. Diese Bereiche werden, selbst bei einer weiterhin rasanten Entwicklung im Bereich der Künstlichen Intelligenz, in den nächsten Jahren noch von Menschen erledigt werden. Computer werden diesen Prozess immer stärker unterstützen und bei gleichen Kosten zu mehr Vielfalt und Qualität führen.

Die Folge: Das immense Wachstum setzt sich fort!

Alles zusammen, das innovative Design, die imaginären Welten, die individuellen Varianten, die interaktiven Möglichkeiten und die immer intelligentere Produktion, wird dazu führen, dass das immense Wachstum von Erklärvideos sich weiter fortsetzen wird.

Im Jahr 2010 war der Begriff „Erklärvideo" nahezu unbekannt, seither haben sich die Suchanfragen laufend nach oben entwickelt [Google Trends 2020]. Dies zeigt das stetig wachsende Interesse, das auch in Zukunft größer werden wird. Der technische Fortschritt und die Entwicklungen im Design werden neue Möglichkeiten des Einsatzes bieten, insbesondere in der Kommunikation und der Weiterbildung. Genau wie wir uns schon heute eine Welt ohne Videos nicht mehr vorstellen können, wird eine Welt ohne Erklärvideos zunehmend undenkbar.

20 TIPPS & TRICKS

1 **Gehen Sie niemals ohne Ziel auf die Reise!**
Wenn Sie nicht wissen, was Sie mit Ihrem Erklärvideo erreichen wollen, werden Sie gar nichts erreichen. Also definieren Sie Ihr Ziel, bevor Sie mit der Arbeit beginnen!

2 **Unterschätzen Sie die internen Prozesse nicht!**
Erklärvideos sind nicht nur wichtig, sie zwingen durch die Reduktion auf das Wesentliche auch zu Entscheidungen. Das kostet Arbeit und Zeit. Gerade beim ersten Mal kann es wehtun!

3 **Sparen Sie nicht am falschen Ende!**
Ein schlechtes Erklärvideo kann nicht nur wenig Erfolg haben, es kann sogar Sie, Ihre Marke oder gar Ihr Unternehmen beschädigen. Mit Erdnüssen bezahlt man am besten nur Affen!

4 **Ohne gutes Briefing ist alles nichts!**
Das Briefing bildet die Grundlage für den gesamten Produktionsprozess. Machen Sie sich die Arbeit, ein umfangreiches und schriftliches Briefing zu erstellen!

5 **Konzentrieren Sie Ihr Erklärvideo auf ein einziges Thema!**
Sie haben so viele Dinge, die Sie gerne mitteilen würden. Ich verstehe das, Ihre Zielgruppe aber nicht. Daher sollte Ihr Erklärvideo nie mehr als ein Thema darstellen!

6 **Richten Sie Ihr Erklärvideo nur auf eine Zielgruppe aus!**
Jede Zielgruppe hat andere Wünsche und Anforderungen, daher sollten Sie Ihr Erklärvideo immer nur auf eine Zielgruppe ausrichten. Wer alle ansprechen will, ist nicht ansprechend!

7 Geben Sie Ihrem Erklärvideo einen roten Faden!
Sie sollten die Zuschauer niemals verwirren, sondern sie mit einer klaren Struktur auf den Weg vom Problem über die Lösung bis zur Handlung mitnehmen.

8 Fesseln Sie die Zuschauer gleich zu Beginn!
Die höchste Abbruchrate haben Erklärvideos in den ersten Sekunden. Deswegen müssen Sie gleich am Anfang die volle Aufmerksamkeit bekommen. Der erste Eindruck zählt!

9 Denken Sie nicht zu viel an das Design!
Natürlich soll Ihr Erklärvideo gut aussehen. Die Grundlage für den Erfolg sind aber ein aussagekräftiges Briefing und eine perfekte Storyline. „Form follows function", nicht umgekehrt!

10 Unterschätzen Sie nicht die Bedeutung des Tons!
Die Wirkung eines Erklärvideos hängt vom perfekten Zusammenspiel der Bilder mit Voice-Over, Musik und Soundeffekten ab. Der Ton macht die Musik!

11 Nutzen Sie die Kraft von Emotionen!
Erzählen Sie eine mitreißende Geschichte und nutzen Sie die Emotionen der Zuschauer, um Ihre Botschaft zu platzieren. Aber bitte übertreiben Sie es dabei auch nicht.

12 Ihr Erklärvideo muss zu Ihnen passen!
Das Erklärvideo muss mit Ihrem Unternehmen, Ihrer Marke und Ihrer Kultur kongruent sein, sonst werden weder die Mitarbeiter noch die Kunden es akzeptieren.

13 Balancieren Sie richtig zwischen Information und Unterhaltung!
Ein Erklärvideo soll etwas erklären. Aber es muss auch unterhalten. Fallen Sie bei dieser Gratwanderung weder auf der einen noch auf der anderen Seite herunter!

14

Über- oder unterfordern Sie Ihre Zuschauer niemals!
Pressen Sie nicht zu viel Inhalt in zu wenig Zeit, die Empfänger werden Ihre Botschaft nicht verstehen können. Aber bitte langweilen Sie die Zuschauer auch nicht!

15

Fordern Sie zu genau einer Handlung auf!
Für die Handlungsaufforderung gilt das Highlander-Prinzip: Es kann nur eine geben. Nicht mehr. Aber auch nicht weniger, denn ohne Call-To-Action läuft das Video ins Leere!

16

Tun Sie Gutes und reden Sie auch darüber!
Das beste Erklärvideo kann nicht erfolgreich sein, wenn es sich keiner anschaut. Also trommeln Sie auf allen Kanälen, um möglichst viele Zuschauer zu erhalten. Schweigen ist nicht immer Gold!

17

Messen Sie immer den Erfolg des Erklärvideos!
Nur wenn Sie den Erfolg des Erklärvideos kontrollieren, können Sie es optimieren und damit noch erfolgreicher machen. Den Kopf in den Sand stecken gilt nicht!

18

Fokussieren Sie auf den Nutzen des Zuschauers
Erklären Sie keine Leistungsmerkmale, sondern den Nutzen für den Empfänger. Nicht, was etwas macht, ist relevant, sondern was der Zuschauer davon hat!

19

Denken Sie immer aus Sicht des Empfängers!
Natürlich geht es in Ihrem Erklärvideo um Sie, um Ihre Produkte oder Themen. Aber bitte stellen Sie diese immer aus der Perspektive des Zuschauers dar. Er ist der König!

20

Kein Erklärvideo ist auch keine Lösung!
Ein professionelles Erklärvideo ist fast immer von großem Nutzen und häufig erwirtschaften Sie damit ein Vielfaches der Produktionskosten. Nichtstun ist keine Option!

Ich wünsche Ihnen viel Spaß und Erfolg bei der Erstellung Ihrer Erklärvideos.

Jetzt sind Sie dran:

CARPE DIEM!

QUELLEN

[3M 1997]
3M: „Polishing your Presentation", URL: http://web.archive.org/web/20001102203936/http%3A//3m.com/meetingnetwork/files/meetingguide_pres.pdf, Abruf am 24.04.2020

[Aberdeen 2014]
Aberdeen Group: „Analyzing the ROI of Video Marketing", URL: https://www.videolinktv.com/assets/Analyzing-the-ROI-of-Video-Marketing_Aberdeen-Research.pdf, Abruf am 30.11.2019

[Air 2015]
Air, Jon; Oakland, Eric; Walters, Chipp: „The Secrets Behind the Rise of Video Scribing", URL: https://www.sparkol.com/en/ebook/the-secrets-behind-the-rise-of-video-scribing, Abruf am 10.04.2020

[Alexa 2020]
Alexa: „The Top 500 Sites on the web", URL: https://www.alexa.com/topsites, Abruf am 20.04.2020

[Allegra 2015]
Allegra „Content Marketing Trends from the Small and Medium-Sized Business Perspective", URL: https://www.allegrahamilton.com/wp-content/uploads/Content-Marketing-Trends-MT.pdf, Abruf am 25.04.2020

[Allfacebook 2018]
Allfacebook: „Der perfekte Social-Media-Post: Weniger kann mehr sein!", URL: https://allfacebook.de/fbmarketing/perfekte-social-media-post, Abruf am 21.04.2020

[Animoto 2014]
Animoto: „The Power of Video for Small-Business", URL: https://animoto.com/blog/business/small-business-video-infographic, Abruf am 31.03.2020

[Animoto 2018]
Animoto: „2018 State of Social Video: Consumer Trends", URL: https://animoto.com/blog/business/2018-social-video-consumer-trends, Abruf am 05.04.2020

[ARD 2015]
ARD: „50 Jahre Massenkommunikation: Trends in der Nutzung und Bewertung der Medien", URL: https://www.ard-werbung.de/fileadmin/user_upload/media-perspektiven/pdf/2015/50_Jahre_Massenkommunikation_-_Trends_in_der_Nutzung_und_Bewertung_der_Medien.pdf, Abruf am 23.04.2020

[ARD 2019]
ARD: „ARD/ZDF Onlinestudie 2019", URL: ARD-ZDF-Onlinestudie-Grafik-2019.pdf, Abruf am 23.04.2020

[Aubert 2019]
Aubert, Maxime: „Earliest Hunting Scene in Prehistoric Art", Nature 576:442ff

[Azema 2012]
Azema, Marc; Rivere, Florent: „Animation in Palaeolithic art: A pre-echo of cinema", Antiquity, 86(332), 316-324

[Baier/Etzold/Hurek 2020]
Baier, Corinna; Etzold, Marc; Hurek, Markus C.: „Das Wissen, das aus der Cloud fällt", Focus 16/2020

[BMBF 2018]
Bundesministeriums für Bildung und Forschung: „Lesen und Schreiben - Informationen für Unternehmen", URL: https://www.mein-schlüssel-zur-welt.de/de/informationen-fuer-unternehmen-1722.html, Abruf am 22.04.2020

[Börsenverein 2018]
Börsenverein des Deutschen Buchhandels: „Studie Buchkäufer – quo vadis?", URL: https://www.boersenverein.de/markt-daten/marktforschung/studien-umfragen/studie-buchkaeufer-quo-vadis, Abruf am 22.04.2020

[Bradford 2011]
Bradford, William C: „Reaching the Visual Learner: Teaching Property Through Art", URL: https://ssrn.com/abstract=587201, Abruf am 24.04.2020

[Breadnbeyond 2018]
Breadnbeyond: „Are vertical videos the future of marketing?", URL: https://breadnbeyond.com/articles/vertical-videos-marketing, Abruf am 31.03.2020

[Brightcove 2018]
Brightcove: „Let's talk video. Drive consumer engagement higher.", URL: https://files.brightcove.com/bc-wp-yougovresearch-vmark.pdf, Abruf am 22.04.2020

[Buffer 2016]
Buffer: „The State of Social Media 2016 Report", URL: https://buffer.com/resources/social-media-2016, Abruf am 22.04.2020

[Buffer 2017]
Buffer: „Square Video vs. Landscape Video", URL: https://buffer.com/resources/square-video-vs-landscape-video, Abruf am 21.04.2020

[Campillo-Lundbeck 2020]
Campillo-Lundbeck, Santiago: „Warum Hornbach eine Bauanleitung als 2-Stunden-Epos verfilmt", URL: https://www.horizont.net/marketing/nachrichten/meisterschmiede-warum-hornbach-eine-bauanleitung-als-2-stunden-epos-verfilmt-180689, Abruf am 15.04.2020

[Childs 2015]
Childs, Matt: „Create Compelling Video Experiences", URL: https://www.brightcove.com/en/blog/2015/08/create-compelling-video-experiences, Abruf am 19.04.2020

[CISCO 2018]
Cisco: „Cisco Visual Networking Index (VNI) Complete Forecast Update 2017-2022", URL: https://www.cisco.com/c/dam/m/en_us/network-intelligence/service-provider/digital-transformation/knowledge-network-webinars/pdfs/1211_BUSINESS_SERVICES_CKN_PDF.pdf, Abruf am 31.03.2020

[CMI 2020a]
Content Marketing Institute: „B2C Content Marketing 2020", URL: https://contentmarketinginstitute.com/wp-content/uploads/2019/12/2020_B2C_Research_Final.pdf, Abruf am 31.03.2020

[CMI 2020b]
Content Marketing Institute: „B2B Content Marketing 2020", URL: https://contentmarketinginstitute.com/wp-content/uploads/2019/10/2020_B2B_Research_Final.pdf, Abruf am 31.03.2020

[Cognitive 2012]
Cognitive: „Drawing Knowledge - The psychological impact of whiteboard animation", URL: https://www.wearecognitive.com/ebook-download?rq=wiseman, Abruf am 10.04.2020

[Common Craft 2020]
Common Craft: „Our Story", URL: https://www.commoncraft.com/our-story, Abruf am 22.04.2020

[Demand Metric 2018]
Demand Metric: „The State of Video Marketing 2018", URL: https://www.demandmetric.com/content/state-video-marketing-benchmark-report-0, Abruf am 13.04.2020

[DMA 2019]
DMA: „Marketer Email Tracker 2019", URL: https://dma.org.uk/uploads/misc/marketers-email-tracker-2019.pdf, Abruf am 21.04.2020

[Dowse/Ehlers 2005]
Dowse, Ros; Ehlers, Martina: „Medicine labels incorporating pictograms - do they influence understanding and adherence", Patient Education and Counseling, Vol 58, Issue 1, S. 63-70

[ExpandedRamblings 2020]
ExpandedRamblings: „20 Interesting Vimeo Statistics and Facts", URL: https://expandedramblings.com/index.php/vimeo-statistics, Abruf am 20.04.2020

[Eyeview 2010]
Eyeview: „Increase Online Conversion Through Video", URL: https://www.eyeviewdigital.com/documents/eyeview_brochure.pdf, Abruf am 31.03.2020

[Forno 2017]
Forno, Shawn: „How Much Does An Explainer Video Cost", URL: https://idearocketanimation.com/3562-how-much-does-an-explainer-video-cost, Abruf am 13.03.2020

[Frees/Kupferschmitt/Mueller 2019]
Frees, Beate; Kupferschmitt, Thomas; Müller, Thorsten: „ARD/ZDF - Massenkommunikation Trends 2019: Non-lineare Mediennutzung nimmt zu", URL: https://www.ard-werbung.de/fileadmin/user_upload/media-perspektiven/pdf/2019/070819_Frees_Kupferschmitt_Mueller.pdf, Abruf am 23.04.2020

[Gadea 2017]
Gadea, William: „Succeeding with animated video", URL: https://idearocketanimation.com/16857-succeeding-with-animated-video, Abruf am 01.04.2020

[Gallup 2017]
Gallup: „State of the Global Workplace", URL: https://www.gallup.com/workplace/238079/state-global-workplace-2017.aspx, Abruf am 04.04.2020

[Gartner 2011]
Gartner: „Gartner Customer 360 Summit 2011", URL: https://www.gartner.com/imagesrv/summits/docs/na/customer-360/C360_2011_brochure_FINAL.pdf, Abruf am 03.04.2020

[Gatehouse 2016]
Gatehouse: „State of the Sector: Internal Communication & Employee Engagement", URL: https://www.gatehouse.co.uk/knowledge_bank_resources/SOTS/SOTS_2016_FULL.pdf, Abruf am 04.04.2020

[Gethins 2019]
Gethins, Matthew: „The Power of Animated Videos for Sales & Marketing", 2019

[Gillner 2013]
Gillner, Susanne: „Lach- und Sachgeschichten", Interner World Business, 19/2013, 26f

[Google Trends 2020]
Google Trends: „Erklärvideo", URL: https://trends.google.com/trends/explore?date=2010-01-01%20 2020-03-31&q=%2Fg%2F119pfppw6, Abruf am 26.04.2020

[Günster 2019]
Günster, Simone Andrea: „Evaluation von Erklärvideos in der chirurgischen Ausbildung von Medizinstudierenden", URL: https://www.egms.de/static/en/meetings/gma2019/19gma312.shtml, Abruf am 24.04.2020

[Harrington 2016]
Harrington, Claude: „Dollar Shave Club: A Billion Dollar Explainer Video?", URL: http://idearocketanimation.com/10677-billion-dollar-explainer-video, Abruf am 01.04.2020

[Harris Interactive 2010]
Harris Interactive: „Are Consumers more responsive to Male or Female Voices in Advertisements", URL: https://www.businesswire.com/news/home/20100312005100/en/Consumers-Responsive-Male-Female-Voices-Advertisements, Abruf am 30.11.2019

[Heinz 2019]
Heinz: „Using B2B Video to Drive Results", URL: https://www.vidyard.com/heinz-marketing-report-2019, Abruf am 14.12.2019

[Henry 2015]
Henry, Casey: „Increase Your Play Rate: Optimize Your Video Position and Size", URL: https://wistia.com/learn/marketing/video-position-and-size, Abruf am 19.04.2020

[Howard/Holcombe 2010]
Howard, Christina J.; Holcombe, Alex O.: „Unexpected changes in direction of motion attract attention", URL: http://www.psych.usyd.edu.au/staff/alexh/research/papers/HowardHolcombe_APP_2010.pdf, Abruf am 24.04.2020

[Holcomb/Grainger 2006]
Holcomb, Phillip J; Grainger, Jonathan: „On the time course of visual word recognition: an event-related potential investigation using masked repetition priming", Journal of cognitive neuroscience vol. 18,10 (2006): 1631-43

[Houston 2010]
Houston, Drew: „Dropbox Startup Lessons Learned", URL: https://www.slideshare.net/gueste94e4c/dropbox-startup-lessons-learned-3836587, Abruf 19.04.2020

[Hubspot 2014]
HubSpot: „12 Reasons to Integrate Visual Content Into Your Marketing Campaigns", URL: https://blog.hubspot.com/marketing/visual-content-marketing-infographic, Abruf am 24.04.2020

[Hubspot 2017]
HubSpot: „Content Trends", URL: https://cdn2.hubspot.net/hubfs/53/assets/hubspot.com/research/reports/HubSpot%20Content%20Trends%20-%20Generational%20Fault%20Lines.pdf, Abruf am 04.04.2020

[Hubspot 2020]
HubSpot: „Not Another State of Marketing Report 2020", URL: https://www.hubspot.com/state-of-marketing, Abruf am 31.03.2020

[Hutter 2015]
Hutter, Maximilian: „Untersuchung der Möglichkeiten von Erklärvideos zur Erläuterung komplexer Themen", URL: https://monami.hs-mittweida.de/frontdoor/deliver/index/docId/5563/file/Bachelorarbeit_Hutter_Max_33597_AM12wK1-B.pdf, Abruf am 03.01.2020

[Iventa 2017]
Iventa: „25 % der neuen Mitarbeiter gehen nach dem ersten Jahr.", URL: https://www.iventa.eu/25-der-neuen-mitarbeiter-gehen-nach-dem-ersten-jahr-ein-fehler-im-onboarding-prozess, Abruf am 04.04.2020

[Kapper 2013]
Kapper, Tyler: „8 tips on selling your products with videos", URL: https://web.archive.org/web/20160811163222/https://www.bigcommerce.com/blog/8-tips-selling-products-video, Abruf am 19.04.2020

[Kickstarter 2012]
Kickstarter-Blog: „How To Make an Awesome Video", URL: https://www.kickstarter.com/blog/how-to-make-an-awesome-video, Abruf am 01.04.2020

[Kickstarter 2015]
Kickstarter-Blog: „Exploding Kittens Is the Most-Backed Project of All Time", URL: https://www.kickstarter.com/blog/exploding-kittens-is-the-most-backed-project-of-all-time, Abruf am 01.04.2020

[Kiegl/Smith/Hechhausen/Bates 1987]
Kiegl, Reinhold; Smith, Jacqui; Hechhausen, Jutta; Bates, Paul B.: „Mnemonic training for the acquisition of skilled digit memory", Cognition and Instruction 4 (1987) 4, p. 203-223

[Kincaid 2009]
Kincaid, Jason: „The Underutilized Power Of The Video Demo To Explain What The Hell You Actually Do", URL: https://techcrunch.com/2009/10/11/the-underutilized-power-of-the-video-demo-to-explain-what-the-hell-you-actually-do, Abruf am 26.04.2020

[Krämer/Böhrs 2016]
Krämer, Andreas; Böhrs, Sandra: „How Do Consumers Evaluate Explainer Videos? An Empirical Study on the Effectiveness and Efficiency of Different Explainer Video Formats"

[Lalwani/Lwin/Li 2005]
Lalwani, Ashok K; Lwin, May; Li, Kuah Leng 2005: „Consumer Responses to English Accent Variations in Advertising", Journal of Global Marketing 18(3):143-165

[Levels Beyond 2014]
Levels Beyond: „Brands not meeting consumer desire for video", URL: https://aktefilm.nl/onewebmedia/Reach_Engine_Consumers_Demand_Brand_Video.pdf, Abruf am 22.04.2020

[Lindsay 2015]
Lindsay, Ffion: „The Seven Pillars of Storytelling", URL: https://www.sparkol.com/en/Ebook/The-Seven-Pillars-of-Storytelling, Abruf am 24.012.2015

[Logeswaran/Bhattacharya 2009]
Logeswaran, Nidhya; Bhattacharya, Joydeep: „Crossmodal transfer of emotion by music", URL: https://research.gold.ac.uk/4213/1/NSL25933.pdf, Abruf am 16.04.2020

[Margalit 2015]
Margalit, Liraz: „Video vs Text: The Brain Perspective.", Phsycology Today, 2015, URL: http://wondermouse.us/blog-post/blog-test-1, Abruf am 24.04.2020

[Masters 2013]
Masters, Ken: „Edgar Dale's Pyramid of Learning in medical education: A literature review", 2013, Medical Teacher, Volume 35, Issue 11, Seite e1584-e1593, URL: https://www.tandfonline.com/doi/pdf/10.3109/0142159X.2013.800636, Abruf am 24.04.2020

[Mayr 2016]
Mayr, Felix: „Erklärvideos - Konzeption und Auswirkungen auf die Kundenbindung", AV Akademikerverlag

[McClincy 2010]
McClincy, William: „Instrucational Methods for Public Safety"

[McQuivey 2008]
McQuivey, James L.: „How Video Will Take Over The World", URL: https://www.forrester.com/report/How+Video+Will+Take+Over+The+World/-/E-RES44199, Abruf am 24.04.2020

[MMB 2019]
Institut für Medien- und Kompetenzforschung: „Bedeutung von E-Learning Anwendungen in Unternehmen", URL: https://de.statista.com/statistik/daten/studie/203748/umfrage/bedeutung-von-e-learning-anwendungen-in-unternehmen, Abruf am 23.04.2020

[MPFS 2019]
Medienpädagogischer Forschungsverbund Südwest: „JIM-Studie 2019", URL: https://www.mpfs.de/fileadmin/files/Studien/JIM/2019/JIM_2019.pdf, Abruf am 22.04.2020

[MRI Network 2016]
MRI Network: „2016 Recruiter & Employer Sentiment Study", URL: https://www.mrinetwork.com/media/303951/recruiter_sentiment_study_1st_half_2016.pdf, Abruf am 04.04.2020

[Naziri 2013]
Naziri, Jessica: „Dollar Shave Club co-founder Michael Dubin had a smooth transition", 2013, Los Angeles Times, URL: https://www.latimes.com/business/la-xpm-2013-aug-16-la-fi-himi-dubin-20130818-story.html, Abruf am 19.04.2020

[Packaging Innovation 2014]
Packaging Innovation 2014: „Consumer buying behavior lesson 1: You have 2.6 seconds to beat your competition!", URL: https://www.packaginginnovation.com/product-packaging/consumer-buying-behavior-lesson-1-2-6-seconds-beat-competition, Abruf am 15.04.2020

[Patel 2016]
Patel, Sahil: „85 percent of Facebook video is watched without sound", URL: https://digiday.com/media/silent-world-facebook-video, Abruf am 17.04.2020

[Peppers/Rogers 2016]
Peppers, Don; Rogers, Martha: „Managing Customer Experience and Relationships: A Strategic Framework", Wiley, 3. Auflage

[PLYMedia 2009]
PLYmedia: „Subtitles Increase Online Video Viewing by 40 Percent", URL: https://www.businesswire.com/news/home/20090325005658/en/PLYmedia-Subtitles-Increase-Online-Video-Viewing-40, Abruf am 17.04.2020

[Potenberg 2019]
Potenberg, Katharina: „Erklärvideos - Eine empirische Untersuchung des Einflusses unterschiedlicher Stile auf Lernerfolg und Gefallen"

[Radicati 2015]
Radicati: „Email Statistics Report, 2015-2019", URL: https://www.radicati.com/wp/wp-content/uploads/2015/02/Email-Statistics-Report-2015-2019-Executive-Summary.pdf, Abruf am 20.04.2020

[Radicati 2019]
Radicati: „Email Statistics Report, 2020-2024", URL: https://www.radicati.com/wp/wp-content/uploads/2019/12/Email-Statistics-Report-2020-2024-Executive-Summary.pdf, Abruf am 20.04.2020

[Ries 2011]
Ries, Eric: „How DropBox Started As A Minimal Viable Product", URL: https://techcrunch.com/2011/10/19/dropbox-minimal-viable-product, Abruf am 19.04.2020

[Rubin/Berthouzoz/Mysore/Agrawala 2015]
Rubin, Steve; Berthouzoz, Floraine; Mysore, Gautham J.; Agrawala, Maneesh: „Capture-Time Feedback for Recording Scripted Narration", URL: http://vis.berkeley.edu/papers/narrationcoach/narrationcoach.pdf, Abruf am 05.12.2019

[Schwabish 2015-09]
Schwabish, Jonathan: „The 60,000 Fallacy", URL: https://policyviz.com/2015/09/17/the-60000-fallacy, Abruf am 24.04.2020

[Schwabish 2015-10]
Schwabish, Jonathan: „More Statistical Fallacies", URL: https://policyviz.com/2015/10/21/more-statistical-fallacies, Abruf am 24.04.2020

[Simschek/Kia 2017]
Simschek, Roman; Kia, Sagar: „Erklärvideos - einfach erfolgreich", 2017, UVK Verlagsgesellschaft mbH, Konstanz

[Skelton/Alwood 2017]
Skelton, Alexandra C. H.; Allwood, Julian M.: „Questioning demand: A study of regretted purchases in Great Britain", URL: https://www.researchgate.net/publication/309199917_Questioning_demand_A_study_of_regretted_purchases_in_Great_Britain, Abruf am 20.04.2020

[Small/Loewenstein/Slovic 2007]
Small; Deborah A.;Loewenstein, George; Slovic, Paul: „Sympathy and callousness: The impact of deliberative thought on donations to identifiable and statistical victims", Organizational Behavior and Human Decision Processes, Volume 102, Issue 2, 2007, S. 143-153

[Sparkol 2014]
Sparkol: „What packs the biggest punch - scribe video or talking head?", URL: https://www.sparkol.com/en/blog/just-how-effective-are-scribe-videos-anyway-(infographic), Abruf am 10.04.2020

[Spitalnik 2013]
Spitalnik, Ilya: „The Power of Cartoon Marketing", 2013

[Standing/Conezio/Haber 1970]
Standing, Lionel; Conezio, Jerry; Haber, Ralph Norman: „Perception and memory for pictures: Single-trial learning of 2500 visual stimuli", Psychon Sci 19, 73–74 (1970).

[Stelzner 2019]
Stelzen, Michael A.: „2019 Social Media Marketing Industry Report", URL: https://www.socialmediaexaminer.com/social-media-marketing-industry-report-2019, Abruf am 04.04.2020

[Syndacast 2015]
Syndacast: „Video Marketing Trends 2015", URL: https://www.syndacast.com/wp-content/uploads/2014/07/video-marketing-2015.jpg, Abruf am 20.04.2020

[Thalheimer 2002]
Thalheimer, Will: „People remember 10%, 20%...Oh Really?", URL: https://www.worklearning.com/2006/05/01/people_remember, Abruf am 24.04.2020

[Thorpe/Fize/Marlot 1996]
Thorpe, Simon; Fize, Denis; Marlot, Catherine: „Speed of processing in the human visual system", Nature 381, 520–522 (1996), URL: https://doi.org/10.1038/381520a0

[Towers Watson 2010]
Towers Watson: „Capitalizing on Effective Communication", URL: https://sandiego.iabc.com/wp-content/uploads/2009/08/TW-Comm-ROI-_IABC-SD-Presentation-Slides_0915101.pdf, Abruf am 04.04.2020

[Türkay 2016]
Türkay, Selen: „The effects of whiteboard animations on retention and subjective experiences when learning advanced physics topics", Computers & Education, Volume 98, July 2016, S. 102-114

[Videoboost 2015]
Videoboost: „Das Erklärvideo als Bestandteil der digitalen Transformation", URL: https://www.videoboost.de/wp-content/uploads/2018/04/videoboost-dax-studie-2016.pdf, Abruf am 05.04.2020

[Videoexplainers 2019]
Videoexplainers: „Digital Marketing and the Impact of Video", https://videoexplainers.com/blog/impact-of-video-on-internet-buyer, Abruf am 20.04.2020

[Vidyard 2019]
Vidyard: „2019 Video in Business Benchmark Report", URL: https://www.vidyard.com/business-video-benchmarks, Abruf am 31.03.2020

[Vogel/Dickson/Lehman 1986]
Vogel, Douglas R.;Dickson, Warren; Lehman, John A.: „Persuasion and the Role of Visual Presentation Support : The UM/3 M Study.", URL: http://misrc.umn.edu/workingpapers/fullpapers/1986/8611.pdf, Abruf am 25.04.2020

[WeAreSocial 2020]
WeAreSocial: „Digital 2020 Global Digital Overview", URL: https://wearesocial.com/digital-2020, Abruf am 21.04.2020

[Wikipedia AIDA]
Wikipedia: „AIDA", URL: https://en.wikipedia.org/wiki/AIDA_(marketing), Abruf am 02.04.2020

[Wikipedia Daumenkino]
Wikipedia: „Daumenkino", URL: https://de.wikipedia.org/wiki/Daumenkino, Abruf am 23.04.2020

[Wikipedia Gertie the Dinosaur]
Wikipedia: https://de.wikipedia.org/wiki/Gertie_the_Dinosaur, Abruf am 23.04.2020

[Wikipedia Kinetic Typography]
Wikipedia: „Kinetic Typography", URL: https://en.wikipedia.org/wiki/Kinetic_typography, Abruf am 09.04.2020

[Wikipedia Schahr-e Suchte]
Wikipedia: „Schahr-e Suchte", URL: https://de.wikipedia.org/wiki/Schahr-e_Suchte, Abruf am 23.04.2020

[Wikipedia Whiteboard Animation]
Wikipedia: „Whiteboard Animation", URL: https://en.wikipedia.org/wiki/Whiteboard_animation. Abruf am 06.04.2020

[Wistia 2016]
Wistia: „How Long Should Your Next Video Be", URL: https://wistia.com/learn/marketing/optimal-video-length, Abruf am 15.04.2020

[Wyzowl 2020]
Wyzowl: „The State of Video Marketing 2020", URL: https://www.wyzowl.com/state-of-video-marketing-2020-report, Abruf am 31.03.2020

[YouTube 2020]
YouTube: „Global Reach", URL: https://www.youtube.com/intl/us/about/press, Abruf am 20.04.2020

[Zhang 2005]
Zhang, Dongsong: „Instructional video in e-learning: Assessing the impact of interactive video on learning effectiveness", Information & Management 43 (2006), Seite 15–27